対人関係精神分析の心理臨床

わが国における訓練と実践の軌跡

川畑 直人 /監修
京都精神分析心理療法研究所 /編

誠信書房

巻　頭　言

　このたび，川畑直人先生の還暦記念として捧げられる本書「対人関係精神分析の心理臨床」に序文を書くよう依頼されたことは，私にとって本当に名誉なことです。ここニューヨークにいる私たちには，川畑先生がウィリアム・アランソン・ホワイト研究所の精神分析家認証プログラムで学ばれ，精神分析家として卒業された頃のことが懐かしく思い出されます。川畑先生はまた，児童青年心理療法訓練プログラムも卒業されました。先生の今後のご活躍を祈念いたします。
　ところで，ホワイト研究所と関わりのある日本の仲間たち，とりわけ旧広島精神分析研究所と京都精神分析心理療法研究所の仲間たちは，今まで50年以上にわたって日本の対人関係精神分析のコミュニティを充実させてきました。私たちは日本の仲間たちのなかでも特に，一定期間ニューヨークに留学し，研究所のプログラムに参加した仲間たちのことを高く評価しています。このような留学に先鞭をつけたのが，鑪　幹八郎先生でした。鑪先生は1960年代半ばに研究所に留学され，その後，一丸藤太郎先生，横井公一先生，川畑直人先生，河﨑佳子先生，鈴木健一先生，占部優子先生，勝田有子先生，山本雅美先生，吾妻壮先生，辻河昌登先生らが留学されることとなりました。
　さて，その鑪先生は，1991年に広島ホワイトセミナーを起ち上げられました。初年のモーリス・グリーン先生を嚆矢とし，ホワイト精神分析研究所の分析家が毎年，1〜2週間日本に滞在し，広島，大阪，京都でセミナーを行いました。また，ホワイト研究所は長年にわたり，研究所のあるクララ・トンプソンビルで日本人の仲間を対象に，5年に1回，1週間，集中講義を主催してきました。そこでは，ニューヨークに研鑽を積みにやってきた何十人もの仲間たちが，研究所の指導者たちのもとで学びました。このようにし

て数多の日本の仲間に出会えることは，私たちにとってはこのうえない喜びです。今後も，訓練と研究のために，さらに多くの日本の仲間を，研究所に温かく迎え入れ続けることができればと思っています。なぜならば，それはひとえに，ひとつの素晴らしい伝統であるからです。

　今回，きわめて幸運なことは，本書に所収されている日本の仲間たちの寄稿を想望しながら，彼らから対人関係精神分析に関する視座を，いま一度学べることです。文化的な相違点と類似点，理論的な一貫性と革新性，臨床実践の馴れ親しんだ側面と多岐にわたる側面といったことを検討する際，私たちは日本的なさまざまな観点によって啓発されることとなるのです。

　ところで，ウィリアム・アランソン・ホワイト研究所は，2018年に創立75周年を迎え，その祝賀会を挙行しました。エリック・フロム博士，ハリー・スタック・サリヴァン博士，クララ・トンプソン博士といった人たちが研究所を開設したのが，1943年でした。彼らの目標は，当時のフロイト正統派の無意味な硬直性から精神分析を解放することでした。トンプソンは研究所開設後，20年間の在籍中に，サリヴァンによる対人関係論ならびにその技法と，フロムの人間学的で性格に焦点づける観点とを織り合わせました。つまり，私たちが現在「対人関係精神分析」と呼んでいるものは，その二つが一体化したものなのです。

　このような対人関係精神分析は，1960～70年代にかけて，その理論と技法における創造性が見事なまでに発展し続けました。ホワイト研究所では，エドガー・レーヴェンソン博士の主導によって，「いま，ここで」，つまり「転移-逆転移関係」に関する学問的な説明と脱構築が盛んに行われました。そして，広範な意味で言うところの「精神分析」の世界は，ここ数十年の間に，ホワイト研究所のこのような理論と技法への貢献に，注目するようになったのです。

　さらに，1980年代までに，対人関係をパーソナリティの構成要素として重視する考え方は，精神分析の世界でほぼ普遍的なかたちで受け入れられるようになりました。それに伴い，ホワイト研究所は，国際的な精神分析のテーブルに一つの席を与えられることとなったのです。すなわち，生活のなかで，そしてセラピーのなかで，実際にもつ人間関係が重要であることが認められ

たのです。これを機に，技法的な変化が起こりました。すなわち，セラピーでの二者関係のなかで起こる「行動による表現 (enactment)」は不可避なものであり，このことはセラピーでの洞察と変化において決定的に重要な側面であると，みなされるようになりました。大変好評を博した著作である，グリーンバーグとミッチェルの『精神分析理論の展開』（*Object-Relation in Psychoanalytic Therapy*）（1983 年刊）では，対象関係学派，クライン学派，自己心理学派といったそれぞれの学派と同等な位置に，「関係論」を構成するさまざまな学派の一つとして，対人関係精神分析が据えられました。

また，1990～2000 年代には，ホワイト研究所は対人関係精神分析の適用範囲を拡大し，それを特定の集団に適用し始めました。この数十年の間に，組織コンサルテーションプログラム，児童青年心理療法訓練プログラム，精神分析的心理療法集中プログラム，摂食障害・強迫性嗜癖へのサービス，LGBTQ へのサービスといった部門が開設されました。もちろん，こうした新部門の開設の源流には，毎年恒例となっていた広島ホワイトセミナーがあったのです。

私たちはいまや，新しい時代を迎えています。まだその時代を特徴づけるには時期尚早ですが，先代に比して，従来とは異なる前途有望な側面をいくらか擁しています。何よりもまず，発達理論に対する研究所内のアレルギー反応は消えつつあります。愛着理論とダニエル・スターンの乳幼児発達に関する対人関係の理論は特に，乳幼児と世話役といった二者関係の優位性を実証し，それが発達上の中核的な関係であるとしています。研究所の分析的な訓練プログラムに参加する訓練生の態度にも，きめ細かなレベルで進行中の，ある種の変化が起こっています。そこには発達理論全般だけでなく，クライン学派の理論，愛着理論，神経精神分析などに対する関心もあり，一部の人たちにとって，それは一つの渇望でさえあります。精神分析に対するこれらの，そしてその他のきわめて重要な貢献が，いまの世代の人たちに受け入れられるようになることで，そのような変化は将来，私たちが考える，対人関係学派の分析家としての流儀に影響を与えることとなるでしょう。

最後に，本書の出版にあたり，京都精神分析心理療法研究所の皆さんにお祝いを申し上げます。これからも日本の仲間たちと，末永く実りの多い関係

を築いていけることを楽しみにしています。

2019 年 2 月 21 日

パスカル・J・パントーン
（Pasqual J. Pantone, Ph.D.）

パスカル・J・パントーン博士（Pasqual J. Pantone, Ph.D.）
　ウィリアム・アランソン・ホワイト研究所の前所長，精神分析家認証プログラムの訓練分析ならびにスーパーヴィジョン担当の精神分析家，講義担当教員。児童青年心理療法訓練プログラムの共同創設者，元共同所長，スーパーバイザー，講義担当教員。*Relational child psychotherapy*（「関係論的児童心理療法」）（Altman, et al., 2002）の共著者。

目　次

巻頭言　　*i*

第Ⅰ部　理論

第1章　対人関係精神分析の歴史的意義と臨床的接近について ―――2

1. はじめに ……………………………………………………… 2
2. 古典的精神分析 ……………………………………………… 5
3. 精神分析理論の発展 ………………………………………… 6
4. 対人関係精神分析の成立 …………………………………… 7
5. 対人関係精神分析の発展 …………………………………… 8
6. 対人関係精神分析とは ……………………………………… 9
7. 対人関係精神分析の貢献 …………………………………… 10
8. 対人関係精神分析の中核的な主題 ………………………… 13
9. サリヴァンの臨床と理論 …………………………………… 15
10. まとめとして ………………………………………………… 18

第2章　関係精神分析の歴史的意義とその臨床 ―――21

1. 関係精神分析とは何だろう ………………………………… 21
   (1) 古典的精神分析から関係精神分析へ　*21*
   (2) 関係性への転回　*23*　　(3) 関係精神分析の源流　*24*
   (4) ミッチェルの貢献　*26*　　(5) 関係精神分析の潮流　*27*
2. 関係精神分析の理論と技法 ………………………………… 29
   (1) 古典的精神分析との対比　*29*　　(2) サリヴァンの対人関係論　*31*
   (3) 心の生成論　*32*　　(4) 「自己の多重性」と新しい自己の体験　*33*

（5）　エナクトメント　*34*　　　（6）　関係精神分析における治療者とは　*35*

第3章　ケースフォーミュレーション ―― 39
　1．一般的なケースフォーミュレーション …………………………… 39
　2．サリヴァンのパーソナリティ理論 ……………………………… 40
　　（1）「良い自分（good-me）」「悪い自分（bad-me）」「自分でない自分（not-me）」　*40*
　　（2）　パーソニフィケーション（自己イメージ・他者イメージ）　*42*
　　（3）「不安の源泉」「中核葛藤テーマ」：中核的な不安や葛藤，欲求，情緒　*42*
　　（4）　パラタクシス的歪み（認知の歪み）　*46*
　　（5）　安全保障操作（対人操作のパターン，対処行動のパターン）　*48*
　　（6）　対人関係のパターン　*49*
　　（7）　参与観察者　*50*
　　（8）　セラピストのパーソナリティ　*51*
　3．病態水準のアセスメント ………………………………………… 52
　4．対人関係精神分析の立ち位置 …………………………………… 52

第4章　参与観察 ―― 56
　1．はじめに：導入者としてのサリヴァン ………………………… 56
　2．サリヴァンの対人関係精神医学 ………………………………… 58
　3．精神分析的心理療法場面での参与観察 ………………………… 60
　　（1）　ブランクスクリーンモデルと対比して　*60*
　　（2）　レーヴェンソンによる展開　*61*
　　（3）　変形概念　*65*
　4．認識論的な背景 …………………………………………………… 68
　5．おわりに：さまざまな臨床現場をつなぐものとして ………… 71

第5章 「詳細な質問」の持つ治療的意義 ―― 75
1. はじめに ………………………………………………………… 75
2. 精神分析，精神分析的心理療法における基本的な技法 ……… 76
   (1) 明確化 *76*　　(2) 直面化 *76*
   (3) 解釈 *77*　　(4) ワーキングスルー *78*
3. 「詳細な質問」の実際と技法的位置づけ ……………………… 78
4. サリヴァン理論における「詳細な質問」 ……………………… 82
5. 治療関係から見た詳細な質問 ………………………………… 86
6. スーパーヴィジョンにおける詳細な質問 …………………… 87

第6章 転移・逆転移に取り組む ―― 91
1. フロイトの転移 ………………………………………………… 91
2. 転移に対するサリヴァンのとらえ方 ………………………… 92
   (1) 人との関係から生じる不安への着目 *92*
   (2) プロトタクシス *93*　　(3) パラタクシス *94*
3. 対人関係精神分析における転移 ……………………………… 97
   (1) 幼児期の対人関係の移し替えとしての転移 *97*
   (2) 現実の分析家への態度も含んだものとしての転移 *99*
   (3) フィスカリーニによる転移の7つの特徴 *99*
4. フロイトの逆転移 ……………………………………………… 101
5. 逆転移に対するサリヴァンの考え方 ………………………… 102
6. 初期の対人関係精神分析における逆転移 …………………… 104
   (1) 逆転移の積極的利用 *104*　　(2) 逆転移夢 *106*
   (3) 責任を伴った自己開示 *107*
7. 最近の対人関係精神分析における逆転移 …………………… 108

第7章　治療関係：分析的愛の諸問題 ――――111
　1．心理療法の二人組におけるセラピストの基本的態度 ………… 111
　　（1）　セラピストは何をする人か：サリヴァンとフロイト　*111*
　　（2）　セラピストは何を維持しなければならないか：制約と自由　*113*
　2．分析的愛の諸問題 ………………………………………………… 114
　　（1）　セラピストの「愛」への注目　*114*
　　（2）　「分析的愛」をめぐるショウの事例　*115*
　　（3）　「分析的愛」の肯定的な側面　*116*
　　（4）　「分析的愛」とセラピストの専門性　*118*
　3．臨床素材（架空事例）……………………………………………… 119
　　（1）　事例の概要　*119*
　　（2）　セラピーのなかで偶然に起きたできごと　*120*
　4．考察：「分析的愛」と「人類同一種要請」…………………………… 122

第Ⅱ部　実践

第8章　精神科臨床と対人関係精神分析 ――――126
　1．はじめに ………………………………………………………… 126
　2．精神科臨床での初期の体験 ……………………………………… 127
　3．セラピストとしての自分のあり方，自らの感情に気づく
　　きっかけ ………………………………………………………… 127
　4．精神科臨床での対人関係精神分析 ……………………………… 128
　　（1）　参与観察　*128*　　　（2）　見立て　*129*
　　（3）　合意による確認　*130*　　（4）　共感とは　*132*
　　（5）　クライエントの不満・怒り　*134*　　（6）　中断と終結　*135*
　　（7）　そもそも精神科臨床において，精神分析的心理療法は
　　　　可能なのか　*136*

5．セラピストの主体性について ………………………………… 137
　6．治療的なネットワークのなかでのセラピスト，多職種との
　　　協働 ……………………………………………………………… 138
　　（1）専門性と主体性　138　　（2）オープンな関係　139
　7．おわりに ………………………………………………………… 139

第9章　学校臨床　　　　　　　　　　　　　　　　　　　141
　1．学校との出会い ………………………………………………… 141
　2．対人関係精神分析と学校臨床 ………………………………… 142
　3．児童期，思春期の子ども：サリヴァンの人格発達理論の
　　　視点から ………………………………………………………… 143
　4．学校で生きる「参与観察」…………………………………… 146
　5．孤独：仲間から外される恐怖 ………………………………… 147
　6．柔軟な枠 ………………………………………………………… 150
　7．親のサポート：不登校を中心に ……………………………… 151
　8．連携 ……………………………………………………………… 152
　9．人類同一種要請 ………………………………………………… 154
　10．子どもの遊びの力 ……………………………………………… 155
　11．チーム学校の一員としてのSC ……………………………… 156

第10章　学生相談に生かす対人関係精神分析　　　　　　159
　1．はじめに ………………………………………………………… 159
　2．学生相談の構造 ………………………………………………… 160
　3．学生相談に生かす対人関係精神分析 ………………………… 161
　　（1）見立て　163　　（2）現実の重視　165
　　（3）詳細な質問　166　　（4）解離と自己の多重性　168
　　（5）組織を見る視点　170

4. 事例 ………………………………………………………… 171
5. おわりに ………………………………………………………… 175

第11章　対人関係精神分析の開業臨床 ────── 177
1. はじめに ………………………………………………………… 177
    (1) 仕事場周辺の風景　*177*
    (2) 私の開業臨床の始まり：非常勤心理士として　*178*
    (3) なぜ開業？　*179*
2. 個人開業 ………………………………………………………… 180
    (1) 開業するまで　*180*　　(2) 開業してから　*181*
    (3) 経営と生活　*184*
3. 開業の場の中立性と個人性 ……………………………………… 187
4. 開業臨床の特徴 ………………………………………………… 189
    (1) 開業臨床ならではの逆転移　*189*
    (2) 対人関係精神分析的な開業臨床の意義　*190*
5. おわりに ………………………………………………………… 191

第12章　産業臨床と組織心理コンサルテーション ── 194
1. はじめに ………………………………………………………… 194
2. 組織心理コンサルテーションとは ……………………………… 194
    (1) 「心理」をどう扱うか　*195*　　(2) 「組織」をどう扱うか　*195*
3. 組織心理コンサルテーションの歴史 …………………………… 196
4. 組織心理コンサルテーションの理論と実践：
    システム心理力動 ……………………………………………… 197
    (1) 心理力動論　*197*　　(2) システム論　*198*
5. 組織心理コンサルテーションの概念ツール …………………… 199
    (1) BART　*199*　　(2) 人-役割-システム　*201*

(3)　役割と防衛機制　*202*　　　(4)　マジックテープとフッ素樹脂　*203*
　　　(5)　集団レベルの防衛　*203*　　　(6)　リーダーシップ　*204*
　　　(7)　チーム　*206*
　6. 組織心理コンサルテーションの介入方法 …………………………… 210
　　　(1)　契約とコンサルテーション・サイクル　*210*　　　(2)　研修　*211*
　　　(3)　コーチング　*211*
　7. まとめ ………………………………………………………………… 213

第13章　非行・犯罪臨床 ─────────────────217
　1. 矯正心理専門職の仕事 ………………………………………………… 217
　　　(1)　拘置所　*217*　　(2)　刑務所　*218*　　(3)　少年鑑別所　*219*
　2. 嘘 ……………………………………………………………………… 220
　3. 解離 …………………………………………………………………… 221
　4. アディクション ……………………………………………………… 223
　5. セルフシステム ……………………………………………………… 224
　6. 親密性 ………………………………………………………………… 225
　7. 人生の物語 …………………………………………………………… 227
　8. パートナー …………………………………………………………… 229
　9. 物語の作者は誰か …………………………………………………… 230

第14章　被災地心理支援 ───────────────────234
　1. はじめに ……………………………………………………………… 234
　2. 災害時の心理支援に心理専門職として参加する ………………… 235
　　　(1)　阪神淡路大震災の経験　*235*　　　(2)　ふたたび，被災地へ　*236*
　　　(3)　目撃すること，訪れること　*237*
　　　(4)　経験の個別性と支援の普遍性　*239*
　3. 災害支援ボランティアにおいて個人と組織に関わること …… 240

（1）現地での活動経験から　240　　　（2）まとめ　244
　4．精神分析の知見を用いた被災地心理支援活動……………… 246
　　（1）私の被災地支援体験の断片　246
　　（2）心理臨床家として考えたこと　247
　　（3）新しいナラティヴと聞き手との対話　248
　　（4）チームで支援活動をするということ　249
　　（5）私たちが目指したことと現地活動概要　250

第Ⅲ部　訓練

第15章　訓練体験 ―――――――――――254
　1．はじめに………………………………………………………… 254
　2．精神分析への関心……………………………………………… 256
　3．訓練の構造とそこからの学び………………………………… 257
　　（1）コースワークと同期の存在　259
　　（2）訓練からの学びと臨床観の変化　260
　　（3）訓練以外のさまざまな機会　262
　4．おわりに………………………………………………………… 265

第Ⅳ部　展望

第16章　対人関係精神分析の日本における展開 ―――270
　1．訓練の導入……………………………………………………… 270
　　（1）日本の心理臨床の課題　270
　　（2）心理療法家養成プログラムの開始　272
　2．サリヴァンの対人関係論……………………………………… 276
　　（1）はじめに　276　　　（2）サリヴァンの基本的人間観　276

（3）　サリヴァンの人格理論と精神病理論　*277*
　（4）　サリヴァンの治療論　*280*
　（5）　サリヴァンの環境療法論　*283*
3．展開の可能性……………………………………………… 285
　（1）　精神分析の危機と未発達のなかで　*285*
　（2）　精神分析的コーチング　*286*

後記　*291*
事項索引　　*293*
人名索引　　*301*

第Ⅰ部
理論

- 第1章　対人関係精神分析の歴史的意義と臨床的接近について
- 第2章　関係精神分析の歴史的意義とその臨床
- 第3章　ケースフォーミュレーション
- 第4章　参与観察
- 第5章　「詳細な質問」の持つ治療的意義
- 第3章　転移・逆転移に取り組む
- 第7章　治療関係：分析的愛の諸問題

第1章
対人関係精神分析の歴史的意義と臨床的接近について

【鑪　幹八郎】

1. はじめに

　精神分析の世界で，対人関係精神分析（Interpersonal Psychoanalysis）や，関係精神分析（relational Psychoanalysis）への関心が大きくなってきています。それには，はっきりとした理由があるでしょう。その理由については，2つの方向から見ることができます。言うまでもなく，理論的な接近と臨床的な接近です。この両面は1930年，40年代から徐々に展開し，今日に至っているので，その歴史のどの側面を強調するかによって，説明の仕方がかなり違ってきます。本書においては，対人関係精神分析の臨床として，サリヴァン（Sullivan, H. S.）の臨床的特徴がかなり詳しく述べられることになっているので，ここでは学派の特徴を歴史的な経緯も含めて概観をしてみます。

　古典的精神分析と対人関係精神分析では，どこが本質的に違ってくるのでしょうか。対人関係精神分析の理論家として知られているウォルシュタイン（Wolstein, B.）は，その技法的な特徴を，From mirror to participant observation to coparticipant inquiry and experience.（「ミラーから参与観察へ，そして共同参加による質問と経験へ」）（Wolstein, 1977）という論文の表題として表現しています。象徴的な表現ですが，違いについて適切な表現がなされてます。これは次のように理解することができます。

　（1）　古典的精神分析における精神分析家は，「ミラー」つまり，クライエントのこころを映し出す鏡，反映する鏡として機能し，クライエ

ントの理解と洞察を深める役割であった。
(2) 対人関係精神分析では，サリヴァンの言う「参与観察」が現実に展開する治療関係であると認識し，精神分析家の影響を否定しない。
(3) 分析家の関わりの要因を，マイナスの逆転移として見ていくのでなく，治療関係のなかで実際に展開するものと見なし，参与しながらの治療的な質問，行動をしていく。
(4) さらにクライエントは，参与している分析家とともに，新しい経験をしていく。それはマイナスではなく，治療的変化の契機となる貴重なものである[*1]。

この当時，対人関係精神分析派に所属していた人たちは，転移・逆転移に見られる治療関係を集中して観察，研究していました。これをウォルシュタインは *Essential Papers on Countertransference*（Wolstein, 1988）としてまとめています。当時の熱気がよく伝わってくるような論文集です。

このようにして，理論的にも技法的にも古典的精神分析と違った観点が次第に明瞭になるとともに，新しい展開として統合していくことが求められていました。これに応えたのがグリーンバーグとミッチェルの *Object-Relations in Psychoanalytic Theory*（『精神分析理論の展開』）（Greenberg & Mitchell, 1983）だったといえるでしょう。

ここではその前に，対人関係精神分析の技法の特徴を，古典的精神分析の理論的，技法的な差異として示しておきます。こうした差異が発生した背景には，精神分析が神経症的レベルからもっと重症な病理，つまり境界性人格障害，統合失調症などを対象にし始めていたことも関係しています。

第一に，古典的精神分析が，過去の無意識的経験の病理に焦点を当て，対内的な心的世界（intrapsychic）に焦点を当てていったのに対して，対人関係精神分析の人たちは，現場の治療状況の対人関係に，つまり社会的・対人関

[*1] この点を早くからとらえていた，古典的精神分析のなかの異端メンバーのひとりであったエリクソン（Erikson, E. H.）が，こののっぴきならない形での影響し合う治療的関係を相互性（mutuality）（Erikson, 1964）という言葉で記述しているのは，興味深いことです。

係的（interpersonal）な場である「今・ここ（here and now）」で展開する対人関係に，関心を示しています。

　第二に，古典的精神分析は，クライエントの問題や訴えは心理的な病理（psychopathology）としてとらえますが，対人関係精神分析では，症状や訴えは現在の「生きていくうえでの困難（difficulty in living）」に示されているという視点から理解します。

　第三に，古典的精神分析は，症状を母子関係・家族関係の力動からくる心的エネルギーの歪みが生む自我発達の歪みであり，それは防衛の働きによるものとみなします。これに対して対人関係精神分析では，症状を幼児期の重要な人物群の影響によって形成された自己組織（self-system）の力動性としてとらえ，不安を回避するための安全保障操作によるものとみなします。

　第四に，古典的精神分析は，治療関係は専門家としての分析家がクライエントの内的な問題を鏡のように照らし出し，これを解釈してクライエントに伝える操作を重視します。また，逆転移は治療的にマイナス要素であり，最小化されるように努力します。このような一方向の関係を「一者関係」「一者心理学」と呼んでいます。これに対して，対人関係精神分析では，治療関係のなかに関わり，参与します。転移・逆転移は起こるべくして起こり，避けることはできません。マイナス要素ではなく，むしろ治療的に操作しなければならない重要な新しい経験となるものです。このように関わりを重視するということから，「二者関係」「二者心理学」と呼ばれるようになりました。

　第五に，古典的精神分析は上述したように，過去の経験（then and there）を再構成して，「過去の経験」のテーマと転移関係と病理とを結びつけて解釈します。これに対して対人関係精神分析では，治療関係でのその場の「現実の関係（here and now）」を，治療者との新しい経験，転移と逆転移との相互的な関係のマトリックスとして重視し，そのなかに治療的な契機を見ていきます。

　第六に，古典的精神分析の治療的な契機の理解では，解釈は洞察に結びつき，洞察が行動の変化，症状の変化を生みます。図式的に言うと，「無意識的な転移関係の指摘」→「解釈」→「クライエントの洞察」→「行動の変化」となります。これに対して対人関係精神分析では，「無意識的な転移・逆転移関係」

→「治療関係での相互的な新しい経験」→「行動の変化」→「洞察」という図式となります。

　要約すると，これらの対比は関わりのあり方として，「治療者の位置をどこに置いているか」に，大きな違いがあると言うことができます。つまり，古典的精神分析は，クライエントに影響されない治療者が，クライエントに解釈の操作を行い，答えは治療者が持っており，クライエントはそれを受け取り，それが洞察を導く，という一方向の関係です。これに対して対人関係精神分析は，治療の場は治療者とクライエントの相互的な関わり合いで成り立っており，その関係の相互性（mutuality）を認識し，その関係のうえで治療は展開するという「二者関係」の治療構造になります。

　対人関係精神分析の治療関係における「新しい経験」の重視は，古典的精神分析からすると，「教育的な要因」として，1960年代にアレクサンダー（Alexander, F.）が排除されたような問題にもつながっている重要性を持つものです。アレクサンダーもフェレンツィ（Ferenczi, S.）と同じく，ハンガリーのブタペスト出身であるのは，人と人との関わりに関心が高いという文化的・思想的な問題として偶然とは思われないところがあります。

2. 古典的精神分析

　1930年代に，ヨーロッパから亡命というかたちで多くの精神分析家がアメリカに入り，ニューヨーク精神分析研究所を中心にしてアメリカ全土に拡がっていきました。そして，現在まで，精神分析の本流として続いています。それは，フロイト（Freud, S.）の後期の自我心理学的な研究が，臨床的に体系化されたものです。ここではこれを「古典的精神分析」と呼んでおきます。この古典的精神分析が，さまざまな分化を遂げて今日に至っています。精神分析は臨床技法として生まれて以降，今日まで変貌と進化をし続けているというのが実情です。

　これは学問としての発展を意味します。また同時に，精神分析的治療法が拡大し，世界的なレベルで受け入れられました。さらに，それぞれの国の文化的な特性，人間関係の特性に取り組むことによって，修正を重ねながら発

展してきています。それは精神分析が求めてきた科学的な手法としての普遍性を保持しつつ，独自の文化を持つさまざまな国の人々に適応することによって，技法的にも理論的にも個別的に進化を遂げているということを意味しています。本来，精神的な病は，人と人との対人関係のなかから生まれているのであり，それぞれの文化が独自の理解と対処法を考えてきました。そのようななかで，精神的な問題による，生きていくうえでの困難の治療的な対処法としての精神分析が，文化的社会的な影響を受けるのは当然のことと思われます。

　また，古典的精神分析は，フロイト以来の一定の手法を堅持しようとしている印象を受けますが，科学的な治療方法として発展していくには，新たなアイデアや技法の展開が必要であると思われます。「本流」「正統派」「分派」といった表現がなされることは，新しい発想を持つ精神分析の研究者グループの差別化や排除を生んできました。対人関係精神分析の姿勢に見られる時代，文化，価値などを，オープン・システムとしてとらえ，治療のコンテクストの重要な因子として，理論や技法の修正や変更の可能性を維持していくことが大事なことではないでしょうか。サリヴァンの思考のなかにあるシステム論的なアイデアや思考は，この点でも，これからの発展可能性を示していると思われます。

3. 精神分析理論の発展

　古典的精神分析は自我心理学的な立場から自我構造を明確化し，自我機能を重視し，無意識的な抵抗の分析に重点を置いて，臨床技法を展開していました。これに対して，イギリスに定着したクライン（Klein, M.）は内的対象関係を明確化して展開し，その世界への接近を主張して，古典的精神分析と論争を続けました。クラインに指導を受けたウィニコット（Winnicott, D. W.）は，対象関係や外的対人関係の交わる表現の場として，内的中間領域を見出して，対人関係精神分析の指向に近い臨床的な接近をするようになりました。

　また，ハンガリーのブタペストを拠点としたフェレンツィは，クライエントとの治療的な関わりを重視して，治療的関わりそのものの経験の治療的意

義を重視しました。これは，古典的精神分析からは，別物として排除されました。しかし，アメリカで花を開いた文化学派と呼ばれた対人関係精神分析の人たちは，フェレンツィに影響を受け，対人関係の影響，また治療の場での関係そのものの意義を重視して理論を展開してきました。その中心が，サリヴァンやトンプソン（Thompson, C.）でした。彼らは治療関係における治療者とクライエントとの関係を重要な要因として理解し，焦点にして見始めました。この点で古典的精神分析から排除されましたが，そのグループの特色は鮮明でした。これが対人関係精神分析を形成していく母体となりました。これについては後に説明します。

さらに，1980年代から，アメリカでコフート（Kohut, H.）を中心にした「自己心理学」が台頭し，古典派との激しい論争を展開しました。古典的精神分析の無意識的な構造としての自我（Ego）に対して，意識的な存在に近い自己（self）は，アメリカの言語生活に近いものであり，現実生活のなかで理解しやすい概念として広まりました。サリヴァンも，自己組織（self system）などの用語を使っています。英語文化圏では，「自我」より「自己」のほうが感覚的にぴったりだったのではないでしょうか。こうして自己評価（self-esteem）に関係の深い「自己愛」の主題，自己愛障害が精神分析の新しい対象になり，精神分析は大きく拡大することになりました。

ここからさらに分化し，「間主観性精神分析」の一派が出現しました。これらは，アメリカ的な文化や人間関係を背景にしていることがわかります。精神分析はそれぞれの国の独自性や文化など，歴史的な社会の変動とともに，人間関係の変化によって，今後もさらに展開していくことが考えられます。このようななかで，日本的な精神分析の特徴というものは何かということが，日本の精神分析的な経験を土台にして生まれてくる，という可能性もあるでしょう。

4. 対人関係精神分析の成立

アメリカを中心に「対人関係精神分析」と呼ばれるようになった精神分析のひとつの流れは，1940年後半から50年代にグループを形成しました。

1970年代ぐらいまでは「文化学派」と呼ばれて，古典的精神分析から排除されていました。この状態は1980年代まで続きました。私が精神分析の訓練を受けた1960年の中期はまさに，このような古典派からの排除状態の渦中であったと言うことができます。ここでは政治的なごたごた劇を省いて，心理療法の学問的な発展の様相について説明をします。

対人関係精神分析は，ウィリアム・アランソン・ホワイト研究所（以下，ホワイト研究所）の創設から見ると，すでに第3世代，あるいは第4世代の時代になっています。そして，世代ごとに特色のあるかたちで展開しています。これについて概観しておきます。

5. 対人関係精神分析の発展

対人関係精神分析の第一世代としては，トンプソン，フロム（Fromm, E.），フロム＝ライヒマン（Fromm-Reichmann, F.），ホーナイ（Horney, K.）[*2]，リオック（Rioch, T.）などがいました。ワシントンDCに近い，メリーランド州のチェスナット・ロッジ病院を中心として，フロム＝ライヒマンやサリヴァン，またニューヨーク市にいたトンプソン，フロム，ホーナイらが，対人関係の影響過程や現実の治療関係の力動をテーマにして，治療要因の見直し，治療関係そのものの転移分析と現実の新しい経験という，多方向の新しい見方が始まっていました。治療者と患者の相互関係そのものの持つ治療要因を，明確化しようとしていました。これは精神分析にとっては，オリジナルな発想でした。しかし，本流からは「文化学派」として無視されていました。

また，第二世代としては，ホワイト研究所が，1964年に現在の20 West 74th Street, NYに移ってから，本拠地をもつ研究所として発展を遂げました。第一世代の後を継いだウィッテンバーグ（Witenberg, E.），アリエッティ（Arieti, S.），バーネット（Barnett, J.），シュナウスキー（Chrzanowski, G.），ザフロプーロス（Zaphiropoulos, M.），シンガー（Singer, E.），レーヴェンソン（Levenson, E.），ウォルシュタイン，ファイナー（Feiner, A.），クラウリー，

[*2] ホーナイは後に袂を分かち，独自の学派を作っていきます。

(Crowley, R.), ボーン (Bone, H.), ドイチャー (Deutcher, M.), タウバー (Tauber, E.), グリーン (Green, M.), シメル (Schimel, J.), シェクター (Schecter, E.), シャハテル (Schachtel, E.), モールトン (Moulton, R.), シュピーゲル (Spiegel, R.), ザリタ (Szalita, A.) など, そうそうたる人たちがいました*3。私はこれらの人たちに教えを受け, またスーパーヴィジョンを受けました。この人々の活動を, 今でも生き生きと思い出すことができます。

そして, 私を含め第三世代の若手の人々の活動が, 大きな花として開いたと言うことができるでしょう。それは異質なものを受け入れながら統合に動き出した今日の時代の始まりであったと思います。この流れのトップにいたのが, ミッチェル, グリーンバーグ, スターン (Stern, D. B.), エレンバーグ (Ehrenberg, D.), ハーシ (Hirsch, I.), ブロンバーグ (Bromberg, P. M.), カリガー (Caligor, L.), ゲント (Ghent, E.), ライオネルズ (Lionells, M.), フィスカリーニ (Fiscalini, J.), ビューチュラー (Buechler, S.) といった人たちです。この人たちは, 精神分析のマイナーなグループというより, しっかりとした明確な位置づけをもった一角を占めて, 精神分析の世界で活躍していると言うことができます*4。

6. 対人関係精神分析とは

ここで, グループの呼称が Interpersonal Psychoanalysis となっていった由来について, 私の理解を述べてみます。教えを受けた先生であり, 後に親しく交わったグリーンが言っていたことにつながるのですが, 対人関係精神分析という呼び方を決定的にしたのは, 次のような事情がありました。

ホワイト研究所の所長をしていたトンプソンが1958年に亡くなった後, 1964年に遺稿集が出版されました。この編集にあたったグリーンは, この本のタイトルを *Interpersonal Psychoanalysis*(『対人関係精神分析』) とし

---

*3 これらの人たちの論文は一冊にまとめられています (Stern, D. B. et al. Eds. 〈1955〉 *Pioneers of Interpersonal Psychoanalysis*. Analytic Press)。

*4 これらの研究者の論文は Stern, D. B. が中心編集者となり, 単行本のシリーズ (*Psychoanalysis in a New Key Book Series*. Routledge) として出版されています。

ました。そのきっかけは，サリヴァンの講義録の遺稿が編集され出版され始め，その第1冊目のタイトルが Interpersonal Theory of Psychiatry（日本訳『精神医学は対人関係論である』）だったことでした。また，これまで文化学派（Cultural School）と呼ばれていたものに対して，心理・社会（psychosocial）次元を含めて Interpersonal というタイトルにした，編集者のペリー女史（Perry. M.）の功績かもしれません。

その後，このグループが出版する精神分析に関する著書には，この「対人関係精神分析」という用語が積極的に用いられようになりました。そしてグループの呼称も「Interpersonal Group（対人関係学派）」と変化していきました。

これは内的にも大きな意義がありました。古典的精神分析は無意識を意識化するということに重点を置き，解釈と洞察に重点を置きました。これに対して対人関係精神分析は，治癒のモメントは治療者とクライエントとの関わりの場，つまり現在の対人関係の場そのものにあり，ここでの新しい体験が重要であることを発見し，治療の場を重視して展開しようと努力しました。前者が過去経験を重視し，その意識化による自我のコントロールを中心的な技法としたのに対して，後者は現在の治療の場における治療者とクライエントの対人関係的な経験の場を重視しました。この違いを，then and there（過去のそこでの出来事）に対して，here and now（治療の場で現在体験していること）というとらえ方をして，その特徴を標語のように述べています。この点についてはすでに述べたところです。

7. 対人関係精神分析の貢献

ホワイト研究所の第二世代および第三世代の大きな貢献について，さらに3つのことを述べる必要があります。第一は，ホワイト研究所が新しい研究誌を創設したこと。第二に，アメリカ心理学会（APA）のなかに「精神分析部会」が創設されたこと。第三は，教育を受ける権利として，古典的精神分析の大御所のニューヨーク精神分析研究所で，精神分析家の教育を医師に限定していたことに風穴を開けて，心理学出身者が研究所での教育の機会の権

利を獲得したことが挙げられます。以下に少し説明します。

　第一に，ホワイト研究所の機関研究誌として，*Contemporary Psychoanalysis*（『現代精神分析』）が，1964 年に創刊されました。これで研究意欲が高められました。それまで他の機関誌を利用して投稿されていた研究論文が，この研究誌に発表されることになりました。オリジナルなアイデアが次々と投稿され，発表されていきました。レーヴェンソン，ミッチェル，グリーンバーグ，エレンバーグ，スターン，ブロンバーグらは，活発な書き手でした。これらの掲載論文がまとめられて，著書として出版されました。これは日本で想像する以上の白熱したエネルギーであり，今日も継続しています。この *Contemporary Psychoanalysis* に刺激されて，ミッチェルらが中心となって *Psychoanalytic Dialogues*（『精神分析的対話』）が創刊されていきました。

　ここでは，ミッチェルやグリーンバーグ，エレンバーグ，スターンなどの活躍が目立っていました。対人関係的なアイデアが，外部の多くの人に受け入れられていきました。この研究誌の発刊は，特記すべきことであったと私は思います。この研究誌には現在も，活発に研究論文が寄稿されています。また，研究内容には，災害の問題，政治行動の問題なども，精神分析の観点から積極的な発言がなされているところに特色があります。研究誌に掲載された論文は，何本か集まると 1 冊の著書として出版しました。そのようにして出された著書もまた，大きな話題となりました。

　第二に，アメリカ心理学会（APA）は，10 万人を超える大きな学会です。会員の大部分は，心理学，職業心理学で Ph.D. を得ている人たちです。心理学関係者はほとんどすべて，この学会に所属しています。これは「アンブレラ構造」と称されています。心理学会として外部に意見したり活動をする場合は，APA がその代表となります。その点，日本の心理学会は専門別に分かれていて，心理学者が統一体とし所属する，一つにまとまった学会はありません。一人しか入れない一人傘構造です。そのため，外部との政治的な接触なども個別的になり，大きな社会的な力や発言力になりにくくなっています。それに対し，APA は部会制となっていて，専門的な研究成果などの発表がなされます。現在，APA には 55 の専門部会（Division）（日本での個別的学会にあたる）があります。この APA に，第 39 分科会として，1979 年

に「精神分析部会」が発足したのです。

　この参加の条件は，Ph.D. を持ち，いずれかの州の心理学の免許を持っていて，いずれかの州で教育機関として認定されている精神分析研究所の訓練を経て，その研究所から精神分析家資格が与えられている心理学者であれば，誰でも参加することができるのです。基本的には APA の会員になり，どれかの部会に所属するかたちで，精神分析の部会員になるプロセスをとります。私は 1980 年に APA の会員になり，「臨床心理学 D.12」「職業心理学 D.20」「精神分析学 D.39」の各部会に参加していました。

　特に，「精神分析学分会 D.39」の果たした役割は大きいものでした。と言うのは，ここでは心理学会員であれば，どの精神分析研究所で訓練を受けて精神分析家の資格を取っていても，同格の会員です。古典的精神分析出身であろうと，対人関係精神分析出身であろうと，取り扱いに差はありません。自分の研究は，学会が出している研究誌 *Psychoanalytic Psychology*（『精神分析的心理学』）に投稿できます。そして，一定の水準を満たしていれば，掲載され出版されます。これは画期的なものでした。これまで例外的にしか考えられなかった学派の違った分析家の論文が，同じ研究誌に載るようになりました。このために理論的な論争も盛んになり，精神分析全体が活気づいてきたのです。ここでリーダーシップを取ったのが，対人関係精神分析の人たち，ミッチェルやグリーンバーグ，スターンらでした。そしてアメリカ心理学界全体に，広く対人関係精神分析が知られるようになりました。

　第三のテーマはニューヨークで展開しました。古典的精神分析の牙城であるニューヨーク精神分析研究所は，精神科医師の資格を持つ者を精神分析家の訓練の対象として，近接の領域にある心理学の出身者は正式の訓練を受けることができませんでした。これは精神分析の訓練の研究所のなかでも，アメリカだけが課している垣根でした。

　フロイトが論文「レイ・アナリシスの問題」（Freud, 1926, 1927）で主張したように，精神分析は，心理学からも精神医学からも独立した，心の問題に接近し分析していく科学的な方法です。それは，医学の世界に限定されるものではない，という主張でした。アメリカ以外の国々は，フロイトのこの論文をもとにして，医師以外の人でも一定の教育履歴があれば，訓練を受ける

権利が保障されていました。

対人関係精神分析の中心にいたホワイト研究所のメンバーたち，ことにストックハマー（Stockhammer, N.），カリガー（Caligor, L.）らが中心になり，教育の機会均等を阻害しているとして，心理学者にも門戸を開くことを要求する訴訟を起こしました。その結果，精神分析の訓練は，医療領域に限定された独占的な職業的教育ではなく，心理学免許，医師免許を取得した人のための専門性を高める教育であって，それは医師に限定される教育ではない。したがって，心理学の実践の国家資格（州資格）を有する人が，卒後教育として専門性を高めるために学びたいのであれば，医師に限定することはできないと判定されました。この訴訟の勝利は画期的でした。古典的精神分析の訓練を受けるのに，心理学の有資格者を排除することはできなくなったのです。それは，対人関係精神分析のオリエンテーション自体に内包されているポテンシャルでもあると，私は思います。

8. 対人関係精神分析の中核的な主題

対人関係の場の重視と関わりの重視は，精神分析に新しい側面をつけ加えることになりました。つまり，面接の場での対人関係的な力動の理解に，大きな変化をもたらしました。現在の言葉を借りると，一者心理学と二者心理学の観点としてとらえることができます。上述しましたが，簡単にまとめると次のようになります。

古典的精神分析の臨床の場は，クライエントの過去の経験が現実の分析家との関係のなかに展開するもの，つまり転移を解釈し，洞察に行動変化の契機を求めていました。分析家の役割は，クライエントの内的世界を鏡に映し出すように，クライエントに照らし出していく仕事です。分析家が影響されたり巻き込まれたりする逆転移は，分析を妨害する出来事であり，排除するべきものと考えられていました。できるだけ内的世界を素直に表現し，分析家はこれをクライエントが洞察に導かれるように解釈するのが仕事です。クライエントの語りと，分析家の解釈という行動は，あまり交わりません。

これに対して，対人関係精神分析の立場では，クライエントが分析家に影

響を受けるように，分析家もクライエントに影響を受ける二方向であるのを前提として，治療関係を理解します。この人間関係の相互影響（mutuality）[*5]は不可避のものです。対人関係精神分析の人々は，転移・逆転移問題，逆転移の治療的な接近について，これまでと違った姿勢で研究に集中していきました。

ウォルシュタインは，転移・逆転移を分析状況から回避することはできないと主張した，最初の一人です。それは自然な行動であり，現象です。クライエントに転移が現れるのと同じ程度，分析家にも逆の転移が起こるのです。それは，シンメトリー状態だとして理解しました（Wolstein, 1988）。これは「関係そのもの」を治療的に理解するという，対人関係精神分析の特徴を示すものです。

つまり，治療状況の対人関係の場そのものの関わりが新しい経験を生むということであり，新しい経験が過去の経験への洞察を深めるというものです。こうした治療状況の理解は，転移の理解や操作の修正をもたらしました。古典的精神分析が，「過去の人間関係」に対して「現在の面接室での人間関係」を重視し，また「解釈によって洞察」を得ていくという治療の契機に対して，対人関係精神分析では，治療室での分析者との「新しい経験が洞察を生む」という逆転の発想になったのです。

前者が「解釈」⇒「洞察」⇒「行動の変化」という図式に対して，後者は「関わりによる新しい経験」⇒「行動の変化」⇒「洞察」ということになります。洞察が行動変化を引き起こすのか，あるいは，逆に行動変化が洞察をひき起こすのか，大きな理論的な「転回点」ということになります。

サリヴァンの言葉を使うと，対人関係精神分析家は本来，参与観察者（participant observer）であり，面接への積極的な参加を肯定するという変化

[*5] 古典的精神分析のなかにいたエリクソンは，すでに1964年出版の *Insight and Responsibility*（『洞察と責任』）のなかで，相互的な関係性（mutuality）について記述していますが，古典的精神分析のなかではほとんど無視されていたのでした。しかし，同じリッグス・センターでエリクソンに指導を受けたギル（Gill, M.）やシェイファー（Shafer, R.）らが，やがて対人関係・関係精神分析の指向に近い論文を次々と発表していることは，よく知られています。

になりました。治療者は積極的に関わる人，つまり，観察する参与者(observing participant：Wolstein, B.)となり，クライエントと同じように，問題を明確化するための質問をしながら参与しているのだ，という姿勢が生み出されたのです。

9. サリヴァンの臨床と理論

　対人関係精神分析のスタートはフェレンツィ(Ferenczi, S.)としてとらえる人，サリヴァンを中心としてとらえる人などさまざまですし，その後の新しい関係精神分析に，関心の中心を置く人もいることと思います。ここでは，私が訓練を受け，臨床の基礎となっているサリヴァンの仕事を紹介し，その他の人たちの新しい発見や発明を述べてみます。

　サリヴァンのさまざまな側面について語った講義録は，日本ではすべて中井久夫氏とその仲間たちによって翻訳されていますが，サリヴァンの臨床を伝えているのは，二冊目の講義録として出版されている『精神医学的面接』(Sullivan, 1954)です。「治療的な面接」を語るという，そのものずばりの題名がついています。対人関係精神分析の臨床はどのように展開するか，展開したほうがいいかということを講義したものです。

　サリヴァンの臨床方法を説明するとき，3つの前提があります。条件と言ってもよいでしょう。まずこれを述べて，それから臨床技法について述べることにします。

(1)　どのような問題や対象を扱うかによって，手法に違いがある。精神分析としては，自由連想と解釈があれば条件を満たしているかもしれないが，それ以外のものも重要な要素として存在する。
(2)　治療関係は対人関係の場である。この場はまた，患者やクライエントの人間関係の典型を示している。
(3)　この転移関係の分析は，現実の出会の場である治療関係そのものが，重要な材料になる。クライエントの過去の経験が影響し，それに影響された治療者との関係性が現実に展開していることを認識し，

その現在の関係の認識が治療的に重要な要素である。

フロイトの過去経験の精査と再構築が「過去の，あそこで（then and there）」を主題としているのに対して，サリヴァンは「今，ここで（here and now）」を主題としており，新しい問題の解決法を象徴的に語っています。ここでは，この講義録の概観のみを示すことにします。

サリヴァンはどのような面接の構造をとっていたのでしょうか。『精神医学的面接』の中に，彼の面接についてのアイデアをある程度理解することができます。彼は第1章で面接の基礎概念を述べています。ここでコミュニケーションの音声的な点に注目すると言います。これは内容というより，発声や抑揚など，こころの動きに敏感であることを指摘しています。

また，クライエントの経験の注目点として，「パラタクシス的様態（parataxic mode）」の様態の層に注目するように注意しています。経験を無意識というかたちで見るというより，経験の様態に注目するように指摘します。サリヴァンによると，経験とは3つの層に分かれており，言葉の有意味性，つまり話し言葉のまとまりがよい（「シンタクシス的様態〈syntaxic mode〉」）か，まとまりが悪い（「パラタクシス的様態」）か，バラバラで分解していて意味をなしていない状態（「プロトタクシス的様態〈prototaxic mode〉」）として見ています。これを補足するように，第10章でコミュニケーションの問題を語っています。スターン（Stern, 1997）はパラタクシス的様態を「未構成の経験」として，転移・逆転移への理解と接近法について注目し，理解を深めました。

第2, 3章では，面接の場の構造の作り方を説明します。特に，治療者の位置に注目することや，治療者とクライエントとの対人関係的な統合へ注目することを指摘しています。これはまさに，対人関係精神分析の中核といってもよいでしょう。

第4章では初期段階の重要性が述べられ，受け入れ方，クライエントの状況を確かめる「偵察の時期」を述べています。これに関連して，第8章で精神障害の兆候や類型について語っています。重症のクライエントへの治療的接近の指摘です。診断，見立てと言われる時期の問題でもあります。第5章では，「詳細な質問」という長いプロセスがあること，そのなかでの工夫な

第 1 章　対人関係精神分析の歴史的意義と臨床的接近について　　*17*

どが語られています。サリヴァンはこの時期を治療の中心に置いています。ここでは，解釈というより「問い（inquiry）」「治療的な問い」ということの重要さを指摘しています。同じ「問い」について，ビオン（Bion, W.）も同じことを言っているのが興味深いことです。もちろん，ビオンはサリヴァンより時期的にはずっと後になるのですが。

　ビオンは 1962, 1963, 1965, 1970 の各年に出版したものを全部まとめて *Seven Servants*（Bion, 1977）として出版しています。この著作集のタイトルはまさに，サリヴァンの詳細な質問（detailed inquiry）と同じに見えます。キプリング（Kipling, J. R.）の詩を引用して，智恵の七要点（Seven Pillars of Wisdom）として書かれています。

　また，これが著作集のタイトルとなっているのも興味深いところです。ここで言う「奉仕者（servant）」とは，治療の見立ての意図に従って治療者が発している「言葉」が「奉仕者」として仕事をするという意味を表しています。以下，意訳的に引用すると次のとおりです。

　　私は 6 人の正直な奉仕者を雇っている
　　彼らは私の知っていることすべてを教えてくれた
　　彼らの名前は「何（what）」と「なぜ（why）」と「いつ（when）」
　　そして「いかに（how）」と「どこで（where）」と「だれ（who）」
　　私は彼らを山へ，海へと送り
　　東へ西へと送る
　　だが彼らが私のために働いたあとで
　　私は彼らをみな，ひと休みさせる
　　もう一つ欠けているのが，7 番目となり，完成する
　　　　　　　　　　　　　　　　（Bion, 1977，邦訳，1999 を著者一部改変）

　1964 年に私はホワイト研究所で訓練を受け始めましたが，スーパーヴィジョンで具体的に指摘されたのも，まったく同じ詳細な質問の指摘でした。ただし，「なぜ（why）」は，分析者自身に問いかけるものとして用いることを教わりました。また，「なぜ」という奉仕者は，「この時期になぜ？」「今

なぜ？」と言うときに，自分自身に対して出動させることに限られているというのも，大事な教えであったと思います。

サリヴァンの『精神医学的面接』の第6章，第7章は，この詳細な問いを補足するものと考えることができます。第6章では，クライエントの反応や大まかなとらえ方，クライエントの印象など，見立ての仮説検証をする方法，コミュニケーションの悪化のサインなどについて述べられています。第9章では面接の終結について述べられています。

10. まとめとして

以下に，本章のまとめを箇条書きで示します。

(1) 古典的精神分析の対象より，重症の人たちに精神分析的接近が試みられるようになって，治療関係も動的になった。

(2) これに対処するため，内的な無意識の構築とその分析，転移の解釈以上に，治療者の巻き込まれの行動がテーマにならざるを得なかった。

(3) 転移の分析は，クライエント・患者からの一方向の関係としてとらえられていたのに対し，治療者は巻き込まれている現実の治療関係に，注意を向けざるを得なくなった。

(4) このことを中心的に掘り下げ，研究したのが，サリヴァンを中心とした対人関係精神分析の人たちだった。同時代的に，クラインの対象関係論的な掘り下げが展開していた。

(5) 治療者の逆転移的な巻き込まれは，治療現場の関係そのものの力動が作用している。これに焦点を当てて，関係を展開することに注目した。これが過去（there and then）の再構築に対して，現在の場の関係（here and now）の力動として，焦点化されて示されるようになった。

(6) これは，分析関係が複雑化することでもある。逆転移は排除するものでなく，治療的に操作することによって，さらに分析関係を進

めるものと見られるようになった。対人関係精神分析の人たちは，逆転移の治療的な有効性のために，研究を集中させた。これは，精神分析全体に大きな変化を引き起こしていった。それが今日の精神分析の姿であると思われる。

(7) 最後に対象関係論のビオンの言葉を引用したが，これはすでに私が訓練を受けていた 1960 年代には，ホワイト研究所のなかで常識的な「問い」の手法になっていたことを伝えたかったからである。

(8) 対人関係学派の精神分析における功績は，より重症のクライエントを対象として拡大したこと，逆転移の力動とその治療的意義について理解を深めたこと，これが今日の対人関係精神分析と関係精神分析の方向を示したことであり，精神分析全般の活動を活性化し，今日に至っているということである。

【文献】

Alexander, F.（1961）. *The scope of psychoanalysis, 1921-1961: Selected papers.* New York: Basic Books.

Bion, W. R.（1977）. *Seven servants: Four works.* New York: Jason Aronson.（福本修（訳）（1999）．精神分析の方法Ⅰ——セブン・サーヴァンツ．法政大学出版局）

Ehrenberg, D. B.（1992）. *The intimate edge: Extending the reach of psychoanalytic interaction.* New York: W. W. Norton.

Erikson, E. H.（1964）. *Insight and responsibility: Lectures on the ethical implications of psychoanalytic insight.* New York: W. W. Norton.（鑪幹八郎（訳）（2016）．洞察と責任——精神分析の臨床と倫理．誠信書房）

Ferenczi, S.（M. Balint, Eds.）,（1980）. *Final contributions to the problems and methods of psychoanalysis.* Brunner/Mazel.

Freud, S.（1927）. Die Frage der Laienanalyse: Unterredungen mit einem Unparteiischen. （森川俊夫（訳）（1984）．素人による精神分析の問題——ある中立の立場にある人との問答．フロイト著作集 11. 人文書院．pp. 159-227）

Freud, S.（1928）. *Nachwort zur "Die Frage der Laienanalyse".*（森川俊夫（訳）（1984）．『素人による精神分析の問題』のためのあとがき．フロイト著作集 11. 人文書院．pp. 228-235）

Fromm, E.（1947）. *Man for himself: An enquiry into the psychology of ethics.* New York: Routledge.（谷口隆之助・早坂泰次郎（訳）（1972）．人間における自由．東京創元社）

Fromm-Reichmann, F.（1950）. *Principle of intensive psychotherapy.* Chicago: The University of Chicago Press.（阪本健二（訳）（1964）．積極的心理療法——その理論と技法．誠

信書房)
Gill, M. M. (2000). *Psychoanalysis in transition: A personal view.* New York: Analytic Press. (成田善弘（監訳）, 杉村共英・加藤洋子（訳）(2008). 精神分析の変遷――私の見解. 金剛出版)
Green, M. R. (Ed.) (1964). *Interpersonal psychoanalysis: The selected papers of Clara M. Thompson.* New York: Basic Books.
Greenberg, J. R. (1991). *Oedipus and beyond: A clinical theory.* Cambridge: Harvard University Press.
Greenberg, J. R. & Mitchell, S. A. (1983). *Object-relations in psychoanalytic theory.* Cambridge: Harvard University Press. (横井公一（監訳）, 大阪精神分析研究会（訳）(2001). 精神分析理論の展開――〈欲動〉から〈関係〉へ. ミネルヴァ書房)
Horney, K. (1939). *New ways in psychoanalysis.* New York: W. W. Norton. (安田一郎（訳）(1972). 精神分析の新しい道. 誠信書房)
Lionells, M. et al. (Eds.) (1995). *Handbook of interpersonal psychoanalysis.* Hillsdale Analytic Press. (特に第2章：Ortmeyer, D. H., History and founders of interpersonal psychoanalysis)
Mitchell, S. A. & Black, M. J. (1995). *Freud and beyond: A history of modern psychoanalytic thought.* New York: Basic Books.
Schafer, R. (2000). *A new language for psychoanalysis.* New Haven: Yale University Press.
Stern, D. (1997). Unformulated experience: From dissociation to imagination in psychoanalysis. Hillsdale, N. J: Analytic Press. (一丸藤太郎・小松貴弘（監訳）(2003). 精神分析における未構成の経験――解離から想像力へ. 誠信書房)
Sullivan, H. S. (1953). *The interpersonal theory of psychiatry.* New York: W. W. Norton. (中井久夫・宮崎隆吉・高木敬三・鑪幹八郎（訳）(1990). 精神医学は対人関係論である. みすず書房)
Sullivan, H. S. (1954). *The psychiatric interview.* New York: W. W. Norton. (中井久夫・松川周悟・秋山剛・宮崎隆吉・野口昌也・山口直彦（訳）(1986). 精神医学的面接. みすず書房)
Winnicott, D. W. (1965). *The maturational processes and the facilitating environment: Studies in the theory of emotional development.* New York: International Universities Press. (牛島定信（訳）(1977). 情緒発達の精神分析理論――自我の芽ばえと母なるもの. 岩崎学術出版社)
Wolstein, B. (1959). *Counter-transference.* New York: Grune & Stratton.
Wolstein, B. (1977). From mirror to participant observation to coparticipant inquiry and experience. *Contemporary Psychoanalysis.* **13**(3), 381-386.
Wolstein, B. (1988). *Essential papers on countertransference.* New York: New York University Press.

第2章
関係精神分析の歴史的意義とその臨床

【横井公一】

1. 関係精神分析とは何だろう

（1） 古典的精神分析から関係精神分析へ

　米国に精神分析が導入されたのは，1909 年にフロイト（Freud, S.）がユング（Jung, C. G.），フェレンツィ（Ferenczi, S.）とともに米国のクラーク大学に招かれて講演したのが最初です。その後，米国では第二次世界大戦を契機に，ナチスのユダヤ人迫害を受けて多くの精神分析家が亡命してきて，その影響のもとに自我心理学が確立されました。自我心理学は第二次世界大戦後の米国の資本主義社会の興隆とあいまって，社会への適応を治療の目標として目指す精神分析として，1960 年代までに最盛期を迎えます。一方で，第 1 章で鑪が記述しているように，米国には米国独自の哲学風土に根差した，対人関係精神分析という精神分析理論の流れもありました。

　その事情が変わってきたのは，1970 年代になってからのことです。精神分析治療の適応となる疾患や障害の幅が広がってきて，これまでは精神分析の治療の対象とならなかった精神病や境界例水準の疾患，あるいは性格病理や人格の障害が，精神分析の治療の対象になるようになりました。そこからコフート（Kohut, H.）の自己心理学が誕生し，また英国から対象関係論も導入されて，米国の精神分析の考え方の幅が広がり始めました。

　そして，1980 年代になると，欲動に理論の基盤を置く自我心理学とは違って，関係性を重要視する精神分析が主張されるようになってきました。その

ようにして，これまでの既存の精神分析のさまざまな考え方，すなわち各学派のなかからそれぞれ，欲動よりも関係性を理論の中核に置く精神分析の理論家が出現して，その集合体が形成されることになりました。それが，関係精神分析と呼ばれるものとなったわけです。すなわち，関係精神分析は，米国において1980年代から盛んになってきた，関係性を重視する精神分析の理論と技法の総称なのです。

　それでは，関係精神分析はいったいどのような理論や技法を持つのでしょうか。これまでの精神分析の学派は，多くはある特定の個人を創始者として発展し，その学派に特有の理論的枠組みや構成概念を持っていました。しかし，関係精神分析は先に述べたように，ある特定の創始者がいるわけではなく，またある特定の学派に出自を持つものでもなく，また特有の理論的枠組みや構成概念を持つものでもありません。したがって，その集合体を形作っているのは，関係性を重視するという理論と技法の感性にあります。2001年に創設された関係精神分析の国際学会である国際関係精神分析・精神療法学会（IARPP：International Association for Relational Psychoanalysis and Psychotherapy）のホームページ上の"Who We Are"には，次のように書かれています。

> 「その概念や実践には確固として定まったものはないが，ひとつの軸となる特徴としては，精神構造は，少なくとも精神療法的に介入できる精神構造の諸局面は，その個人が他の人たちと持つ関係に由来しているという見解である。これはもちろん，生来的に構造化されている欲動とその発達的な変遷が，根本のところでは精神構造の基礎をなしているという古典的な考え方の，代わりとなるものであることを意図している」

精神分析の用語に慣れていないと理解するのが難しいかもしれませんが，つまり，人の心ができあがるのは，その人が持っている欲求や願望が，発達のなかでどのように満たされたり挫折したりするのかという体験によると言う古典的な精神分析に対して，関係精神分析は，人の心ができあがるのは，その人が発達のなかで他の人とどのような関係を取り結ぶ体験を持つのかに

よると言う，別の発想を持っているということです。

そうすると，古典的な精神分析は，人の心の成り立ちの起源をその人の欲動に帰する「一者心理学」ということになりますし，関係精神分析は，人の心の成り立ちをその人と他者との関係性に起源を置く「二者心理学」ということになります。また，治療実践においては，診察室（あるいは相談室など）で起こる事象（患者が話すことや患者の振る舞い）を，古典的な精神分析はその患者個人に由来するものとして見ますが，関係精神分析は，患者と治療者が共同で作り出すものとして見ることになります。そして，古典的精神分析は，そのようなものとして事象を取り扱う技法（自由連想法と解釈）を持っていますし，関係精神分析はまた別の技法を持っています。

関係精神分析とは，そのように，心の成り立ちの理論においても，治療実践における技法においても，関係性を重視する感性を共有している精神分析の集合体なのです。

（2） 関係性への転回

さて，それでは，1980年代に米国において関係精神分析が勃興した事情を，もう少し詳しく見てみましょう。関係精神分析の成立と発展に主導的に寄与したミッチェル（Mitchell, S. A.）という分析家が，1980年代に精神分析が欲動を中心とした理論から関係を中心に考える考え方へと変化した流れを，「関係性への転回（Relational Turn）」と名づけて，これをある種のパラダイム・シフトであったと考えています。

このようなパラダイム・シフトが米国で起きた原因には，いくつかの事情が重なったと考えられます。まず，すでに述べたように，自我心理学の熟成とともに精神分析が治療の対象とする疾患や病態の範囲が広がり，それまでのように欲動に焦点を当てるアプローチだけでは治療が困難な症例が増えてきたということがあります。つまり，個人としてすでに自立して，さらに社会的により成功を収めようとする，第二次大戦後の米国の裕福な中産階級を相手とした精神分析治療から，もっと困難な成育史を経験した，もっと重症な病理を持った，もっと多様な人たちを対象にした精神分析へと，米国の精神分析のあり方が変わってきたということです。

そして，米国の社会情勢も，その間に大きな変化を被りました。第二次大戦の戦勝国として安定した経済と社会を保持していた米国は，泥沼化するベトナム戦争を経験し，1973年に撤退しました。また1972年には，現職大統領の犯罪と任期中の辞任という結果に終わったウォーターゲート事件を経験し，1970年以降のフェミニズム運動の第三波のなかで社会的，文化的な改革が主張され，精神分析の実践についても非医師にも門戸が開かれ，アメリカ心理学会（APA）に第39分科会（精神分析部会）が，1979年に設置されました。精神分析実践をめぐる社会文化的な状況も変化していったのです。
　さらに，ミッチェルによると，精神分析に起こった欲動から関係へというパラダイム・シフトは，「こころの社会化」理論という意味では，広くその関連領域にも起こっていたパラダイム・シフトのひとつの表れでもあったと述べています。精神分析の発達論を実証的に下支えする乳幼児研究や，あるいは影響を及ぼし合っている文化人類学，言語学などの領域にも，同様のパラダイム・シフトが見られていました。

（3）　関係精神分析の源流

　上記のようなパラダイム・シフトのなかで，精神分析の既存のさまざまな学派のなかから関係性を重視する理論家が現れて，関係精神分析を形作っていったわけですが，その源流には主に次の5つの流れがあると考えられます。

① 対人関係精神分析

　まず，第1章で鑪が述べている，対人関係精神分析です。サリヴァン（Sullivan, H. S.）を創始者とする対人関係精神分析は，心の中の精神構造は観察が不可能なものなので実証できず，仮説にしかすぎない。実際に観察できるものは，その人が他の人を相手にどのように振る舞うかという行動だけであり，その人がどのような人であるかは，対人関係の場に現れると考えました。これは古典的な精神分析が，心の中にある無意識内容がその人の行動を規定していて，その無意識内容を意識化することで，その人のありようが変わっていくとした一者心理学の考え方とは対照的な，二者心理学の考え方でした。その人が相手の人との関わりの持ち方を観察し，それを変化させるように治療者はその人と関わるという対人関係精神分析の治療技法は，関係精神分析のひ

とつの源流となりました。

② 対象関係論

次に，英国の対象関係論の影響があります。クライン（Klein, M.）やポスト-クライン派を代表するビオン（Bion, W.）らの考え方は，心の中の構造を重視する一者心理学的な考え方ですが，その構造は内的な対象関係から成り立っていて，その内的対象関係は「投影同一化」という機制によって，外的な対人関係の場に実現されるという考え方です。その意味で，投影同一化とは内的対象関係の対人関係化ともいえるものであり，そのような対象関係論の考えは関係精神分析に影響を与えました。また，ウィニコット（Winnicott, D. W.）は，乳幼児にとっての「発達促進的な環境」を考えることで，乳幼児の心の発達に母親という他者の与える影響について考察しましたが，これも関係精神分析における心の成り立ちの理論に影響を与えました。また，フェアバーン（Fairbairn, D.）は，「リビドー（性の欲動のエネルギー）は対象希求的である」というスローガンによって，そもそも人にとって関係性が一次的な動機づけであるという考え方を示しました。英国対象関係論は，1970年代に米国の西海岸から広まって，関係精神分析に影響を与えました。

③ 自己心理学

そして，1970年代にコフートが創始した，自己心理学がありました。コフートが主張したのは，自己の組織化にとって，対象が果たす役割がいかに大きいかということです。コフートはそのような対象を自己対象と呼び，さらには自己対象が果たす機能が自己の組織化に及ぼす影響を探求しました。その意味では，人の心が成り立つうえでの相互交流の重要性，そして精神分析の治療作用における患者と分析者の相互交流の重要性を示唆していて，これも関係精神分析のひとつの流れの大きな源流となりました。

④ フェミニズム精神分析

さらに，米国におけるフェミニズム精神分析の影響があります。フェミニズム精神分析は，文化社会的に規定された女性性，男性性の偏見，ジェンダー観の改革をめぐって展開されました。そこには，支配と服従，権威と従属といった一方向性の力の行使への異議申し立てがあり，双方向性の相互交流，あるいは主体と主体との間の間主体性の成立といった，今日の関係精神分析

の感性への大きな寄与があります。

⑤ 急進的自我心理学

最後に，自我心理学のなかからは，エナクトメントや自己開示の議論をめぐって関係精神分析に独自の貢献を行った，急進的自我心理学者たちも存在します。

（4） ミッチェルの貢献

先に述べたような思想的源流のなかから，1980年代の「関係性への転回」のパラダイム・シフトに伴って，さまざまな学派からさまざまに関係性を重視する理論家たちが，同時多発的に登場してきました。

まず，対人関係学派のなかからミッチェルが登場します。ミッチェルは，対人関係学派の研究所であるウィリアム・アランソン・ホワイト研究所（William Alanson White Institute）の分析家ですが，同僚のグリーンバーグ（Greenberg, J. R.）とともに，1983年に『精神分析理論の展開』（原題 Object relations in psychoanalytic therapy）という書物を著しました。この著作で初めて，精神分析の諸理論のなかに，欲動を中心として構築された理論と関係性を中心として構築された理論の，二つの流れがあることが明確にされて，これが関係精神分析の成立に向けての第一歩となったのです。

ミッチェルはその後も，関係精神分析の成立に主導的な役割を果たしました。引き続き6冊の著作を刊行するとともに，1999年にはアロン（Aron, L.）と共同で，Relational psychoanalysis : The emergence of a tradition.（『関係精神分析：ある学派の出現』）という書物を編集します。この書物には，1980～90年代前半に関係精神分析を生み出すことになった多くの理論家の，代表的ともいえる論文が網羅されています。

著述活動以外にも，ミッチェルは精力的に関係精神分析を支える組織作りをしました。先述したアメリカ心理学会の第39分科会の発展に寄与して，各支部に多くの関係精神分析家を育てました。また，ニューヨーク大学（NYU）の博士課程後プログラムに「関係論コース」を作って，関係精神分析を学ぶ学生たちを集めました。1991年には，関係精神分析の雑誌『精神分析的対話（Psychoanalytic Dialogues）』を創刊します。しかしミッチェルは，2000年

に54歳で急逝します。ミッチェルの死を契機に，2002年1月には「国際関係精神分析・精神療法学会」がニューヨークで開催され，以後，関係精神分析の学会として各国で開催されています。

このように，ミッチェルは関係精神分析という枠組みを用意したわけですが，1980年代に関係性を重視するようになった精神分析家たちは，やがてその枠組みのもとに集い，米国の関係精神分析という大きな流れを型作りました。

（5） 関係精神分析の潮流

次に，関係精神分析の潮流を形作っていった，さまざまな理論家たちの考えを見ていきたいと思います。先に述べたように，関係精神分析は，「人の精神構造はその個人が他の人たちと持つ関係に由来している」という見解を共有する，諸理論の総体です。そして，その見解が成り立つためには，いくつかの前提が必要となります。すなわち，ある個人が他の個人と関係を持つためには，そこには二つの主体が存在している必要がありますし，その意味で関係精神分析は，「二者心理学」とならざるを得ないことになります。さらには，その二者が関係を取り結ぶとすれば，その二者が互いに主体としての位置づけを保持するとすれば，その関係は「相互交流」のかたちで行われることになるでしょう。

関係精神分析のさまざまな理論は，この2点を共有しながら，さまざまな差異を持ちつつ，互いに影響を及ぼし合いながら発展してきています。

対人関係学派にルーツを持つ関係精神分析の理論家には，ブロンバーグ（Bromberg, P.）やスターン（Stern, D. B.）らがいます。彼らはサリヴァンの外傷理論や解離した自己概念を発展させて，「自己の多重性」の認識と「エナクトメント」を通したその統合を，治療として目指しています。

フェミニズム精神分析を出自とするベンジャミン（Benjamin, J.）は，支配と服従，加害と被害の相補形を乗り越える主体と主体の確立を発達的な達成と考えて，主体と主体との間での間主体性の確立，を精神分析の目標とみなしています。

自己心理学から出発して間主観性理論へと展開したストロロウ（Stolorow,

R.）は，患者と治療者の両者のそれぞれにオーガナイズされた主観的世界の相互交流のあり方に，間主観性を見ています。つまり，患者と治療者はそれぞれのオーガナイジング・プリンシプル（世界をオーガナイズするその人のやり方）を持ち，その出会いの瞬間に間主観性への扉が開けます。これは，前述したベンジャミンやあるいは対象関係論に基盤を持つオグデン（Ogden, T. H.）らが唱える，発達的達成として間主観性を見る考え方とは異なる，また別の間主観性についての考え方です。

　乳幼児研究から出発したスターンは，『乳児の対人世界』の仕事の延長上のものとして，患者と治療者との間の間主観的な相互交流のプロセスを探求しました。スターンとその共同研究者からなるボストン・変化プロセス・研究グループ（Boston Change Process Study Group）は，精神分析の場においては，言明的な領域以外に黙示的な領域があり，その黙示的な領域での関係性をめぐる暗黙の知が，変化をもたらす可能性があることを主張しています。また，スターンにより着手された母親-乳幼児の相互交流についての研究は，ビービー（Bebe, B.）らの手によって，さらに精神分析における治療者-患者関係における相互交流の研究へと発展してきています。

　自我心理学の重鎮でもあったギル（Gill, M.）は，転移についての臨床的研究を行うなかで，転移を一者心理学的な視点から見る観点から二者心理学的に見る見解へと移行して，古典的精神分析と対人関係精神分析の交流の開始に，先導的な役割を果たしました。また，自我心理学に出自を持つレニック（Renik, O.）は，明示的な言明と黙示的な交流との間の離齟が分析のプロセスを阻害すると考えて，匿名性や受け身性などの治療態度についての急進的な見直しを行いました。同じく自我心理学から関係精神分析に参入したホフマン（Hoffman, I. Z.）は，精神分析の技法の儀式的な振る舞いとパーソンとしての分析家の自発的な動きは，弁証法的に止揚されることで治療作用がもたらされると考えました。ホフマンは，原則的に治療的現実は，患者と治療者の間で社会構築主義的に構成されるという考え方をしています。

　これらの関係精神分析の理論家たちの，多様に見える考え方や治療技法に共通して認められるものは，治療の場にいるのは治療者と患者という二つの主体であり，その二つの主体の間での間主観性の場，あるいは相互交流のあ

り方のなかで，治療的変化が生まれるという精神分析への見方です。現在に至ると，北米の精神分析の潮流は関係精神分析が主流となるまでに成長しましたが，そのなかにはさらに多様な考えを持った人たちがいて，そしてそれぞれの流れが錯綜し，交流しながら関係精神分析は発展を続けているのです。

2. 関係精神分析の理論と技法

（1） 古典的精神分析との対比

それでは，その関係精神分析の理論と技法とはいったいどのようなものなのか，次に見ていきましょう。そのためにはまず，古典的な精神分析の理論と技法について振り返っておくことが役立つでしょう。

ご存じのように，古典的な精神分析は，人の心を閉ざされた一つの単位として見ていました。そして，その心には欲動（drive）と名づけられた心を動かすエネルギーが内在し，それが心を働かせます。心の奥底（イド）からは，欲動を満たそうとする願望が生じてきますが，その願望は外界の現実とは相容れないものであり，願望が意識されようとすると自我や超自我の抵抗が起

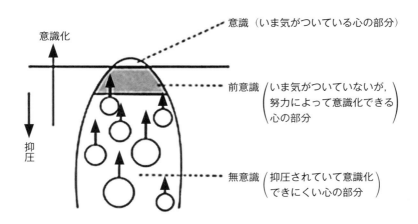

図 2-1　心の局所論（前田，1985）

こって，願望は抑圧されて無意識のうちにとどまります。人の心の意識されている部分はごく一部で，心のほとんどは無意識です（図2-1）。

　私たちの心が間違った働き方をすると，この無意識に抑圧された願望は，症状のかたちで誤って表出されます。したがって，症状を解消するためには，無意識的な願望を意識に上らせて，その願望を自我の支配のもとに適切なかたちで表出できるようにしていくことが必要です。

　そのための古典的精神分析の技法が，自由連想と解釈です。診察室（相談室）での患者（クライエント）は，治療者のいるところで，心の中にあるものをありのままに自由連想していきます。患者（クライエント）の心の内容は，コップの水の中に落下した水中花のように，あるいは防音室の中で自分の心臓の鼓動が感じ取れるように，診察室（相談室）の中に患者（クライエント）の内部から展開します。そこに居合わせる治療者は，その心の声に耳を傾けます。

　しかし，自由連想はきわめて不自由な作業であり，人はなかなか自分の心を自由に表現することはできません。もちろん，意識的に隠しておきたいような内容の願望もありますが，無意識的に抑圧されていて，心に思い浮かばない内容もあるからです（図2-2）。

　私たちは意識の水準で，自由連想を開始します。しかし，あるところでその連想は途絶えてしまいます。それは，抑圧された内容に触れる場所に来たときです。そのときに，私たちの心は何も思い浮かばない状態になるわけですが，それが抵抗といわれるものです。そのとき治療者は，患者の連想の流

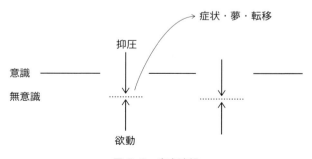

図2-2　自由連想

れからその抑圧された内容を読み取り，患者の代わりにその内容を言葉にして伝えます。それが解釈といわれるものであり，患者はその解釈によって，自らの無意識内容を意識化することができるわけです。その内容が意識に上ることで，自我はそれを適応的なかたちで処理をして，外界の現実に受け入れられるかたちで表出することができるようになります。そして症状は消失するのです。

　これが古典的な精神分析の心のとらえ方であり，治療の技法です。

（2）　サリヴァンの対人関係論

　ところが，そのような心のとらえ方とは違った心についての見方と，それに応じた治療の技法を提出したのが，関係精神分析といわれる精神分析の考え方です。先に述べたように，関係精神分析は同じ感性を共有した精神分析理論の集合体ですが，そのなかにはさまざまな考え方が混在しています。そこで関係精神分析の理論と技法をご紹介するにあたって，本書の性質上，さまざまな関係精神分析のうちで，特に対人関係論に起源を持つ対人関係的関係精神分析に的を絞って，その理論と技法を見ていきたいと思います。その際に出発点となるのが，第1章で鑪が取り上げている，対人関係精神分析のサリヴァンの理論です。

　サリヴァンは，人の心が現象として現れるのは，人と人との関係の場であると考えました。サリヴァンの有名な定義に次のような言葉があります。「一人の人間のパーソナリティは，その人がそこで生きて生活している対人関係の場から切り離しては考えられない」。つまり，ある人が誰かに対して怒っているとします。それは古典的な精神分析の考え方だと，その人の内部に攻撃性というものがあり，それが誰かに向けて怒りというかたちで表出されていると考えられます。前項に述べた欲動が，その人の中から対象に向けて表出されたと考えられるわけです。しかし，対人関係論では，その人はある対人関係の場のなかで，相手に向けて怒りを感じているという理解になります。つまり，たとえば友だちが約束を破ったので，その友だちに向けて自分が腹を立てている，という状況です。そこでは攻撃性に焦点が当てられるのではなく，友だちが自分との約束を破ったという対人関係状況のほうに，焦点が

当てられています。

　これを診察室（相談室）の中での治療状況に当てはめて考えてみると，患者（クライエント）は治療者とのある関係の場のなかでのある文脈において，治療者に対して腹を立てている，という状況の理解となり，理解の焦点は患者（クライエント）と治療者との関係性の文脈に置かれます。

　サリヴァンはこのように，対人関係の場に生じる現象は，個人の心の中から表出されるものではなく，人と人との関わりの場のなかから浮かび上がるものであると考えたのです。

（3）　心の生成論

　治療関係のなかで，対人関係論では治療者と患者（クライエント）の対人関係の場に焦点が当てられることを述べましたが，人の心がどのようにしてできあがるのかについての心の生成論においても，対人関係論は同様の発想を持っています。古典的精神分析による心の生成論が，心の中にある欲動に突き動かされた願望が，その充足をめぐって外界の現実との間で衝突して自我や超自我が構造化される，という成り立ちを仮説としているのに対して，対人関係論は，その人の成育史のなかでの重要な他者（母親あるいは母親機能を担う人）との間での，対人的な体験が心を作り上げる，という心の生成論を持っています。

　サリヴァンは，そのような体験によって作り上げられた心の構成要素を，良い自分（good-me），悪い自分（bad-me），自分でない自分（not-me）と名づけました。良い自分とは，重要な他者との間で体験した，安全で心地良い体験がもととなってできあがった自分，という構成要素群です。悪い自分は，重要な他者との間で体験した，安全ではない不快な体験をもととしてできあがった自分，という構成要素群です。そして自分でない自分とは，重要な他者との間での体験があまりに安全でなさすぎるために，それをもとにしてできあがった自分が，自分として体験できないような自分となってしまったものによる構成要素群です。この自分でない自分は，その人にとっては，普段は自分として認識される意識の外側に存在しています。

　また同様に，自分と他者の関係性が心を構成するという発想は，古典的精

神分析から発展して成立した，英国の対象関係論のなかからも生まれてきました。クラインやウィニコットやフェアバーンらの貢献のもとに発展してきた対象関係論は，意識と無意識，抑圧と抵抗，欲動とその派生物の性質を聞き取る聴き方とは違った，自由連想の聴き方を生み出してきました。心の中に自己と対象とその間の対象関係が成立してくると考える英国対象関係論は，自由連想を，「誰が（自己）」「誰に向けて（対象）」「何を（対象関係）」語りかけているのか，そしてなぜ「今この場で（here and now）」という文脈を聞き取ろうとします。

　このような，人と人との関係性の履歴が心を構造化するという，心の生成論のもとにできあがった心の構造についての見方が，「自己の多重性」という考え方です。

（4）「自己の多重性」と新しい自己の体験

　私たちの心は単一な自己なのでしょうか。それとも，さまざまな自己から成り立っているのでしょうか。私たちは，私という存在が，ひとりの私であると感じ取っています。しかし，私がAさんと会っているときの私と，Bさんと会っているときの私は，違った私で振る舞っているかもしれません。また，今日の私と明日の私とでは，違った私であるかもしれません。それにもかかわらず，私たちはそのようなあり方を，自らが行動主体（agent）として，自らが発動して（initiative）行っており，そこには自らが一貫して（consistent）私であるという感覚があります。しかしそれとともに，私たちはその時々に違った私のあり方で振る舞ってもいるのです。ミッチェルの比喩にならうと，私という川の流れはその時々に違った流れの様相を見せるけれども，それでもそれはひとつの川であるのです。関係精神分析は，そのように多重的でありながら総合的であり，不連続的でありながら連続している自己を想定しています。

　ところが，先の心の生成論で述べたように，私たちは幼い頃からの他者との関係性のなかから，馴染みの関係性を取り入れて自己を形成し，そしてその後の人生のなかで，その馴染みの関係性を新たな他者を相手に繰り返し展開します。したがって，自己の他者との関係の持ち方が，硬直化したいつも

のやり方でしか人と関われない場合があります。また，他者との関係性のあり方があまりにも外傷的であったために，それを自己に取り入れていながらも，自己として認識できない場合（サリヴァンの not-me）もあります。そのような場合に，私たちは「生きていくうえでの困難（difficulty in living）」をこうむります。

　対人関係論的関係精神分析は，そのような自己のあり方を精神病理と考えます。そして，そのような自己の病理から自由になり，自己の体験に関する新しいかたちを身につけていくのが，対人関係論的関係精神分析の治療の目標となります。それが達成されるのは，さまざまなかたちでの治療者の関与を通して，初めてそれを体験し，そしてそれが生きながらえることで身についていくことによってであると，対人関係論的関係精神分析は考えています。

（5）エナクトメント

　サリヴァンの流れを汲むブロンバーグやスターンらの対人関係論的関係精神分析は，上述したような精神分析的心理療法のプロセスの妨げになる現象（治療の行き詰まり）は，解離した自己（あるいは自己と他者との間での体験）と，そのような解離された関係性の対人関係の場での現れ（エナクトメント）によって生じていると考えており，その解消が治療の進展の眼目になると考えています。対人関係論的関係精神分析の治療論のひとつのトピックとして，ここでエナクトメントについて取り上げてみましょう。

　たとえば，スターンによるとエナクトメントとは，自己のある一つのあり方と別のあり方とが，一人の心の中で葛藤として経験できないために，別のあり方は「自分でない自分」として解離されて，一つの心の中で経験され得ない葛藤が他者の心との間で，二つの心をまたいで経験される現象であると論じています。治療者と患者（クライエント）がこうした相互エナクトメントに陥っている場合には，治療者も患者（クライエント）も，相手について一方的な単一の見方しかできない状態となり，葛藤を生じるような見方ができない状態になります。

　このようなエナクトメントが解消されるのは，治療者か患者（クライエント）のどちらかが，二人の間で解離して分かち持たれている葛藤的なあり方

を，一人の意識のなかで構成して，葛藤として納められるときです。このとき，「自分」と「自分でない自分」の解離は乗り越えられて，「自分でない自分」は「自分」に統合されて，自己はより広がりを持ったものとなるわけです。そのような役割を持った二人組，つまり治療のなかの二人のことを，スターンは「考えるパートナー」と呼んでいます。

（6） 関係精神分析における治療者とは

　スターンが「考えるパートナー」と呼んでいるように，関係精神分析における治療者とは，精神分析の二人組のうちの一方の人間です。それは，フロイトの古典的精神分析が仮定した空白のスクリーンとしての匿名の対象ではなく，欲動を向けられるだけの受け身的な対象でもなく，外科医の比喩でフロイトが述べたような「自己の感情のすべてを，いや，人間的同情さえも制御して，その精神力をただ一つの目的に集中する」機能を持っただけの存在ではなく，患者と同様の生きているひとりの人間なのです。そのような，もうひとりの主体としての人間が治療者としての役割を担うことで，精神分析の治療作用が成立するというのが，関係精神分析の技法論です。

　その技法論は，欲動を人間存在の基盤に置いた古典的精神分析における美しく整合性を持った技法論とは違って，煩雑で，あいまいで，不確定で，非効率的です。しかし，人間が生きていくことがそのようなものであるのと同じように，精神分析の営みも，そのようなものではないでしょうか。ミッチェルは，関係精神分析の技法について，次のように述べています。「良い分析技法は，正しい行動（治療作用）にあるのではなく，たえず内省し，再考する過程のなかで，ひたすらに思考することにある」。私というひとりの人間と，あなたというもうひとりの人間がこのような状況のなかにいる。その状況のなかに，あなたの生きていくうえでの困難が立ち上るのならば，そこから抜け出すためには私はどのような行動（治療作用）をとるのがよいのだろうかと，私という人間がひたすらに思考する。そのようなひとりの人間がひたすらに思考するという活動こそが，関係精神分析の技法といえるのではないでしょうか。

本稿の前半部分は『精神療法　増刊第5号　精神分析の未来を考える』（金剛出版，2018）に収録された論文「関係精神分析」をもとに改稿・加筆したものである。

【文献】

Aron, L. (1996). *A meeting of minds: Mutuality in psychoanalysis*. Hillsdale: Analytic Press.

BCPSG (Boston Change Process Study Group) (2010). *Change in psychotherapy: A unifying paradigm*. New York: W. W. Norton.（丸田俊彦（訳）(2011). 解釈を越えて――サイコセラピーにおける治療的変化プロセス．岩崎学術出版社）

Beebe, B. & Lachmann, P. (2002). *Infant research and adult treatment: Co-constructing interactions*. Hillsdale: Analytic Press.（富樫公一（監訳）(2008). 乳児研究と成人の精神分析――共構築され続ける相互交流の理論．誠信書房）

Beebe, B. et al. (2005). *Forms of intersubjectivity in infant research and adult treatment*. New York: Other Press.（丸田俊彦（監訳），貞安元・吾妻壯・濱田庸子・森さち子（訳）(2008). 乳児研究から大人の精神療法へ――間主観性さまざま．岩崎学術出版社）

Benjamin, J. (1995). *Like subjects, love objects: Essays on recognition and sexual difference*. New Haven: Yale University Press.

Benjamin, J. (1998a). *Shadow of the other: Intersubjectivity and gender in psychoanalysis*. New York: Routledge.

Benjamin, J. (1998b). *Beyond doer and done to: Recognition theory, intersubjectivity and the third*. New York: Routledge.

Bromberg, P. M. (1998). *Standing in the spaces: Essays on clinical process trauma and dissociation*. Hillsdale: Analytic Press.

Bromberg, P. M. (2011). *The shadow of the tsunami: And the growth of the relational mind*. New York: Routledge.（吾妻壯・岸本寛史・山愛美（訳）(2014). 関係するこころ――外傷，癒し，成長の交わるところ．誠信書房）

Ghent, E. (Summer 2002). Relations: Introduction to the first IARPP conference. IARPP eNEWS Volume 1, Number 1; available from iarpp.net/resources/enews/enews1.pdf（2019年4月1日取得）

Gill, M. M. (1982). *Analysis of transference, volume I: Theory and technique*. New York: International Universities Press.（神田橋條治・溝口純二（訳）(2006). 転移分析――理論と技法．金剛出版）

Gill, M. M. (1994). *Psychoanalysis in transition: A personal view*. Hillsdale: Analytic Press.（成田善弘（監訳），杉村共英・加藤洋子（訳）(2008). 精神分析の変遷――私の見解．金剛出版）

Greenberg, J. R. & Mitchell, S. A. (1983). *Object-relations in psychoanalytic theory*. Cambridge: Harvard University Press.（横井公一（監訳），大阪精神分析研究会（訳）(2001). 精神分析理論の展開――〈欲動〉から〈関係〉へ．ミネルヴァ書房）

Hoffman, I. Z. (1998). *Ritual and spontaneity in the psychoanalytic process: A dialectical-constructivist view*. Hillsdale: Analytic Press.（岡野憲一郎・小林陵（訳）(2017)．精神分析過程における儀式と自発性――弁証法的―構成主義の観点．金剛出版）

IARPP: Who we are; available from iarpp.net/who-we-are/（2019 年 4 月 1 日取得）

前田重治（1985）．図説臨床精神分析学．誠信書房

Mitchell, S. A. (1988). *Relational concepts in psychoanalysis: An integration*. Cambridge: Harvard University Press.（鑢幹八郎（監訳），横井公一（訳）(1998)．精神分析と関係概念．ミネルヴァ書房）

Mitchell, S. A. (1993). *Hope and dread in psychoanalysis*. New York: Basic Books.（横井公一・辻河昌登（監訳）(2008)．関係精神分析の視座――分析過程における希望と怖れ．ミネルヴァ書房）

Mitchell, S. A. (1997). *Influence and autonomy in psychoanalysis*. Hillsdale: Analytic Press.

Mitchell, S. A. (2000). *Relationality: From attachment to intersubjectivity*. Hillsdale: Analytic Press.

Mitchell, S. A. & Aron, L. (1999). *Relational psychoanalysis: The emergence of a tradition*. Hillsdale: Analytic Press.

Ogden, T. H. (1990). *The matrix of the mind: Object relations and the psychoanalytic dialogue*. Hillsdale: Jason Aronson．（狩野力八郎（監訳），藤山直樹（訳）(1996)．こころのマトリックス――対象関係論との対話．岩崎学術出版社）

Ogden, T. H. (1994). *Subjects of analysis*. Hillsdale: Jason Aronson.（和田秀樹（訳）(1996)．「あいだ」の空間――精神分析の第三主体．新評論）

Ogden, T. H. (1997). *Reverie and interpretation: Sensing something human*. London: Karnac Books.（大矢泰士（訳）(2006)．もの想いと解釈――人間的な何かを感じとること．岩崎学術出版社）

Ogden, T. H. (2001). *Conversations at the frontier of dreaming*. Hillsdale: Jason Aronson.（大矢泰士（訳）(2008)．夢見の拓くところ――こころの境界領域での語らい．岩崎学術出版社）

Orange, D. M., Atwood, G. E., & Stolorow, R. D. (1997). *Working intersubjectively: Contextualism in psychoanalytic practice*. London: Psychology Press.（丸田俊彦・丸田郁子（訳）(1999)．間主観的な治療の進め方――サイコセラピーとコンテクスト理論．岩崎学術出版社）

Renik, O. (2006). *Practical psychoanalysis for therapists and patients*. New York: Other Press.（妙木浩之（監訳），小此木加江（訳）(2007)．セラピストと患者のための実践的精神分析入門．金剛出版）

Stern, D. B．(1997). *Unformulated experience: From dissociation to imagination in psychoanalysis*. Hillsdale: Analytic Press.（一丸藤太郎・小松貴弘（監訳）(2003)．精神分析における未構成の経験――解離から想像力へ．誠信書房）

Stern, D. B. (2009). *Partners in thought: Working with unformulated experience, dissocia-*

tion, and enactment. New York: Routledge.（一丸藤太郎（監訳），小松貴弘（訳）(2014)．精神分析における解離とエナクトメント――対人関係精神分析の核心．創元社）

Stern, D. B. (2015). *Relational freedom: Emergent properties of the interpersonal field*. New York: Routledge.

Stern, D. N. (1985). *The interpersonal world of the infant: A view from psychoanalysis and developmental psychology*. New York: Basic Books.（小此木啓吾・丸田俊彦（監訳），神庭靖子・神庭重信（訳）(1989)．乳児の対人世界――理論編．岩崎学術出版社；小此木啓吾・丸田俊彦（監訳），神庭靖子・神庭重信（訳）(1991)．乳児の対人世界――臨床編．岩崎学術出版社）

Stern, D. N. (1995). *The motherhood constellation: A unified view of parent-infant psychotherapy*. New York: Basic Books.（馬場禮子・青木紀久子（訳）(2000)．親―乳幼児心理療法――母性のコンステレーション．岩崎学術出版社）

Stern, D. N. (2004). *The present moment in psychotherapy and everyday life*. New York: W. W. Norton.（奥寺崇（監訳），津島豊美（訳）(2007)．プレゼントモーメント――精神療法と日常生活における現在の瞬間．岩崎学術出版社）

Stolorow, R. D. (2007). *Trauma and human existence: Autobiographical, psychoanalytic, and philosophical reflections*. New York: Routledge.（和田秀樹（訳）(2009)．トラウマの精神分析――自伝的・哲学的省察．岩崎学術出版社）

Stolorow, R. D., Brandchaft, B., & Atwood, G. (1987). *Psychoanalytic treatment: An intersubjective approach*. Hillsdale: Analytic Press.（丸田俊彦（訳）(1995)．間主観的アプローチ――コフートの自己心理学を超えて．岩崎学術出版社）

Sullivan, H. S. (1940). *Conceptions of modern psychiatry*. New York: W. W. Norton.（中井久夫・山口隆（訳）(1976)．現代精神医学の概念．みすず書房）

Sullivan, H. S. (1953). *The interpersonal theory of psychiatry*. New York: W. W. Norton.（中井久夫・宮崎隆吉・高木敬三・鑪幹八郎（訳）(1990)．精神医学は対人関係論である．みすず書房）

第3章 ケースフォーミュレーション

【宮田智基】

　本章では,はじめに一般的なケースフォーミュレーションについて述べ,その後サリヴァン(Sullivan, H. S.)のパーソナリティ理論,そして対人関係精神分析の鍵概念を用いたケースフォーミュレーションについて解説します。

1. 一般的なケースフォーミュレーション

　図3-1は,精神医学でも用いられる,一般的なケースフォーミュレーションです。クライエントの「パーソナリティ」と「ストレス要因」との兼ね合いのなかで,「症状」や「問題行動」が生じていると考えます。同じようなストレス状況に置かれていたとしても,症状が生じる人と生じない人がいます。それは「パーソナリティ」に違いがあるわけです。もっとも,どんなに健康的なパーソナリティの人であったとしても,過酷なストレス状況にさらされ続ければ,何らかの症状は生じてきます。

　「パーソナリティ」に顕著な偏りがなく,「ストレス要因」も調整可能なものであれば,「症状」は比較的早く改善するかもしれません。たとえば,上

パーソナリティ	×	ストレス要因	=	症状,問題行動
認知の仕方 中核的な葛藤・情緒 対処行動のパターンなど		人間関係のストレス (家族・友人・異性・職場) 学業・職業の問題など		うつ症状,不安症状 身体症状,自傷行為 ひきこもり,不登校など

図3-1　一般的なケースフォーミュレーション

司との関係がストレスになっている場合は，配置転換をするだけで症状が改善することもあるでしょう。もっとも，どの職場に移動しても些細なストレスで「症状」が出現するとすれば，「パーソナリティ」に課題があると考えられます。「パーソナリティ」の変化を目指すのであれば，より長期的なセラピーが必要になるでしょう。

　初期面接では，「症状」や「問題行動」の背景にある「パーソナリティ」と「ストレス要因」との兼ね合いを明らかにすることが，ひとつの目標になります。また，私はクライエントにも図3-1で示した枠組みについて，次のように説明しています。〈ご自身の『性格傾向』と『ストレス要因』との兼ね合いのなかで，『症状』が出ていると考えるんですね。お薬はこの『症状』の部分に効きます。ただ，お薬で『症状』を抑えても，その火元を消す必要があるので，ご自身の「性格傾向」にはどのような特徴があって，それが『ストレス要因』とどのように関わって『症状』が生じているのかを，一緒に考えていきませんか〉。

　クライエントは「症状」や「問題行動」の改善を求めて来談されますが，セラピストは，その改善のためには「パーソナリティ」や「ストレス要因」について考えていく必要があることを伝えて，セラピーのなかで取り組んでいくことをクライエントと共有します。

　それでは，「パーソナリティ」とは，どのようなものなのでしょうか。次にサリヴァンのパーソナリティ理論について解説します。

2. サリヴァンのパーソナリティ理論

（1）「良い自分（good-me）」「悪い自分（bad-me）」「自分でない自分（not-me）」

　サリヴァン（Sullivan, 1953）は，「良い母親-良い自分」「悪い母親-悪い自分」「母でない母親-自分でない自分」という関係のユニットを考えました。なお，ここでいう「母親」とは，「養育者」を意味しています。母親（養育者）の「不安」を喚起しないような子どもの性質や行動は，母親から優しさや承認，欲

求満足が与えられ，子どもは「安全感」を感じ，「良い母親体験」をします。内的には「良い母親-良い自分」のイメージが形成されます。反対に，母親の不安を喚起するような子どもの性質や行動は，母親からやさしさや承認，欲求満足が与えられず，子どもは「不安」を感じ，「悪い母親体験」をします。内的には「悪い母親-悪い自分」のイメージが形成されます。

そして，虐待体験のように，あまりに強烈であったり外傷的であったりする体験は，子どもに強烈な「不安」を喚起するために，その体験は自己に統合されず，「母でない母親-自分でない自分」として「解離」されてしまいます。子どもの心にとどめておけない苦痛な体験，考え，感情は，あってはならないものとして自己から「解離」されてしまいます。

サリヴァン（Sullivan, 1940）にとって治療とは，「『自己』から解離されている動機づけの組織を，『自己』に再統合する過程」であり，自己から解離された「自分でない自分（not-me）」を，自己に収め直すことを目標としました。それは，セラピストとクライエントが，強烈な「不安」を喚起する「not-me」と格闘し，葛藤や痛みを伴うが「解離」せずに保持できる「bad-me」に，そして自分の大切な一部としていとおしくさえ思えるような「good-me」に変容させていくプロセスだともいえるでしょう。

鑪（2003）は，サリヴァンのパーソナリティ理論が，「外的対人関係」と「内的対象関係」とを統合した理論であることを示しています（図3-2）。重要

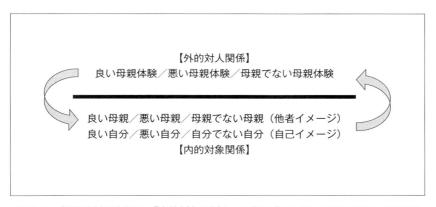

図3-2 「外的対人関係」と「内的対象関係」との相互作用（鑪，2003を著者一部改変）

な他者との「外的対人関係」が「内的対象関係」を形成し，その「内的対象関係」の様相が「外的対人関係」に影響を与えます。「外的対人関係」と「内的対象関係」とは相互作用をしており，互いが互いを形作り合っています。サリヴァンのパーソナリティ理論は，「外的対人関係」と「内的対象関係」を含み込む枠組みを持っているといえるでしょう。

（2） パーソニフィケーション（自己イメージ・他者イメージ）

　ひとくちに「悪い母親」「悪い自分」といっても，その内容はさまざまです。私たちは両親などの重要な他者との対人経験のなかで，「自分ってこういうものだな」「人ってこういうものだな」という，「自己イメージ」「他者イメージ」を形成していきます。サリヴァンはこうした内的イメージを，「パーソニフィケーション（personification）」と呼びました。たとえば，「ひどく怒って責める他者イメージ」と「無力で弱い自己イメージ」のユニット，「自分を見捨てる他者イメージ」と「嫌われている自己イメージ」のユニットなどです。人間はさまざまな「自己イメージ」「他者イメージ」に囲まれて生きており，それらによって私たちの「認知」や「感情」は大きな影響を受けます。「パーソニフィケーション」は，対象関係論がいうところの「内的対象」と，同義であるといえるでしょう。

　また，「パーソニフィケーション（内的対象）」は，「心にある地図」のようなものです。病理の重い人は，「現実の土地」である「外的対人関係」を見ずに，歪められた「心にある地図」ばかりを見て行動してしまいます。セラピストが変化を促そうとしているのは，クライエントの「心にある地図」「パーソニフィケーション」だといえます。「地図」の間違いは，「地図」だけを見ていても気づきません。「現実の土地」である「外的対人関係」と照らし合わせて，はじめて「地図」の間違いがわかります。そのために，対人関係精神分析では，「現実の土地」である「外的対人関係」を重視しています。

（3） 「不安の源泉」「中核葛藤テーマ」：中核的な不安や葛藤，欲求，情緒

　対人関係精神分析では，クライエントの対人関係上の中核的な不安や葛藤，欲求，情緒に注目します。サリヴァンは，特に「不安」に注目し，さまざま

```
┌─────────────────────────────────────────────────┐
│ ① 「今・ここ」でのクライエント-セラピスト関係      │
│ ② 現在の面接場面外での対人関係                    │
│ ③ 想起された過去の対人関係（特に両親との関係）   │
│ ➡ これらの対人領域のいくつかに共通するものが，    │
│   「不安の源泉」「中核葛藤テーマ」である。         │
│                                                 │
│          過去          現在                      │
│      ─────────────────────── 両親・友人など      │
│             ③          ②                       │
│      ─────────────────────── クライエント        │
│                        ①                       │
│      ─────────────────────── セラピスト          │
└─────────────────────────────────────────────────┘

図3-3　3つの対人領域

な対人場面で生じるクライエントの「不安の源泉」を特定することを重視しました。

　自我心理学派のルボルスキー（Luborsky, 1984）は「3つの対人領域」（図3-3参照），すなわち，①「今・ここ」でのクライエント-セラピスト関係，②現在の面接場面外での対人関係，③想起された過去の対人関係（特に両親との関係）に共通する心理的葛藤を，「中核葛藤テーマ」と名づけました。たとえば，「本当は甘えたいが，拒否されそうで甘えられない」「人に嫌われないかと不安で，自分の思いが言えない」といったものです。こうしたルボルスキーの考えは，対人関係精神分析とも親和性が高いといえます。

　「中核葛藤テーマ」や「不安の源泉」は，重要な他者との間で形成された「パーソニフィケーション」によって形作られています。対人関係精神分析では，クライエントの語りに耳を傾けながら「3つの対人領域」を常に二重写しに見て，そこに共通する心のテーマに注目します。

　臨床例を1つ示しましょう。このケースは，私が大学院修了後の間もない時期に担当したケースですが，私が精神分析に関心を持つきっかけとなったケースでもあります。
```

【臨床例】

　　Aは30代前半の男性で，上司との関係がストレスとなり，抑うつ状態に陥りました。そのきっかけは，次のようなことでした。ある日，部長が20代の部下を他の社員の前で強く叱責していましたが，Aは「部長が取引先に連絡をすれば済む話なのに」と思い，それをせずに部下を感情的に叱責する部長に苛立ちを感じました。そして，Aがその部下の肩を持つかたちで部長に進言をすると，部長は「俺に逆らうのか！」と，怒りの矛先をAに向けるようになりました。Aは部長から頻繁にきつく当たられるようになり，抑うつ状態に陥りました。

　　Aとの週1回の面接を始めた数カ月後のことです。Aは先日行った家族旅行での出来事を，苛立ちながら語りました。旅行先のホテルでベルボーイが同僚と話し込んでおり，自分たちに十分な対応をしなかったことについて，「あいつはプロなのに，プロとしての仕事をしていない！」と，Aは憤っていました。私はその話を共感的に聴いていましたが，後日，このセッションをスーパーヴィジョンに持っていきました。すると，スーパーヴァイザーから「これは宮田さんのことを言っているんじゃない？　あなたがプロなのに，プロとしての仕事をしてないと彼は感じているんじゃないかな」と言われました。当時の私は，正直ピンときませんでした。しかし，Aが引き続きベルボーイのことを語った際に，思い切って次のように尋ねてみました。〈Aさん，ひょっとすると，ここでも同じような気持ちがされることはありますか？〉と尋ねると，Aは少し驚いて黙り込み，「……先生，実は先生にも同じように感じていたんです。先生はプロのカウンセラーなのに，俺の話をただ聴いているだけでアドバイスもしてくれないし……プロなのにプロとしての仕事をしてないって思ってたんです」「先生は面白いですね。自分を打たせて考えさせて，なんか人間サンドバックみたいですね！（笑）」と言われました。

　　そして話はさらに深まり，次のような話題が出てきました。Aの母親は重度のうつ病で，育児や家事を十分にこなせずに寝込みがちでした。Aはそんな母親にとても腹を立てていましたが，母親に文句を言うと

母親が寝込んでしまうので，その思いはあまり言えずにいました。A は母親に対して，「母親としての役割を果たしていない！」と感じていたのです。

　もうお気づきかもしれませんが，ここには共通のテーマが流れています。A は母親に対して，「本来果たすべき役割を果たさないことへの怒り」を感じていました。A が過去に母親との関係（図3-3の③）で形成した「中核葛藤テーマ」は，ホテルのベルボーイとの関係（図3-3の②）や，セラピストとの関係（図3-3の①）でも，繰り返されていたわけです。ホテルのベルボーイの話をただ共感的に聴いているだけでは，面接は深まりません。この「3つの対人領域」を二重写しに見て，そこに共通する「中核葛藤テーマ」や「不安の源泉」を探索していく必要があるのです。

　また，A が部長と揉めるきっかけとなったことも，「部長が部長としての役割を果たしていない」と感じて，A が普段よりもやや強い口調で部長に進言したことがきっかけでした。こうした「中核葛藤テーマ」が，「今・ここ」でのクライエント-セラピスト関係（図3-3の①）で生じてきた場合は「転移」と呼ばれ，現在の面接場面外での対人関係（図3-3の②）で生じてきた場合は「面接外転移」と呼ばれます。そして，「症状」や「問題行動」は，多くの場合，クライエントの「中核葛藤テーマ」や「不安の源泉」を刺激するストレス状況で生じてくるのです。

　この A との臨床経験は，私にはとても刺激的でした。私は，それまでクライエントの話を親身に聴こうとはしていましたが，語弊を怖れずに言えば，どこか「対岸の火事」のように聴いていたことに気づかされました。たとえ A がベルボーイに対する強い怒りを語ったとしても，それは「あのとき，あそこで」の出来事であり，私に怒りが直接向けられているわけではないからです。しかし，「今，ここで」の私との関係を取り上げたとき，私は「自分も戦場にいるんだ！」というある種の臨場感を強く感じました。「これが転移か！」と思い，私が精神分析に強く惹きつけられるきっかけとなった経験でした。

　なお，A との面接には後日談があります。当時の私は「これが精神分析か！」

と妙な感銘を受けてしまい，Ａが上司の話をしたときなどに十分に吟味することもなく，〈Ａさん，ひょっとすると，ここでも同じような気持ちがされることはありますか？〉と，頻繁に尋ねるようになってしまいました。そうした介入を繰り返すなかで，Ａから「先生，なんでそんなに自意識過剰なんですか！　なんでも自分のことに結びつけて！　そんなふうに言われたら，話しにくくて仕方がないです！」と言われてしまいました。Ａの言う通りだと思います。

　「今・ここでの転移解釈」は重要ですが，クライエントの連想をセラピストに対する思いのほのめかしだと安易に決めつけるような介入は，望ましくないでしょう。こうした介入は，セラピストが「私にもそうした思いを感じているだろうな」と強く感じる場合に限るほうがよいでしょう。クライエントの語る内容の「主旋律」が「上司への不満」だとして，その「副旋律」として「セラピストへの不満」も強く響いてくれば，詳細な質問をしてセラピストに対する陰性感情を話題のテーブルに載せることを試みます。それがクライエントの「中核葛藤テーマ」であれば，セラピストに同様の思いを感じていても不思議ではないからです。しかし，十分な吟味もせずに，安易なステレオタイプの転移解釈を繰り返すような介入は慎むべきでしょう。

（4）　パラタクシス的歪み（認知の歪み）

　私たちは「パーソニフィケーション（自己イメージ・他者イメージ）」の色眼鏡を通して，自分や外界を認知しています。黄色の色眼鏡をつけていれば世界が「黄色」に見えるように，「みんなは私を嫌っている」という「他者イメージ」の色眼鏡をつけていれば，他人の些細な言動でも「私を嫌っているんじゃないか」と意味づけやすくなります。

　例を挙げてみましょう。ある高校生の女の子が教室に入ったときに，クラスのある女子グループがどっと笑ったとします。もしその女の子が，「みんなは私を嫌っている」という他者メージを有していれば，その笑い声を「私のことを笑ったんじゃないか」と意味づけて（認知），とてもいたたまれない気持ちになり（感情），教室を飛び出してしまうかもしれません（行動）。同じ場面に，「みんな仲間だ」という他者イメージを持った女の子が出くわ

したとしましょう。その子は，同じ場面を「あ！ 何か楽しそうな話をしている」と意味づけて（認知），ワクワクした気持ちになって（感情），「え，何の話をしているの？ 私も入れて」と，その女子グループに駆け寄っていくかもしれません（行動）。つまり，同じような出来事をどのように「認知」して，どのような「感情」を感じ，どのような「行動」を示すのかには，「パーソニフィケーション」が関わっているわけです（ここではより単純化していますが，実際はその女子高校生とその女子グループとの関係性が，重要な要素になります）。

　私たちは誰もが，重要な他者との間で形成した「パーソニフィケーション」の色眼鏡を通して，自分や外界を認知しているのです。サリヴァン（Sullivan, 1954）は，現実との間にズレを生じさせるような認知的歪曲を，「パラタクシス的歪み（parataxic distortion）」と名づけました。「パラタクシス的歪み」とは，ある人をあたかも過去の重要人物と同じであるかのように扱う体験様式を言います。たとえば，セラピストが〈それはこういう可能性もあるかもしれませんね〉とクライエントに伝えた際に，「先生も母親と同じように，私が間違っているとおっしゃるんですね」と反応されるなどです。セラピストの介入は，母親との間で形成された「批判してくる他者イメージ」の色眼鏡を通して，受け取られたわけです。「転移」は，セラピストとの面接関係のなかで生じてくるものですが，「パラタクシス的歪み」は面接外の対人関係でも生じているものであり，個人が恒常的に有している「対人関係上の認知の歪み」とでもいえるものです。

　なお，サリヴァンは体験の様式を，以下の3段階に分けて考えました。「プロトタクシス的（prototaxic）体験様式」とは，言語以前の断片的なイメージの体験様式であり，乳児や統合失調症者の体験のように，秩序や構造を持たない最も原始的な体験様式を指します。「パラタクシス的（parataxic）体験様式」とは，自己の欲求や情緒に彩られた，主観的な偏りを含んだ体験様式です。それは客観性や論理性に乏しく，他者の経験との間にズレを生じさせるものであり，「転移」の背景にある体験様式です。「シンタクシス的（syntaxic）体験様式」とは，客観性や論理性に基づいて構成されており，他者との間で言語的に妥当性を確認できる体験様式です。子どもは発達に

伴って，言語を使って他者と体験を共有し，自己の体験の妥当性を確認できるようになります。サリヴァンはこれを「合意による確認（consensual validation）」と呼び，それまでに獲得した対人パターンの歪みを修正する役割を果たすと考えました。パラタクシス的歪みのある体験を面接関係で話し合い，その妥当性を確認していくなかで，パラタクシス的体験様式をシンタクシス的体験様式に引き上げていくことを目指します。

（5） 安全保障操作（対人操作のパターン，対処行動のパターン）

　私たちは重要な他者との対人経験のなかで，「不安」や自尊心の傷つきを回避して「安全感」を得るための対人的方略を身につけますが，サリヴァン（Sullivan, 1953）はこれを「安全保障操作（security operation）」と名づけました。それは，重要な他者との関係で身につけた，サバイバルスキルのようなものです。

　たとえば，人から嫌われる不安を避けるために，周囲の顔色をうかがって「良い子」を演じる「過剰適応」は，安全保障操作の一例といえます。また，バカにされる不安から虚勢を張り，強い自分を示すことで周囲から認められようとすることも，安全保障操作の一例といえるでしょう。「安全保障操作」は，対人操作や対処行動のパターンとして現れてきます。

　「安全保障操作」は，行動面のみではなく認知面にも生じてきます。不安を喚起する事柄を視野から外し，直視しないことで自己を防衛しようとする「選択的非注意（selective inattention）」は，安全保障操作の一例といえます。

　また，対人関係精神分析には，「パーソナリティ」に相当する用語として，サリヴァンの「セルフシステム（自己組織）〈self system〉」の概念があります。「セルフシステム」とは，安全保障操作の集積であり，対人関係における「不安」や自尊心の傷つきを回避して，「安全感」を保つための対人操作の組織化された体系のことをいいます。「セルフシステム」の概念は，「不安」に関わることに限定されており，「パーソナリティ」の概念に比べるとかなり幅の狭い概念だといえるでしょう。サリヴァン（Sullivan, 1953）は，「不安」が人格の発達に対して持つ意義を強調しながら，「人格とは一個の人間の生を特徴づける，反復生起する対人の場の比較的持続的なパターン」であると考

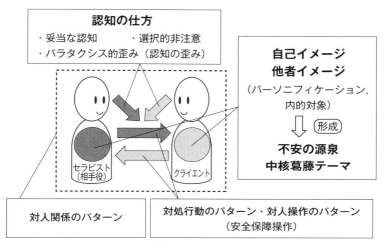

図 3-4　対人関係の相互作用モデル

えました。

　それでは，これまで述べてきた対人関係精神分析の鍵概念をまとめると，図 3-4 のようになります。私はこの図を，「対人関係の相互作用モデル」と名づけました。サリヴァンの用語はやや難解ですので，ここでは一般的な表記をメインに示しています。

（6）対人関係のパターン

　クライエントが重要な他者との間で形成した「パラタクシス的歪み」「中核葛藤テーマ」「安全保障操作」のパターンは，現在の対人関係やセラピストとの関係に持ち込まれますので，その相手役となる他者（セラピストを含む）は，必然的にクライエントの「対人関係のパターン」に巻き込まれることになります。

　人間には，自分のやり慣れた関係性のあり方に，相手を「変容」させていく力があります。セラピストも，知らず知らずにクライエントの「対人関係のパターン」にはまり込み，さまざまな感情体験をしながら，クライエントの過去の対人関係の「相手役」を演じるはめになります。たとえば，母親との関係で，「どうせ人は私を見捨てる」という「中核葛藤テーマ」を有する

ことになったクライエントが，相手をうっかり信じてさらに傷つくことを恐れて，セラピストを邪険に扱うような関わりを続けたとします。セラピストも次第に「変容」させられ，うんざりとした気持ちになり，クライエントとの関係を切りたい気持ちにかられるかもしれません。これは，クライエントと母親との「対人関係のパターン」における「母親のポジション」にセラピストが組み込まれた状態であり，ラッカー（Racker, 1968）が述べた「補足型逆転移」の状態にあるといえます。

　また，こうした逆転移感情にかられて，セラピストはうんざりとした表情をしてしまうかもしれませんし，クライエントを邪険に扱うような言動を示してしまうかもしれません（逆転移の行動化）。セラピストのこうした言動は，クライエントの「どうせ人は私を見捨てる」という「中核葛藤テーマ」を強化してしまいます。つまり，過去に形成された「中核葛藤テーマ」や「転移的信念」は，現在の対人関係のなかでさらに強化されてしまうのです。対人関係精神分析では，転移と逆転移が入り混じったかたちで，クライエントの過去の「対人関係のパターン」が，セラピストとの間で行為水準で「再演」される事態に注目してきました。こうした事態は，現在では「エナクトメント（enactment）」として概念化されているものです。つまり，対人関係精神分析が注目してきた「対人関係のパターン」には，「転移」と「逆転移」，そして「エナクトメント」の概念が含有されていたといえるでしょう。

（7）　参与観察者

　それでは，クライエントの「対人関係のパターン」に巻き込まれるなかで，セラピストはどのようなスタンスで関わるのでしょうか。サリヴァン（Sullivan, 1954）は，精神医学は対人関係の学であり，精神医学のデータは参与的観察を通してのみ獲得できると述べています。転移の発展を重視し，セラピストの与える影響を最小限にしようとして「中立性」を重視したフロイト（Freud, S.）に対して，サリヴァンは「隠れ身」によって「中立性」を保つことは事実上不可能だとして，セラピストを観察するだけでなく，二者の関係に参与する存在としてとらえ，「参与観察」を重視しました。セラピストは real person として，クライエントとの関係に身を投じるのだと考えま

した。

　そのために，対人関係精神分析ではごく初期から，逆転移の臨床的活用に取り組んできました。セラピストは自身の感情状態をモニターし，「どうしてこんな気持ちになっているんだろう」と自問し，自分が感じていることをもとに，クライエントとの関係で生じていることを探索します。逆転移の臨床的利用については，対人関係精神分析のセラピストであっても，慎重な者から積極的な者まで一定の幅があります。ある者は，クライエントや転移・逆転移状況についての仮説を立てるために，心の中で逆転移感情を密かに利用し，またある者は，クライエントに対する感情や考えを率直に自己開示して，逆転移感情を話題のテーブルに載せることを試みます。いずれにせよ，セラピストが逆転移感情をもとに「2人の間で何が起きているんだろう」という「問い」を持ち，両者の関係性の性質について考え続ける姿勢が重要であり，こうした精神分析的思考が分析的セラピーの基盤になるといえるでしょう。

（8）　セラピストのパーソナリティ

　「転移」のどの側面が引き出されるのかには，セラピストのパーソナリティや介入の仕方も大きく関わってきます。対人関係精神分析では，転移・逆転移状況を両者の「関係性」のなかで生起したものとして理解し，そこに「セラピストの寄与分」も含めて検討する姿勢があります。

　現代精神分析はいずれの学派であっても，「転移・逆転移」を1つのユニットとしてとらえ，「逆転移」を手がかりに面接関係で生じていることを探索していきます。しかし，その「逆転移」とは，投影同一化によってクライエントから投げ込まれたものだと考える傾向があり，セラピストの個人的要因は除外されがちです。対人関係精神分析では，面接関係における「クライエントの寄与分」と同時に，「セラピストの寄与分」を含めて検討する姿勢があります。図3-4の「対人関係の相互作用モデル」で示したように，セラピストも自分自身の「パラタクシス的歪み」「中核葛藤テーマ」「安全保障操作」「対人関係のパターン」を面接関係に持ち込むことになるのです。これらの要因が，セラピストの振る舞い方や雰囲気ににじみ出ることは避けられませ

ん。セラピストは，real personとして面接関係に身を投じるのであり，面接関係をクライエントとセラピストの双方の寄与分を含めて理解していこうとします。

　もっとも，セラピストの個人的要因が面接関係に悪影響を及ぼさないように，セラピストは個人分析を受けて，自分自身の課題を自覚し，それらに取り組んだ経験を持つことが求められます。

3. 病態水準のアセスメント

　クライエントの病態水準をアセスメントする際には，「対人関係の相互作用モデル」で示した各要素が重要になります。病態水準は，これらの要素の偏りの程度によって判断できます。

　『精神障害の診断と統計マニュアル 第5版（DSM-5）』（American Psychiatric Association, 2013）では，「パーソナリティ障害」の診断基準として，「その人の属する文化から期待されるものより，著しく隔たった，内的体験および行動の持続的様式。この様式は次の領域の2つ（またはそれ以上）の領域に現れる」とされており，「認知」「感情性」「対人関係機能」「衝動の制御」が項目として挙げられています。これらは，「対人関係の相互作用モデル」で示した各要素とおおむね重なります。表3-1は，「対人関係の相互作用モデル」に基づいた病態水準の特徴を示したものです。

4. 対人関係精神分析の立ち位置

　対人関係精神分析は，精神分析の諸学派だけでなく，認知療法や家族療法とも親和性が高い学派だといえます。「対人関係の相互作用モデル」からもわかるように，「認知」と「行動」に注目している点では，「認知行動療法」と共通していますし，「対人関係のパターン」を扱う点では，「家族療法」や「短期療法」ともつながりがあります。実際，「認知療法」のベック（Beck, A. T.），そして「短期療法」のベイトソン（Bateson, G.）はサリヴァンの影響を受けていたことが知られていますし，「家族療法」のミニューチン（Minuchin,

表3-1　病態水準の特徴

	神経症水準	パーソナリティ障害（ボーダーライン水準）	精神病水準
認知の仕方（現実検討力）	認知の妥当性は比較的高く，パラタクシス的歪みの程度も少ない。（色眼鏡が薄い）	現実検討力は一定有しているが，認知の歪み（パラタクシス的歪み）は顕著。（色眼鏡が濃い）	幻覚・妄想状態では現実検討力は著しく低下し，認知の歪みも極めて顕著。（色眼鏡が極めて濃い）
不安の源泉 中核葛藤テーマ （中核的な不安・葛藤・欲求・情緒）	嫌われる不安など。感情状態は比較的安定しており，感情コントロールも可能。中核的な葛藤も，ある程度抱えられる。	見捨てられ不安など。感情状態は不安定で，感情コントロールは困難。中核的な葛藤を抱えられず，行動化で排出しやすい。	迫害不安，解体不安など。幻覚・妄想状態では，感情状態は極めて不安定で，感情コントロールは困難。中核的な葛藤も抱えられない。
対処行動のパターン 対人操作のパターン （安全保障操作）	不安を回避するための対処行動は，比較的妥当性の高いものが多い。	不安を回避するための対処行動に顕著な偏りがあり，自傷や過食などの問題行動となりやすい。	幻覚・妄想状態では，不安を回避するための対処行動に顕著な偏りがあり，情緒的に混乱した行動を示しやすい。
対人関係のパターン	比較的安定している。他者の多面性を許容し，継続的な対人関係も維持しやすい。	非常に不安定。all goodとall badの両極端を揺れ動きやすく，継続的な対人関係を維持することが困難。	非常に不安定。自己と他者，内界と外界の区別が困難な場合もある。

S.）は，対人関係精神分析の出身です。また，統合的心理療法の第一人者であるワクテル（Wachtel, 1997）は，精神分析と行動療法，家族療法とを統合した「循環的心理力動アプローチ」を実践していますが，ワクテルのいう「精神分析」とは，「対人関係精神分析」のことです。
　また，心理療法の各学派の違いは，「対人関係の相互作用モデル」のどの

要素に介し，変化をもたらそうとしているかの違いとして見ることもできます。「認知行動療法」は，「認知」と「行動」に介入することで，うつなどの「感情」に変化を促そうとします。システムズ・アプローチをはじめとした「家族療法」は，個人の感情はあまり重視せずに，システムのなかの「対人関係のパターン」に変化を促そうとします。「精神分析」のターゲットは，「内的対象関係」とそれに伴う中核的な葛藤や欲求，情緒であり，それらが「転移・逆転移」として面接関係にどのように現れてくるのかに注目します。

　なお，「対人関係の相互作用モデル」で示した各要素は，常に相互作用をしており，どれか1つが変われば，他の要素にもおのずと変化が生じます。各学派の違いは，これらのどの要素に変化を促そうとしているかの違いであり，それらに優越はなく，むしろ互いに学ぶことが多いのではないかと私は考えています。また，私は「フォーカシング」の観点も重視していますので，身体感覚などの「フェルトセンス」にも注目しています。その他，「器質的要因」は，発達障害や統合失調症を理解する際に欠かすことができません。私は臨床実践においては，「対人関係の相互作用モデル」の各要素に，「身体感覚」と「器質的要因」を加えた「ケースフォーミュレーション」を行っています。

　これは私見ですが，対人関係精神分析の立ち位置は，右を見ればウィニコット（Winnicott, D. W.）やクライン（Klein, M.）が見えて，左を見れば認知行動療法，家族療法，短期療法が見えるところにあり，ある意味では，精神分析諸学派と心理療法諸学派との「中間」に位置する学派だといえるでしょう。

【文献】

American Psychiatric Association. (2013). Diagnostic and statistical manual of mental disorders : DSM-5 (5th ed.). Washington, DC : Author.（日本精神神経学会（監修）(2014). DSM-5 精神疾患の診断・統計マニュアル．医学書院）

Luborsky, L.（1984）. *Principles of psychoanalytic psychotherapy: A manual for supportive-expressive treatment.* New York: Basic Books.（竹友安彦（監訳）(1990). 精神分析的精神療法の原則——支持—表出法マニュアル．岩崎学術出版社）

Racker, H.（1968）. *Transference and countertransference.* New York: International Universities Press.（Original work in Spanish, published 1960.）（坂口信貴（訳）(1982). 転移と逆転移．岩崎学術出版社）

Sullivan, H. S. (1940). *Conceptions of modern psychiatry*. New York: W. W. Norton. (中井久夫・山口隆（訳）(1976). 現代精神医学の概念. みすず書房)

Sullivan, H. S. (1953). *The interpersonal theory of psychiatry*. New York: W. W. Norton. (中井久夫・宮崎隆吉・高木敬三・鑪幹八郎（訳）(1990). 精神医学は対人関係論である. みすず書房)

Sullivan, H. S. (1954). *The psychiatric interview*. New York: W. W. Norton. (中井久夫・松川周悟・秋山剛・宮崎隆吉・野口昌也・山口直彦（訳）(1986). 精神医学的面接. みすず書房)

鑪幹八郎 (2003). 鑪幹八郎著作集Ⅱ 心理臨床と精神分析. ナカニシヤ出版.

Wachtel, P. L. (1997). *Psychoanalysis, behavior therapy, and the relational world*（psychotherapy integration）. Washington, D.C.: American Psychological Association. (杉原保史（訳）(2002). 心理療法の統合を求めて——精神分析・行動療法・家族療法. 金剛出版)

第4章
参与観察

【野原一徳】

1. はじめに：導入者としてのサリヴァン

　対人援助職に就いている人なら，「参与観察（関与的観察，参与しながらの観察）〈participant observation〉」という用語を聞いたことがあるかもしれません。この用語は，臨床心理学や精神医学などの教科書や専門的な事典で，しばしば取り上げられています。対人援助領域における一般的な意味は，援助者（セラピスト，精神分析家）自身も構成要素として含まれる対人関係の観察を通じて，被援助者（クライエント，患者）を理解していくというものです。参与観察は，臨床場面における基本的な接近方法であると同時に，研究方法でもあると考えられています。ただ，この一般的な意味は知られていても，参与観察という用語がどんな理論的前提を持ち，どのように理論展開をしているのかについては，それほど知られていません。

　参与観察という用語を，マリノフスキー（Malinowski, B. K.）らの人類学やシカゴ学派社会学から学び，精神医学の領域に取り入れたのが，アメリカの精神科医であるサリヴァン（Sullivan, H. S.）でした。サリヴァンは，ハイゼンベルク（Heisenberg, W. K.）の不確定性原理，ブリッジマン（Bridgeman, P. W.）の操作主義，レヴィン（Lewin, K. Z.）の「場の理論」などの影響も受けながら，対人関係精神医学と呼ばれる理論体系を作り上げました（Sullivan, 1953; Hirsch, 1990; Stern, 2017）。その後，サリヴァンの対人関係精神医学は，ウィリアム・アランソン・ホワイト研究所を一緒に創設したトンプソン（Thompson, C.）らによって，対人関係精神分析として統合されます。さらに，その対人

関係精神分析は，1980年代にアメリカで起こった関係精神分析運動において主要な役割を担います。サリヴァンの独創的な理論は，このような理論的統合や分岐を経た現在においても，依然として発想や思考の源泉であり続けています。

サリヴァンは，フロイト（Freud, S.）によって創造された精神分析から，多くを学びました。しかしながら，人間の心理現象をクライエントひとりのなかで完結したものとして理解しようとする理論的前提には反対し，異なる見方を提示しました（Greenberg & Mitchell, 1983）。サリヴァンの見方とは，心理的現象を他者と隔絶した個人からではなく，対人関係場面から理解していくというものです。参与観察はこの認識を凝縮して表現しています。つまり，サリヴァンにとって参与観察は，専門用語のひとつとしての接近方法や研究方法を意味するだけではなく，いわば心をどう把握するかという認識の枠組みも提示しているのです。

本章は，個人心理療法場面での参与観察について論じます。とりわけ，その個人心理療法のなかでもサリヴァンから発展した対人関係精神分析，関係精神分析における展開の一端を取り上げます。本章の目的は，参与観察という認識の枠組みが持つ理論的射程を理解することです。

本章は以下のように進めます。第2節では，サリヴァン理論による参与観察の位置づけを確認します。第3節においては，精神分析（的心理療法）場面における参与観察についてまとめます。ここではまず，治療状況のとらえ方のひとつである，ブランクスクリーンモデルと対比します。次に，対人関係精神分析における理論的展開に影響を与えたレーヴェンソン（Levenson, 1972, 1983）に言及し，さらに，ブランクスクリーンモデルではとらえられない事態としての変形概念を紹介します。第4節は，ホフマン（Hoffman, 1983）に依拠しながらブランクスクリーンモデルと参与観察との認識論的な背景の違いをまとめ，そこから導かれるセラピストとクライエントの姿を記述します。最後の第5節では，まとめと個人心理療法の構造以外における適用の可能性について触れます。

2. サリヴァンの対人関係精神医学

『現代精神医学の概念』(Sullivan, 1940) は、サリヴァンが生前に唯一出版した著作です。1939年にワシントンで行った連続講義がもとになっており、参与観察と関連する一節はその第1講義にあります。

> 精神医学の対象範囲 field of psychiatry は、精神障害者個々人ではなく、さりとて、集団の中において時にみられるところの、超然たる第三者的客観性 detached objectivity をもって観察できるような——成否さまざまの——過程でも、ない。精神医学とは、二人以上の人間を包含し人と人との間において進行する過程を研究する学問である。精神医学の対象範囲は対人関係の世界である。いかなる事情の下にある対人関係かは問わない。とにかく**一個の人格** a personality を、その人がその中で生きそこに存在の根をもっているところの対人関係複合体から切り離すことは、絶対にできないことがわかった。この理解が生まれてはじめて、次の大きな一歩が踏み出されたと言いうるのである。私はそれが偉大な一歩であると確信する。
>
> (Sullivan, 1940, 邦訳 p.20., 強調は著者による。以下同様)

引用の第一文では、「精神医学の対象範囲」が、他者や社会と隔絶したなかでの個々人でもなく、観察者が影響を受けたり与えたりしないような立場で、「超然たる第三者的客観性」をもって観察するような人間集団の過程でもないことを述べています。これらはどちらも、対人的な交流の次元が排除、もしくは極端に制限されています。

精神医学で目指されることは、「二人以上の人間を包含し、人と人との間において進行する過程」の研究です。サリヴァンが作り上げた対人関係精神医学とは interpersonal psychiatry の訳ですが、この interpersonal という単語は、個人を表す person の形容詞形 personal に、「間（あいだ）」を意味する inter という接頭辞がついています。つまり、人 (person) と人との間 (inter)

から探求する理論だということです。

引用では,「一個の人格」について言及しています。私たちは人格という心理概念を用いる際に,他者から影響を受けつつも,本質的には他者から独立し隔絶した構築物として,しばしば考えます。この考え方の心理療法分野における例としては,フロイトがいます。フロイトは人間の生物学的な基礎と関連する,欲動という概念を導入しました。そして,心理的現象を,欲動とその防衛が織りなす変遷の産物として考えました(Greenberg & Mitchell, 1983)。フロイトにとって探究の中心は,あくまで個人内の心理的要因の展開にありました。

しかしサリヴァンは,人格の意味合いを,微妙ながら決定的にずらします。強調されるのは,実際の他者との関係性です。サリヴァンにとっての人格とは,過去に他者との間で作られ,現在も目の前の他者との関係のなかで維持されているパターンそのものです(Sullivan, 1953)。つまり,他者との対人関係こそが,一次的に重要な位置を占めます。人格は他者との関係においてのみ存在するととらえるのです。先ほどの引用でサリヴァンは,「対人関係複合体(complex of interpersonal relations)」が「存在の根」であるとまで述べます。このように,個人の心の中にあるものが開始点となり,抽象化されることをなるべく避けて,実際の対人関係が前面に打ち出されます。まとめると,フロイトの欲動概念がひとりの個人の内側から考え始める一方で,サリヴァンは実際の対人関係という外側から考え始めます。

この理解はそのまま対人関係精神分析(的心理療法)にも引き継がれています。引用文にある「人と人との間」は,対人関係精神分析(的心理療法)においてはクライエントとセラピストとの間になります。セラピストは,クライエントから離れて,クライエントに影響を与えない場所から考えることはできません。対人関係精神分析は,少なくとも理論上,クライエントとセラピストとの間に起こったことの観察と理解を通じて,クライエントの心理内界を探求します(Hirsch, 1990)。

3. 精神分析的心理療法場面での参与観察

（1） ブランクスクリーンモデルと対比して

　精神分析（的心理療法）場面での参与観察を，より詳しく検討します。対人関係精神分析（的心理療法）の臨床実践において，セラピストの参与観察は，「ブランクスクリーンモデル（blank screen model）」と対比するかたちで考えられてきました。

　ブランクスクリーンモデルは，面接場面でセラピストが，空白のスクリーンのように機能し，解釈など必要な介入以外はクライエントの邪魔をしないことで，クライエントが自らの無意識に対して取り組めるようになると考えます。セラピストはクライエントに巻き込まれず，離れた立場からクライエントを観察します。それから，クライエントがセラピストに投げ込むものをなるべく純粋に映し出し，客観的に記述し伝えます。スクリーンであるセラピストが関わることは，基本的にクライエントの純粋な心理的現象を濁らせてしまうと理解されます。すなわち，セラピストによる関わりは統制される必要があり，その統制は実際かなりの程度できると仮定します。

　サリヴァンが導入した参与観察は，ブランクスクリーンモデルとは異なる立場です。参与観察は，治療場面においてスクリーンであることの不可能性を強調します。参与することなしに，臨床的な観察をすることはできません。なぜなら観察するセラピスト自身が，クライエントとの心理療法という対人関係の場の構成要素となっているからです。セラピストは，セラピストの存在に影響されたクライエントを観察することになります。たとえば，サリヴァンが，「このことは頭に置いておきなさい。"客観的"観察のようなものは存在しない。あるのは『関与的観察』だけであり，その場合はきみも関与の重要因子でないか」（Sullivan, 1954, 邦訳 p.141）と述べるとき，ここには客観性という拠り所を持つことへの懐疑があります。

　サリヴァンによるセラピストの参与観察では，目の前にいるクライエントがセラピストに対してどのように影響を与え，かつ与えられているかを検討

します。サリヴァンが特に注目したのは，不安という情動でした。不安はこれまでの対人関係のパターンに基づき，面接関係においても作動します。すなわち，クライエントはセラピストとの間でも，できるだけ不安を避けて安全を保とうとしています。そのため，クライエントは意識的無意識的に，セラピストを操作して動かそうとします。セラピストはこれを観察して，コミュニケーションの性質を吟味し，その妥当性をクライエントと確認していきます。

ただし，サリヴァンは参与観察を唱え，客観的観察は存在しないと述べながら，セラピスト自身のクライエントに及ぼす影響については統制可能だとも考えていました。言い換えると，客観的な観察ができると暗に想定されていました（Hirsch, 1987）。サリヴァンはセラピストの参与の度合いを限定的に考えており，セラピストの不安を含めた逆転移についてもほとんど考慮しませんでした。参与と観察の分離不可能性について，厳密な意味で考えていなかったと言えます（Mitchell, 1997）。後の対人関係学派の多くは，セラピストは個人的な側面も含めてクライエントに常に影響を与えているだけでなく，影響も受けていると考えています。そしてこのことは，精神分析において，欲動論か（対人）関係論かというパラダイムの理解と，客観主義か構築主義かというパラダイムの理解とは別であることを，明らかにするものです（Hoffman, 1998; Hirsch, 1992）。

（2） レーヴェンソンによる展開

サリヴァン以後の対人関係学派の精神分析家たちは，参与観察という考え方を理論的にひとつの方向へ突き詰めていきました。それは簡潔にいえば，面接場面においてセラピストとクライエントの参与をよりいっそう強調し，そこでの観察の位置づけを問う方向です。

参与的側面の強調を主導した人に，レーヴェンソンがいます。レーヴェンソンは，心理療法場面におけるコミュニケーションの行為水準を追求し，言葉と行為という二項対立を緩めて記号論に基づいて理解することにより，参与観察の概念を深化させました。ここでは，レーヴェンソンの初期の仕事を扱います。

たとえば，クライエントが雄弁に話す一方で，セラピストがじっと沈黙しているという，個人心理療法場面を考えるとします。セラピストが沈黙しているのは，クライエントに影響を与えないようにしているからです。クライエントはその沈黙に対して，セラピストを思慮深く聴いてくれる人だと感じるかもしれませんし，冷たい人だと感じるかもしれません。あるいは，怒っていると感じるかもしれないし，悲しみにくれていると感じる可能性もあるでしょう。

　では，クライエントがセラピストを冷たい人だと感じたとして，その認知はクライエント側の寄与分だけなのか，という問いが生まれます。確かに，クライエントはセラピストを怒っていると感じることもできたのに冷たい人だと感じたのだから，クライエントの認知は空想によって色づけられています。しかしながら，そこには，目の前でセラピストが沈黙していたことによる反応という側面もまた，考慮に入れる必要があります。

　参与観察の観点に立てば，沈黙は何の動きもしてないゼロの状態ではありません。セラピストはいま・ここでの対人関係の場において，沈黙するという行為をしているのであり，そのことによってクライエントに何らかのメッセージを伝えてしまっています。つまり，「沈黙している」という行為をなくすことはできません。セラピストがおとなしく座っているだけで言葉を用いていなくても，たとえば「あなたが話しなさい」「ゆっくり考えていきましょう」といったさまざまなメッセージを伴ったコミュニケーションになっている，ということです。

　そして，それを受けて，クライエントも話したり黙ったりして，反応します。受け取られるメッセージの意味の幅は，セラピストの態度などの影響もあるでしょうし，クライエントのそれまでの対人関係の歴史とも関係するでしょう。たとえば，周囲の人から口うるさく小言や指図を受けてきたクライエントにとっては，セラピストの沈黙は心地よく感じられるかもしれません。

　クライエントを前にしたときに，沈黙せずに話す場合はどうでしょうか。言葉によって内容を伝え合うことは，もちろんコミュニケーションです。会話の内容から，クライエントがどんな体験をしたのか理解し，それがどんな意味を持つのか探求するでしょう。レーヴェンソン（Levenson, 1983）は，話

す内容に加えて，話すという行為自体が持つコミュニケーションの側面にも注目するのです。

　要するに，レーヴェンソンは，発話（内容）によるコミュニケーションの階層と，行為によるコミュニケーションの階層（メタコミュニケーション）を考えています。行為であるために，それは周囲や環境に働きかけます。話す（話さない）という行為は，自分や相手の内面の事実を描き確認するだけではなく，関係を動かそうともします（Austin, 1962）。クライエントやセラピストは，多弁になることで相手が考えることを阻害したり，話題を切り出すことで注意を向けたり逸らしたり，体調不良を訴えることで優しく接することを相手に求めたりするかもしれません。行為はコミュニケーションであり，コミュニケーションは遮断できないのです（Aron, 1996）。私たちは目の前の相手に働きかけ，意識的にだけでなく，無意識的にも対人関係の場を構築しています。

　さらにレーヴェンソンは，発話によるコミュニケーションの階層と，行為によるコミュニケーションの階層との関係性を取り上げます。レーヴェンソンは発話（speech），言語（language），語用論（pragmatics）という階層的区別を記号論から引用しながら（Levenson, 1983, pp. 34, 80），「行為もしくは行動は記号的な意味において，言語のようにコード化されている。発話の言語〈language of speech〉と行為の言語〈language of action〉は，お互いに変形しうる」（p. 81）と述べます。ここで提案されるのは，言葉と行為の境界は，それほど厳格に線引きできないという理解です。

　言葉と行為の境界があいまいであるならば，精神分析（的心理療法）での作業はいっそう複雑な様相を呈します。別の個所でレーヴェンソンは，「話されたことと，話されたことに伴う行動との間の関係を分析することが，精神分析的過程を構成すると私は理解する。そしてその分析が，本質的に，精神分析と他のすべての心理療法とを区別するものである」（Levenson, 1982, p. 11）と述べていますが，その説明は以下のとおりです。

　クライエントは自分に起こった出来事や気持ちなど，さまざまなことを話します。そのクライエントの話す内容を，話す形式とともに，セラピストは聴き／受け取ります。聴くことも行為であり，メッセージを発しています。

それによって，クライエントの話の内容や形式は変化するでしょう。次に，セラピストが話す際にも同様のことが起こります。クライエントとセラピストはお互いに選択的に聴き，選択的に話すようになっていきます。話し，聴く内容や形式の選択には，クライエントとセラピストの対人関係のパターンや安全を保とうとする動きが反映されていると考えられます。つまり，このパターンや動きこそが分析されるべきものだということです。

　レーヴェンソンにとっての精神分析（的心理療法）とは，クライエントひとりが放つ言葉の意味を読み取るという作業から，クライエントとセラピストが相互に影響を与え合っている関係性のなかで，いったい何が起こっているのかを明確にしていく作業へと定義し直されます。

　このように考えていくと，従来精神分析によって特権的に重視されてきた，言葉を用いた解釈とそれによる洞察の位置づけも変わってきます。なぜなら，「解釈と言語的に到達する洞察は関係的な体験であり，そして相互交流（interaction）はそれ自体で解釈的（interpretive）であって意味を伝えている」（Aron, 1996, p.214）からです。観察する人は，観察の場の外側にいることはできず，常にすでに参与し，働きかけています。参与し合っているクライエントとセラピストがつむぐ関係的な文脈に，言葉の意味は依存します。言語的な洞察と相互交流的な体験とが，相乗的なものとしてとらえ直されるのです。

　ここで確認しておきますが，この認識はセラピストが積極的に行動することを奨励しているものでは，まったくありません。グリーンバーグ（Greenberg, 1981）は，処方的（prescriptive）か記述的（descriptive）かという区別を導入しています。参与観察はこの区別では，記述的な用語です。すなわち，参与観察が言い表しているものは，面接状況をどのように見るかという把握の仕方であり，技法として意識的に行うものではないということです。いわゆる標準技法を捨てて，「参与しなさい」「このように働きかけなさい」というセラピストへの提案ではないのです。むしろ，意識的に行おうが行うまいが起こっていることですが，参与観察の認識をもとに技法を考えていくということはありうるでしょう。

　なお，グリーンバーグは，ブランクスクリーンモデルと密接に関連する中

立性についても考察しています。そこでは，中立性は行動面から定義されるのではなく，分析家の行動の目標を理解する際のひとつの方法であり（Greenberg, 1986a），それは欲動パラダイムではなく，関係パラダイムに基づいた「古い対象として分析家を見る患者の傾向と，新しい対象として分析家を体験する患者の能力との間で，最適な緊張を打ち立てるという目標を言い表す」（Greenberg, 1986b, p. 97）ものとして提起されています。

（3）　変形概念

　精神分析における発話言語と行為言語の関係についての理解を提示する前から，レーヴェンソン（Levenson, 1972）はすでに，ブランクスクリーンモデルが通用しない事態を素描していました。それが変形（transformation）概念です。変形概念とは，応答するうちにクライエントの関係性のパターンに内的にも外的にもはまり込んでおり，関係性のネットワークの一部となって，反復されるシナリオの登場人物として演じてしまうことです。

　変形について考える際には，レーヴェンソン（Levenson, 1972）にならって，家族関係を念頭に置くとイメージしやすいでしょう。たとえば，以下のような架空の3人家族を考えてみます。父親は会社ではおとなしく委縮していますが，家族のなかで偉そうに振る舞うとします。母親は父親に従っているものの不満を抱いており，息子への愛情を注ぐことが生きがいとなっています。青年期を迎えた息子は，母親を頼っている一方で疎ましくも思っています。なぜなら，母親は自分から離れていかないように，息子を何もできない子どもとして扱っていることを，潜在的に感じているからです。母親から父親の横暴さを聞かされてきた息子は，父親に怒りを感じているとともに恐れてもいて，家では父親に話しかける人はいません。母親と息子の情緒的な近さに比べて家族内で孤立している父親は，二人を振り向かせようと強引に働きかけます。そして息子は教室内でいじめられて孤立しています，などなど。

　仮に，クライエントとして息子と会ったとき，息子の対人関係のパターンにはこれまでの対人関係の歴史があり，そこには父親と母親の歴史や，広くいえば社会の構造が影響していることが理解されます。この観点では個人が，膨大なネットワークのなかにいる要素であると考えられます。つまり，それ

ぞれの成員間で複雑に，かつ相互に干渉しながら，個人は均衡を保っています。レーヴェンソン（Levenson, 1972）によれば，精神分析は，クライエントのこのような現実に基づいた，美学的なまとまり（an aesthetic whole）を扱います。大事なのは，誰が真実の見方をしているのか，ということではないのです。直線的な見方からは離れて，より複雑な見方，レーヴェンソンの言葉でいえば，有機的な見方であり，ネットワーク的な見方であることに注目しておいてください。

　精神分析（的心理療法）において事態を難しくするのは，クライエントの中核的なテーマを話し合っているうちに，いつのまにかそれが面接場面でも演じられてしまう場合です。先ほども述べたように，発話の言語と行為の言語は，お互いに変形しうるのです。セラピストは精神分析（的心理療法）において，クライエントと話し合っています。セラピストは参与者であるだけでなく，観察者でもあろうとしています。にもかかわらず，クライエントとセラピストが応答し合い，作業を共に行ううちに，クライエントの慣れ親しんだ関係性の反復を作り上げてしまい，当初の関係性が変形してしまうのです。セラピストもシナリオの演者となってしまいます。ここでは目の前にいる外的なセラピストが，内的な登場人物と同じように体験されています。現象としてはクライエントにもセラピストにも気づかれず，外的な関係性と内的な関係性との区別もつかずに，ただ反復されていると記述するほうが，正確かもしれません。

　それはたとえば，優しく受容的なセラピストが，誘惑的に自立を阻む母親という役割を演じている事態です。この事態でのセラピストは，クライエントから投げかけられたものを，スクリーンに一度映してそれの意味を解釈する，というような客観性と冷静さが確保された空間にはいません。

　　　もし，私が悪いとお母さんが考えたために私が悪かったならば，私が悪い行いをするからだけでなく，他者たちは悪く振る舞うよう私に期待しているのであり，私の悪さを必要としていて，私が悪くないでいようとする努力に注意を向けないから，私が悪いのである。そのうえ，私がそれのために彼らを選び，彼らからそのような反応を引き出す。もし，

私がセラピストとともに作業をするならば，私は悪くないと保証することからセラピストは始めてくれるだろう。しかし，分析が十分展開すると，他の人々がまさにしているように私を扱うだろう。

(Levenson, 1983, p.148)

　セラピストがクライエントは悪いと扱ってしまう。それだけでなく，クライエントも自分を悪いと扱う相手を選び，反応を引き出す。そうした関係性は，あからさまなかたちもあるでしょうし，かすかなかたちで表現されることもあるでしょう。セラピストはクライエントに正論を吐いて，叱咤しているかもしれません。あるいは，面接期間が延びていくことにより，クライエントはいつまでも悪い子のままでいるのかもしれません。
　では，この変形からどうすれば抜け出せるのでしょうか。まず，変形への参与に気づく必要があります。変形に対するセラピストの気づきは，事後的な性質を帯びます。面接のある時点で，関係のなかに浸って演じている自分を発見するのです。セラピストが気づいたときには，知らず知らずのうちに自由が奪われ，何か居心地の悪い，身動きの取れていない状態にいる自分を発見します。ただ，セラピスト自身が意図せず実際に演じているわけですから，そこに気づくことは難しい課題となります。他の場合と同様に，ここでも自分自身やクライエントへの観察が問われます。
　巻き込まれに気づいて，起こっていることの解釈や説明を考えられたとしても不十分です。なぜなら，面接のどのような局面において，どのように語られるかによって，メッセージの伝わり方が異なるからです。言葉の意味は関係性の文脈に依存しています。セラピストとして解釈を行っても，これまでのクライエントの関係と同型なものとして体験されることは大いにあり得ます。たとえば，父親を恐れているクライエントに，セラピストが変形に気づいて転移解釈をすると，その解釈行為自体が父親と同型的なものとして知覚され，怯えをもたらすといった場合です。
　レーヴェンソン（Levenson, 1972）の変形という概念は，現代の精神分析において大きなテーマとなっているエナクトメント（enactment）をめぐる議論（Jacobs, 1986; Gabbard, 1995; Bohleber et al., 2013）に先立つものでした。エナク

トメントとは，治療の場において構成されていない経験や関係性などが，行動の水準で展開されることを指します。エナクトメントは，クライエント側の寄与分とセラピスト側の寄与分とが絡み合っている事態です。それは治療が崩壊する危機であると同時に，治療的変化をもたらす機会にもなり得ます。特に，現代対人関係精神分析および関係精神分析においては，治療過程でのエナクトメントは，不可避的ですらあると考えられています（Bromberg, 1998; Stern, 2009）。

4. 認識論的な背景

さて，ブランクスクリーンモデルとの対比に戻って整理します。本節では，ホフマン（Hoffman, 1983）の議論に依拠して，もう少し認識論的な観点から検討します。ここでホフマンは，「現実（reality）のとらえ方」という視点を導入することにより，ブランクスクリーンモデルの問題点を論じました。後にホフマン自身（Hoffman, 1998）が，ブランクスクリーンモデルの意義について，分析家と患者との対称的な関係性と非対称的な関係性の弁証法という観点からとらえ直すものの，ここでの議論の展開は鋭く鮮やかです。

ホフマンは，ブランクスクリーンモデルが「心理療法における患者の経験についての非社会的な概念」（Hoffman, 1983, 邦訳 p.390）の一例であると論じます。この概念は，「セラピストが目の前にいることによる直接的な影響から著しいほどに分離された，患者のなかで進行する体験の流れ」（邦訳 p.391）が特に強調されます。簡単にいえば，セラピストとの相互交流による体験の流れに，軸足を置かないモデルということです。

議論の焦点は転移に当てられます。ブランクスクリーンモデルでは，「患者のなかで進行する体験の流れ」が強調されるために，転移を現実から歪んでいるものとして理解します。抵抗とならない陽性の転移や，セラピスト側の明らかな反治療的逆転移反応へのクライエントの反応など例外はあります。しかし，ブランクスクリーンモデルにおける転移は基本的に，現実にそぐわない，クライエント側の空想によって誤って意味づけされたものです。

加えて現実という言葉は，空想と対比的にとらえられており，作り上げる

ものとしてではなくすでに与えられたものとして静的に存在し，多種多様であるというよりは単一なものとして考えられています。そのため，スクリーンとして機能するセラピストは，スクリーンに映ったクライエントの表現を，一つしかない与えられた現実というものに沿ったものであるか，そうでないものかを判断し，歪んでいれば解釈というかたちでクライエントに返します。セラピストの影響を受けないクライエントが，自身の内側の社会化されていない考えや情動などを，外側に表出すると発想するのです。したがってこの発想には，クライエントの空想と現実とを切り離して，セラピストが両者を比べることができるという暗黙の了解があります。

　沈黙するセラピストに対して，冷たいと感じるクライエントの例を思い出してください。非常に単純化すると，「私は穏やかに黙って座っているだけなのに，クライエントが私を冷たいと感じるのは，クライエント自身の空想を投影しているからである」とセラピストが何の疑問も抱かず考えるならば，それはブランクスクリーンモデルに基づいています。すなわち，面接場面でクライエントの見え方と現実とを照らし合わせて，「現実はこういうものなのだから，あなたのとらえ方は間違っていますよ」と伝えるモデルなのです。私たちは実際のところ，普段それほどブランクスクリーンモデルに依拠している自覚がなくても，このような論理によく頼っています。

　ホフマン（Hoffman, 1983）は，このブランクスクリーンモデルに対するさまざまな精神分析家の批判を分類して，保守的な批判と急進的な批判との二種類に分けます。保守的な批判は，ブランクスクリーンモデルの概念的練り上げの甘さを指摘しつつも，依然として，転移を現実の歪曲であるととらえる伝統的な見方を保持している立場です。

　その一方でレーヴェンソン（Levenson, 1972, 1983）やギル（Gill, 1982, 1983）を含む急進的な批判者が共有しているのは，「歪曲としての転移と現実に基づく非転移との間の二分法を拒絶する」（Hoffman, 1983, p.393），「現実はあらかじめ定められた所与のものや絶対的なものから成り立っているのではない」（Hoffman, 1983, p.407）という見解です。急進的な批判をする分析家は，現実を与えられたものとしてとらえると同時に，構築されるものとしてもとらえます（Stern, 1997）。急進的な批判に立てば，現実というものが客観的で

あったり，一つしかない真実であったりすることはあり得ず，現実というものをセラピストが特権的に知っていることもあり得ません。それゆえ，セラピストはこれが正しいのだ，と言い切ることはできません。セラピストは科学的に客観的な立場から援助する人ではなく，クライエントとともに現実を構築していく参与者として理解されるのです。

同様に，クライエントによるセラピストの内的な動機（inner motives）についての解釈が，現実の歪曲か歪曲でないかを区別できる基準も本質的にありません。「患者が治療者の内的な態度を解釈する際に向ける視点は，分析家の関わりのさまざまな側面を目立たせる（highlight）たくさんの適切な視点のうちのひとつ」（Hoffman, 1983, p.394）と見なされます。たとえば，「セラピストが冷たく黙っているのは，私のことを退屈な人間だと感じていて嫌いだからだ」と，クライエントが提示するセラピスト理解について，セラピスト自身は気づいていないかもしれず，その意味づけは妥当かもしれません。クライエントの知覚は，セラピストが思い至らなかったこと，気づこうとしなかったことをつかんでいるかもしれないのです（Hoffman, 1983; Gill, 1982; Levenson, 1983; Hirsch, 1990）。そのためセラピストは，クライエントのセラピストに関する解釈について，興味を持つ必要があります。クライエントにもセラピストへの更なる関心を持ってもらい，参与観察をしてもらいます。

急進的な批判の立場において，転移は，「分析家による大いにあいまいな反応についての，ある様相（facets）に向けられた選択的な注意と感受性」（Hoffman, 1983, p.409）が，他の解釈を排除するかたちで必然的なものとしてクライエントにとらえられる際に，名づけられます。言い換えると，転移とは，さまざまな可能性があるにもかかわらず，注意を向けられずに，ある側面を切り取って硬直的に意味づけてしまうことです。したがって，セラピストはクライエントに，「分析状況はさまざまな解釈が可能なものであり，患者の結論は，特に明記できるような状況の諸特徴からすんなりと生み出されているのではないので，患者の解釈は，彼が分析状況に持ち込んだものによって部分的にどんな風に影響を受けているのか，を探究することが賢明だろう」（Gill, 1982, 邦訳 p.119）と勧めるのです。

このような思考は，セラピストが客観性を保持している存在ではないとい

う論理と，正確に対応しています。参与観察は，「患者が自分自身の視座を放棄しなくてよいまま，自分自身と，分析家への振る舞いを見ることができるようにする」(Bromberg, 1998, p.160) 試みとなります。現代対人関係精神分析や関係精神分析は，相互性の感性と論理を共有しています。アロン (Aron, 1996) が述べているように，セラピストとクライエントという立場の異なる非対称的な関係性のもとで，たくさんのことを考えて話し合うのです。

5. おわりに：さまざまな臨床現場をつなぐものとして

　サリヴァンが導入した参与観察の概念は，レーヴェンソンらを経由し，現代的な理解が与えられるようになりました。その背景には，現実を与えられたものとしてだけではなく，構築されていくものとしてとらえる認識がありました。そして対人関係精神分析における参与観察の概念は理論的に展開するなかで，クライエントとセラピストの両者が，心理療法の場により深く参与をしていると考えられるようになりました。心理療法における両者の関係性には，注意が向けられておらず，言語的に象徴化されていない側面もあるため，いかに観察を用いるかが問われるようになってきました。このような参与観察の理論的な展開を学ぶことで，私たちはブランクスクリーンモデルとは異なる視点を持つことができます。

　加えて，参与観察の概念は，他者との相互交流や関係性のネットワークに理論上開かれているために，心理的援助一般にも役立つと考えられます。例として，学校領域で働くことを考えてみます。子どもは家族関係，学校での対人関係，地域の対人関係といったネットワークのもとで生活していて，周囲の人々と影響を及ぼし合っています。子どもを取り巻く大人には，さまざまな立場や役割があり，心理援助をする大人もそのひとりとして働いています。学校で働くことは，援助者自身が学校組織の一部であることを意味し，それによる影響を無視することはできません。子どもも周囲の人々も，それぞれ自分の視座を持ちながら生活しています。

　問題が起こった場合には，参与している援助者は，子ども本人や子どもを取り巻く集団に何が起こっているのかを読み取ります。学校現場では，子ど

も本人との関係にとどまらず，連携や協働をする場面も多く，人々の行為水準でのコミュニケーションを読み取る作業も多いことでしょう。援助者は観察を続けながら，家族や組織に働きかけるのがいいのか，子ども本人に働きかけるのがいいのかなど考えていきます。関わっているなかで，援助者と周囲との関係性がいつのまにか変質していることもしばしばあります。複雑さの増すなかでの介入は，自らが学校臨床という場の登場人物であることを理解したうえで行われます。

　参与観察を行う援助者は，「客観性」に依拠できない不安や，援助者自身がさらされてしまう不安を抱えています（Hirsch, 1990）。しかし，この「弱い」援助者は，他者とともにしなやかに考えていく存在です。援助者は他者との絶え間ない相互作用のなかで揺れ動き，変形しながらも観察をやめません。参与観察の概念は，個人心理療法と組織内外の連携や協働とを蝶番のようにつなぐ，有効な視点にもなりうると考えられます。

【文献】
Aron, L. (1996). *A meeting of minds: Mutuality in psychoanalysis*. Hillsdale: Analytic Press.
Austin, J. L. (1962). *How to do things with words: The William James lectures, delivered at Harvard University in 1955*. Oxford: Oxford University Press.（坂本百大（訳）(1978). 言語と行為．大修館書店）
Bohleber, W., Fonagy, P., Jiménez, J. P., Scarfone, D., Varvin, S., & Zysman, S. (2013). Towards a better use of psychoanalytic concepts: A model illustrated using the concept of enactment. *International Journal of Psycho-Analysis*, **94**(3), 501-530.
Bromberg, P. M. (1998). *Standing in the spaces: Essays on clinical process trauma and dissociation*. Hillsdale: Analytic Press.
Gabbard, G. O. (1995). Countertransference: The emerging common ground. *International Journal of Psycho-Analysis*, **76**(3), 475-485.
Gill, M. M. (1982). *Analysis of transference, volume I: Theory and technique*. New York: International Universities Press.（神田橋條治・溝口純二（訳）(2006). 転移分析——理論と技法．金剛出版）
Gill, M. M. (1983). The Interpersonal paradigm and the degree of the therapist's involvement. *Contemporary Psychoanalysis*, **19**(2), 200-237.
Greenberg, J. R. (1981). Prescription or description: The therapeutic action of psychoanalysis. *Contemporary Psychoanalysis*, **17**(2), 239-257.

Greenberg, J. R. (1986a). The problem of analytic neutrality. *Contemporary Psychoanalysis*, **22**, 76-86.

Greenberg, J. R. (1986b). Theoretical models and the analyst's neutrality. *Contemporary Psychoanalysis*, **22**(1), 87-106.

Greenberg, J. R. & Mitchell, S. A. (1983). *Object-relations in psychoanalytic theory*. Cambridge: Harvard University Press．(横井公一（監訳），大阪精神分析研究会（訳）(2001)．精神分析理論の展開——〈欲動〉から〈関係〉へ．ミネルヴァ書房）

Hirsch, I. (1987). Varying modes of analytic participation. *Journal of the American Academy of Psychoanalysis*, **15**(2), 205-222.

Hirsch, I. (1990). Countertransference and participant observation. *American Journal of Psychoanalysis*, **50**(3), 275-284.

Hirsch, I. (1992). Extending Sullivan's interpersonalism. *Contemporary Psychoanalysis*, **28**(4), 732-747.

Hoffman, I. Z. (1983). The patient as interpreter of the analyst's experience. *Contemporary Psychoanalysis*, **19**(3), 389-422.

Hoffman, I. Z．(1998). *Ritual and spontaneity in the psychoanalytic process*: *A dialectical-constructivist view*. Hillsdale: Analytic Press．(岡野憲一郎・小林陵（訳）(2017)．精神分析過程における儀式と自発性——弁証法的―構成主義の観点．金剛出版）

Jacobs, T. J. (1986). On countertransference enactments. *Journal of the American Psychoanalytic Association*, **34**(2), 289-307.

Levenson, E. A. (1972). *The fallacy of understanding*. New York: Basic Books.

Levenson, E. A. (1982). Follow the fox: An inquiry into the vicissitudes of psychoanalytic supervision. *Contemporary Psychoanalysis*, **18**(1), 1-15.

Levenson, E. A. (1983). *The ambiguity of change: An inquiry into the nature of psychoanalytic reality*. New York: Basic Books.

Mitchell, S. A. (1997). Interaction in the interpersonal tradition. In *Influence and autonomy in psychoanalysis*. Hillsdale: Analytic Press, pp. 63-99.

Stern, D. B. (1997)．*Unformulated experience: From dissociation to imagination in psychoanalysis*. Hillsdale: Analytic Press．(一丸藤太郎・小松貴弘（監訳）(2003)．精神分析における未構成の経験——解離から想像力へ．誠信書房）

Stern, D. B. (2009). *Partners in thought: Working with unformulated experience, dissociation, and enactment*. New York: Routledge．(一丸藤太郎（監訳），小松貴弘（訳）(2014)．精神分析における解離とエナクトメント——対人関係精神分析の核心．創元社）

Stern, D. B. (2017). Interpersonal psychoanalysis: History and current status. *Contemporary Psychoanalysis*, **53**(1), 69-94.

Sullivan, H. S. (1940). *Conceptions of modern psychiatry*. New York: W. W. Norton．(中井久夫・山口隆（訳）(1976)．現代精神医学の概念．みすず書房）

Sullivan, H. S. (1953). *The interpersonal theory of psychiatry*. New York: W. W. Norton．(中井久夫・宮崎隆吉・高木敬三・鑪幹八郎（訳）(1990)．精神医学は対人関係論である．

みすず書房）

Sullivan, H. S. (1954). *The psychiatric interview*. New York: W. W. Norton.（中井久夫・松川周悟・秋山剛・宮崎隆吉・野口昌也・山口直彦（訳）(1986)．精神医学的面接．みすず書房）

# 第5章
「詳細な質問」の持つ治療的意義

【馬場天信】

1. はじめに

　精神分析あるいは精神分析的心理療法が成立するためには，時間や頻度，カウチか対面かといった外的設定と，禁欲原則，匿名性，中立性，分析家の受け身性といった内的設定が必要となります。治療では，クライエントに自由連想法を行うことが要請され，それに応じる無意識の受容器官としてのセラピストの「中立性」「平等に漂う注意」「もの想い／夢想（reverie）」「記憶なく，願望なく」といわれるような態度，すなわちセラピストの内的設定を維持しながら，解釈，直面化，明確化といった技法を使い，数年間の協働作業を続けていくことになります。

　一方，サリヴァン（Sullivan, H. S.）を創始者とする対人関係精神分析では，古典的な精神分析のいくつかの点に異議を唱えて発展した歴史的経緯があり，古典的な精神分析とは異なるセラピストの姿勢や技法の重要性が強調されてきました。たとえば，対人関係精神分析は，中立性よりは柔軟性を，受け身性よりはセラピストの能動性を，匿名性に対しては自己開示を，解釈による洞察よりも現実の関係を含めた相互交流における関係性パターンの気づきの重視を，といったようなものが挙げられます。すなわち，オーセンティックな人間としてのセラピストの存在を強調し，クライエントとの治療場における対等な関係での意識的・無意識的相互交流に注目する色合いが強い，という特徴があります。ただし，実際には，対人関係精神分析のなかでもセラピストの姿勢には幅があり，古典的な枠組みに近いものから革新的な態度に

近いものまでさまざまだといえます。

　先述したような経緯から，対人関係精神分析は，長らく正当な精神分析の世界の周辺に位置づけられていましたが，その拠点であるニューヨークのウィリアム・アランソン・ホワイト研究所（以下，ホワイト研究所）は，2016年にアメリカ精神分析学会（APsaA），国際精神分析協会（IPA）の会員として認められ，現在では世界的な精神分析の研究所のひとつとして認定されるに至っています。本章で取り上げる「詳細な質問（detailed inquiry）」は，多くの方があまり耳にしたことがない用語かもしれませんし，実際に精神分析辞典を開いてみても，この用語は索引リストに載っていません。

　そこで本章では，対人関係精神分析における重要な介入技法である「詳細な質問」の技法的位置づけや，臨床的意義について，解説したいと思います。

2. 精神分析，精神分析的心理療法における基本的な技法

　まず，最初に精神分析や精神分析的心理療法における基本技法を簡単に説明します。一般的な基本技法として「明確化」「直面化」「解釈」「ワーキングスルー」の4つが知られています（Greenson, 1967）。

（1）明確化

　明確化は，クライエントが語る内容があいまいであったり，拡散していたりする場合に，クライエントが言っていることを整理し直すことで，情報の主要となる点を要約する手段といえます。この技法は，クライエントの意識できていることを整理して返すことで，その文脈的意味を鮮明にしていくような場合もあれば，クライエントが少ししか意識できていない経験や，特定のテーマを明瞭化したり，意味をつなげたりする場合に用いられる場合もあります。

（2）直面化

　これは，クライエントが何か避けている素材に，クライエントの注意を引き付けようとする試みですから，クライエントが意識化困難な点をセラピス

トが指摘することで，無意識領域との接触を強く促す技法です。この技法は，意識できていない側面に目を向けるよう促す介入であるために，クライエントに与えるインパクトは強く，クライエントの安全感が過度に脅かされ，セラピストに攻撃や非難をされたと感じる体験だけにならないよう，クライエントとセラピストの信頼関係が揺るがないというセラピストの見立てがあって，はじめて機能する介入技法といえます。

(3) 解釈

　精神分析技法の中核に据えられているものですが，その実際はさまざまだといえます。精神分析辞典では「分析的手続きにより被分析者がそれ以前には意識していなかった心の内容や在り方について了解し，それを意識させるために行う言語的な理解の提示あるいは説明」（小此木, 2002）と定義されています。何を解釈するのかについては，クライエントの心の中にある無意識内容を解釈する「内容解釈」，無意識にある葛藤や欲動の意識化を避けようとしていることそのものを解釈する「防衛解釈」や「抵抗解釈」，心の中の対象関係が転移としてセラピストに向けられていることを解釈する「転移解釈」などがあります。

　転移解釈については，クライエントの過去の重要な他者との関係性や，そこに対する思いを解釈として伝える「再構成的解釈」，クライエントによっ

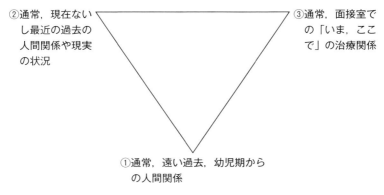

図5-1　転移の三角形（Malan, 1979）

て語られる情緒や対象関係を現在の治療関係に結びつけて，いま・ここでセラピストに向けられているものとして理解を伝える「here and now 解釈」などもありますし，治療関係には結びつけずに，過去の関係パターンの反復を現実の他者との関係のなかで生じていることを指摘する「転移外解釈」もあります。

図5-1は，マラン（Malan, 1979）による転移の三角形と呼ばれるものですが，関係性を，①幼児期からの重要な他者との人間関係，②治療外における最近までの人間関係や現実の状況，そして③面接室内における治療関係，という3つでとらえることの重要性を示しています。実際の転移解釈は，①②③それぞれを何度も循環するようになされます。

（4） ワーキングスルー

これは，セラピストとクライエントが協働作業を通して，無意識の探索をともに継続していくプロセスのことだといえます。精神分析や精神分析的心理療法は短くても数年以上続くことが普通ですので，無意識に目を向けるという大変な作業を2人で協働しながら続けていくことになります。

3. 「詳細な質問」の実際と技法的位置づけ

多くの方が持たれる精神分析のイメージは，クライエントの自由連想をセラピストはできるだけ黙って受け身的に聞き，逆転移をモニターしながら連想し，セラピストはときおり解釈を行う，といったものかもしれません。精神分析では，クライエントの自由連想にその展開が委ねられる特性があり，中立性を守り，クライエントの自由連想を妨げないようにするために，受け身的な姿勢が一般的に重視されています。そのため，セラピストが言葉で介入するのは，解釈か直面化，明確化の場合くらいかもしれませんし，カウチ設定での高頻度の精神分析ではその傾向はさらに高まると思います。

一方で，対面や週1回程度の設定では，高頻度の精神分析と同じように自由連想を黙って受け身的に聞きながら解釈するよりは，セラピストが質問を行いながら明確化や整理をしていくことも，必要となることが多いです。

詳細な質問は，セラピストが問いを発することに明確な意図を持ち，クライエントがあまり意識できていない中核的な対人関係のパターンやそこでの体験について，能動的に介入して明確化する働きかけです。セラピストがクライエントに詳細に問いかけることは，クライエントの注意を方向づけ，内面や関係性のあり方を探索しようというクライエント自身の好奇心を刺激することになりますが，質問には「支持的質問」と「探索的質問」の2種類があるといえます（鑪, 1998）。

　支持的質問は「～と言われたことをもう少しイメージしたいので，具体的に教えてもらえませんか」といったように，開かれた質問を投げかけ，セラピストがクライエントに積極的に関心を払っているメッセージを伝える質問です。一方，「探索的質問」は，「何がそうさせたのですか」「なぜ今なのでしょうね」「それはどんな具合なんですか」「いつからそうだと思うようになったんでしょう」といったように，探索の協力者としてのクライエントの主体性を促し，探索の好奇心を刺激する質問だといえます。

　対人関係精神分析では，積極的な質問と対話を通して相互交流を活性化させ，対話における対等な関係性のなかでともに考え，気づいていくプロセスを大事にしています。それでは，「詳細な質問」をイメージするために，ある事例をもとに，この技法の特徴を具体的に見てみましょう。なお，事例は加工したものとなっています。

【事例における詳細な質問例】

　　　最近結婚したある女性Aは，週1回45分対面での治療を開始して2カ月ほどのあるセッションで，会社にいる支配的な上司に，自分が仕事を辞めたいことを話せず，そのことが気になっていると語りました。Aは，自分は八方美人で，夫にも上司にもいい顔をしており，そういう自分に落ち込んで罪悪感があると語ってから，再び，上司に自分の思いを伝えられず，場に流された感じがすると語りました。
　　〈八方美人ということですが，上司とは実際に，そこでどういうやりとりがあったのですか？〉「上司に結婚生活や今後のことを尋ねられて，私の反応が一瞬止まったんです」〈そのとき何を思ったのですか？〉「上

司と話をしているときに，夫を悪者にしてしまった感じがしました。自分では，今の職場は悪い環境だとまったく思ってないんですけど，夫は悪い環境だと思っているので。『夫のこともあって結婚生活って難しくて』と上司に言って，話を逸らした感じがします」〈話を逸らしたときに何を感じたんでしょうね〉「なんか怖かったんですかね……」〈怖かった？〉「実際に上司から，仕事を辞めたらいいじゃないかと言われたら，自分が上司を反撃してしまいそうで」〈それについてもう少し教えてください〉「それなら辞めてやる！ みたいになりたくない。本音を言うと，喧嘩というか反撃してしまいそうで，怖い感じがあった気がします」〈自分を必要としないと言われることを想像して，攻撃してしまいそうで怖くなったんですね〉「はい。本当は夫と一緒に居たいんです。自分が夫と一緒に居たいから仕事を辞めますというのは，子どものようで駄目というか」〈子どものよう？〉「これが嫌とかあれがいいとか怒り出したり，わがままなのが子どもじゃないですか」〈ご主人と一緒にいたい気持ちが上司にばれてしまうと，怒り出して，お前は必要ないと切り捨てられるんじゃないかと思ったんですね。切り捨てられるくらいなら，自分が上司や職場を必要としていない！ と反撃したくなる子どもの自分が出てきて怖かった。実際には夫を悪者として，身代わりとして差し出して，その場に対処したようですけど，心の中ではそういうことが起きていたのですね〉

　この事例では，「八方美人」という対人関係のテーマが，幼少期にAの両親が離婚となる際にAを取り合い，どちらにつくのか決断を迫られたときの関係の反復であり，転移関係にも影響する素材とセラピストは考え，そこに焦点化して詳細な質問を行っています。Aが使ったやや抽象的な「八方美人」という言葉を取り上げ，積極的に実際のやりとりや，そこで感じていたことを具体的に質問していくことで，単に相手に流されていい顔をしたという表面的な行動の背後に，Aの願望や攻撃性，不安があり，そのような対人戦略をとっていることを明確化しています。セラピストがAの自由連想を詳細な質問で遮らずに聞き続けても，同様のテーマにいつか行き当たる

可能性はあります。しかし，治療初期の段階で，Ａの現実生活での不安に基づく対人戦略とそこで生じている情緒を，積極的に質問して明確化し，クライエントと共有していくプロセスは，その後に生じる治療関係や転移を理解することに有用だといえます。すなわち，無自覚的に繰り返されているクライエントの中核的な葛藤や欲求，感情と，そこでの対人関係のパターンを明確化し共有していくために，詳細な質問がなされる必要があります。

　この事例は，詳細な質問の断片例を示したにすぎませんが，対人関係精神分析では，現実や過去の対人関係，そしてそこでの現実の振る舞いと内的対象関係，それにまつわる意識していない情緒や衝動に焦点を当て，詳細な質問を行っていきます。

　表5-1に，詳細な質問が重要となる具体的ポイントを示しました。クライエントが治療外における現実の関係のなかで感じていることと実際にとった行動には，ずれがある場合があります。また，相手がこう思っているに違いないという絶対的確信を持ってある言動を行うことで，相手に特定の反応を引き起こしている場合もあります。さらに，ある対人関係のパターンをとることで，クライエントが心の中で何かを得ている可能性もあります。詳細な質問は，内的対象関係と現実の対人交流を基軸にして，そこでの情緒や信念，

表5-1　詳細な質問を行うポイントと具体例

① 内的対象に対するファンタジーと，その状況でとった実際（現実）の言動と情緒
　・その人に対してどのように想像していたのですか？
　・そのとき，実際どのように振る舞ったのですか？
　・そのように振る舞うと相手はどう反応したのですか？
　・相手がそのように反応してどんなふうに感じたのですか？

② 中核的な対人関係エピソードの歴史と意味
　・そのパターンはいつから始まったんでしょう？
　・その人にはいつも同じように関わってしまうようですけど，他の人にはそうならないのは何が違うのですか？

③ 治療関係の相互交流で生じた患者の反応（行動や言語的応答）と，治療者への情緒
　・私に〜と言われてどう思われたのですか？
　・私の表情が変わった感じがしたときに，どんな想像をしていたのですか？

図 5-2　介入技法の表出的-支持的連続体（Gabbard, 2010 を著者一部改変）

行動，ある言動をすることで他者に与えている影響を，明確化していく技法です。

　それでは，精神分析や精神分析的心理療法における一般技法に，「詳細な質問」はどのように位置づけられるでしょうか。ギャバード（Gabbard, 2010）は，無意識を探索する洞察志向の，いわゆる高頻度の精神分析を志向する表出的精神療法と，それとは対極的な無意識的葛藤を抑制し，防衛を支持する支持的精神療法とを，異なる治療様式とみなすのではなく，セラピストの介入の実際に即して，表出的なものから支持的なものまでの連続体として位置づける必要性を指摘し，新たに「観察」を追加し，図 5-2 のように技法の連続体を提示しています。

　この連続体に「詳細な質問」を位置づけるならば，「支持的質問」は，「明確化」と「詳述の奨励」のあたりに位置し，「探索的質問」は，「明確化」から「観察の指摘」の間に位置するのではないかと思います。前者は意識水準に対して，後者の詳細な質問は，意識水準から前意識水準までバリエーションがあると思います。

4. サリヴァン理論における「詳細な質問」

　サリヴァンの考えた人格理論も，簡単に押さえておきましょう。

　彼は，人間は幼少期からの不安に基づいて自己システムが組織化されると仮定し，幼児や子どもは，親やそれに類する重要な他者との関係のなかで，対人関係の場で生じる不安を避けるために，安全保障操作としての対人関係パターンを確立させると考えます。環境としての親や重要な他者との関係が過剰に不安を喚起させる場合には，安全保障操作が働き，ある内的事象に対

して選択的に注意を払わない，つまり意識しなくてよいように選択的非注意を行うと考えます。

　また，過度に安全保障操作が働くと，クライエントの体験における現実性が損なわれ，実際の対人交流と内的な体験との間に歪みが生じ，現実を歪んだかたちでとらえて対人関係を経験することになりますが，これをパラタクシス的歪みと言います。そういった関係様式が自己システムとして構築されてしまうと，複数の自己が解離してしまい，ある特定の事象との関係で生じうる体験そのものができなくなってしまうことになります。

　このようなサリヴァンの人格発達理論に基づいて治療機序を単純化して説明すると，選択的非注意となっている対人関係やその源を特定し，クライエントの不安勾配に配慮しながら，現在進行形の対人関係の場においてクライエントが感じることを避けている感情や，その不安対処法としての現実の対人戦略に目を向けさせ，最終的に解離していた自己を取り戻し，不安から避けていた感情や自己に触れても大丈夫な対人関係パターンを構築していけるよう，セラピストが詳細な質問を使って積極的に働きかけていくということになります。

　次に，サリヴァンの臨床理論から詳細な質問を考えます。彼は面接を「正式接遇段階」「偵察段階」「詳細問診段階」「終結または中断」の4段階で考えています（Sullivan, 1954）。彼は偵察段階に平均15時間ほどかけていたようですが，「正式接遇段階」と「偵察段階」は，精神分析でいう数回のアセスメント面接段階，もしくは治療開始のかなり初期の段階に該当します。彼は偵察段階で実際に「自由連想」をさせることの意義を指摘し，クライエントが語った困難についての仮説的理解を，セラピストは要約して提示することが大事だとしています。詳細な質問がより重要となるのは次の「詳細問診段階」ですが，彼は，偵察段階で得た情報はあくまで印象に基づく仮説であり，それについて検証をしていくのが「詳細問診段階」だと考え，そこでのセラピストの関わり方について，『精神医学的面接』（Sulivan, 1954）にかなりの頁を割いて解説しています。

　サリヴァンは継続面接すべてのプロセスにおいて詳細な質問が重要だと考え，その検討素材となる情報を偵察段階すなわちアセスメント面接に求め，

仮説検証の場として，その後の継続面接における治療関係を活用しているようにも思います。私は，詳細な質問の重要性が増すのは，数回のアセスメント面接や，治療初期から中期頃までではないかと考えていますが，いずれにしても，現在の関係における不安の源泉となる対人関係のパターンを早い時期に特定し，クライエントと共有することは，作業同盟の確立にも有益です。

理論や技法は，提唱者のむ臨床経験の中心がどのような病理であったのかと切り離して考えることはできませんから，サリヴァンが主に治療にあたった，統合失調症や強迫性障害のクライエントについて考えることも，大事だと思います。

統合失調症は内的世界と外的世界の区別が困難であり，強迫性障害は内的世界と外的世界の壁がありすぎる精神疾患です。精神病水準のクライエントの場合には，特に明確化に影響を与えるような詳細な質問は，現実の治療関係における合意に基づく妥当性を高め，妄想の世界と異なる現実の対人関係のパターンを構築しやすくなるという点で，効果的だといえるかもしれません。一方，強迫性障害のクライエントは，外的な行動にこだわる傾向が強く，情緒を否認することが多いですから，現実の対人関係のパターンを明確化したうえで，クライエントが触れられていない情緒を生ものとして体験できるよう，積極的に詳細な質問を行うことが役に立ったのかもしれません。

このように考えると，現実と内的世界とのずれを理解させることに，詳細な質問が有効なのかもしれませんが，近年増えている自己愛性の障害についても，有用性が高いことが考えられます。ミッチェル（Mitchell, 1988）は，自己愛性障害へのアプローチについて，万能的空想世界にとどまり続けているクライエントに現実世界を直面化させようという点で，対人関係学派とクライン学派，自我心理学派では，共通点が多いことを指摘しています。詳細な質問は，現実も含めて内的世界に接近する技法であるため，内的世界と外的現実の混同や解離，断絶が目立つ病理のクライエントに対して，より効果的な技法だといえるかもしれません。

また，サリヴァンは原始的な体験様式を「プロトタクシス」，自他が未分化で現実認識の歪みが大きい特徴を「パラタクシス的歪み」，それらが言葉によって他者との間で妥当性を確認できる体験様式を「シンタクシス」と呼

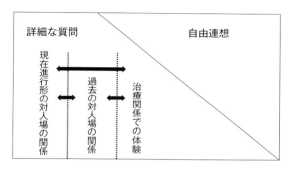

図5-3 病態水準における詳細な質問で取り扱う関係の焦点

んでいます。必然的に主観と現実が混同しているような状態がプロトタクシスであり，主観と客観のずれが大きいことがパラタクシスですが，いずれも自他未分化で病理が重い状態となります。

　クライエントの病態水準によって，詳細な質問による介入が必要となる水準と，そこで焦点を当てるべき関係性を示すと，図5-3のようになるのではないかと思います。つまり，病態が重い精神病圏に対しては，現在進行形での実際の対人関係のあり方に焦点を当てた詳細な質問が，内的世界と外的現実を分化させていくうえで有効であり，自他が多少分化しているものの，自己のある面での解離や断絶が顕著なパーソナリティの問題がある患者に対しては，生ものの治療関係における体験に焦点を当てて詳細な質問を行うことが，より有効だといえるかもしれません。

　図5-3は，一見すると固定した病態水準に対応して，詳細な質問の焦点を変えなければいけないと誤解されるかもしれませんが，クライエントがどの対人関係について詳細な質問で取り扱って大丈夫かという見立てによって，その時々で変わりますし，治療の局面や文脈によっても，どの対人関係について詳細な質問を行うことが治療的に有用かは変わります。実際にはギャバードの図5-2と同じように，スペクトラムで考えることが重要ではないか

と思います。

5. 治療関係から見た詳細な質問

「平等に漂う注意」「分析家の受け身性」「中立性」というセラピストの姿勢とは対照的に，詳細な質問は，セラピストが積極的にあることに関心を持って質問を投げかけるという意味で，「平等に漂う注意」を一時的に困難とします。また，能動的に質問するアクションを起こすという点で「受け身性」とは対極となり，「中立性」の維持も困難となります。あるいは，詳細な質問をすることそのものが，場合によっては逆転移として理解される可能性もあり得ます。詳細な質問は，それ自体がセラピストの積極的関与を意味しますから，セラピストは少なくともその瞬間に，クライエントの語りから心の中で受け身的に連想し続けることを一時的にやめ，何かのテーマに焦点化して，そこでの情緒や行動を明確化することにエネルギーを注ぐことになります。

そして，質問を投げかけるセラピストとしての主体性が前面に出ることで，クライエントには，セラピストが関心を持ってくれているゆえに質問をされているという感覚をもたらします。あるいは，質問をするという関わりはクライエントの反応を求める行為ですし，クライエントが自らの考えを応答するという意味で，クライエントの主体性が尊重され，共に探索する者として対等に扱われているという肯定的な感覚を，クライエントに呼び起こす場合もあります。一方，質問されることは触れないようにしている中核的葛藤に目を向けることにもなりますから，強制されている感覚や，被害的な感覚を持つ場合もあるかもしれません。

ビオン（Bion, W.）は，クライエントから無意識的に投げ込まれたものをセラピストの心の中で抱え，受け入れる容器となることをコンテインすると言います。また，ウィニコット（Winnicott, D. W.）は，心理的に包み込むようなセラピストの態度を抱える環境と言います。いずれも母性的なセラピストの態度や関わりを意味していますが，詳細な質問は，協力者として主体性をクライエントに求め，そこにチャレンジしていくという意味で，やや父性

的なセラピストの態度や関わりが治療関係に影響することが考えられます。

　実際の治療関係では，クライエントによって投影された内的対象の受け皿としてのセラピストと，現実の対象としてのセラピストという二つの側面があります。治療関係での相互交流や情緒的交流は程度の違いはあれ，常にパラレルのものとして展開しますから，セラピスト自身が常に内的世界と外的現実の両面でクライエントにどのような影響を与えているかについて，逆転移をモニターしながらしっかりと理解して関わっていくことが，何より重要といえます。

6. スーパーヴィジョンにおける詳細な質問

　最後に，スーパーヴィジョンを受けるなかで，スーパーヴァイザーが行う事例についての詳細な質問が，ヴァイジーにとってどのような意味を果たすのかについて触れたいと思います。

　精神分析的心理療法の訓練を受けるなかで，スーパーヴィジョン経験は必須だといえますが，自分が報告した逐語的な事例に対してスーパーヴァイザーがどのように関わるのかということも重要となります。スーパーヴァイザーもいろいろですから，ラベリングをしないでほしいと思いますが，少なくとも対人関係精神分析のなかでサリヴァン派に近い方は，逐語報告に対してより積極的に質問を行うスーパーヴァイザーが多いと思います。

　少し私情を挟みますが，私はKIPP（一般社団法人京都精神分析心理療法研究所）での４年間の訓練を受ける数年前まで，著者の一人でもある川畑直人氏に，週１回の頻度で５年間，スーパーヴィジョンを受けていました。当たり前のことではありますが，毎回のスーパーヴィジョンでは逐語記録について，私が応答している箇所に限らず，私のあり方やそこで感じたこと，考えたことについて，詳細な質問を次々となされたことを今でも覚えています。「こういう話を聞いていて馬場さんはどう思っていたの？」「なぜこういう言い方をしたんですかね？」「このクライエントさんの様子や雰囲気で何を思っていたのか教えて？」「さっき○○って言葉では言ったけど，それはどういうことか詳しく教えて？」といった感じです。逐語記録を報告している途中

で突然に詳細な質問が続くこともあり，私が質問に応答するとさらに質問が続き，徐々に紙面の報告している逐語文字から離れ，質問と応答のやりとりから，実際のケースが立体的にスーパーヴィジョンの場で再現されるような感覚になりました。

　このスーパーヴィジョン体験から学んだのは，主体性をもって応答することで生じるライブ感，そして積極的な質問と応答が繰り返される対人場面で，クライエントと自分がどういう治療関係となっているかを明確化し，共有できることの安心感と充実感でした。詳細な質問という技法を使いこなせている実感を持つことができ，精神科での難しいパーソナリティ障害圏のクライエントとの面接も，対人関係における現実適応を高めるという点において，とてもうまく展開しました。

　一方で，私は，詳細な質問によって現実の対人関係のパターンの指摘や明確化はある程度できるものの，その背景にあるクライエントの無意識の働きが治療関係にどのように影響しているのかを，理解することまではできませんでした。詳細な質問によって転移外の関係や過去の関係，そして治療の場で生じているクライエントの関係の癖を明確化することはできても，自分の情緒や無意識的な動きを含めて，ライブな感じで転移関係を直接扱うことは難しいという自分自身の限界も，感じるようになりました。そのことが，4年間の精神分析的心理療法の訓練や，個人心理療法を受けようと思ったきっかけとなりました。

　訓練を修了し，他の学派の先生方のスーパーヴィジョンも受けてきた現在の私は，実は昔ほど詳細な質問を意識して頻繁に行うことは減り，自分の逆転移をモニターしたり，自由連想で語られる話題に転移的な要素がどう入り込んでいるかを連想しながら関わることが，増えているように思います。しかし，詳細な質問をしなくなったのかというと，けっしてそういうわけではありません。クライエントが語る言葉と体験とにずれがあると感じるときには，「今〇〇とおっしゃいましたけども，それはどういうことかもう少し教えてください」と必ず尋ねています。また，数回のアセスメント面接や継続面接の初期の段階で，中核葛藤テーマを明確化し，クライエントと対人関係のパターンを共有する段階では，詳細な質問を意識的によく行っています。

自由連想と詳細な質問が，治療的関わりのなかではたして共存するのかという議論はあると思いますが，少なくとも詳細な質問を行うことで得られる体験が，クライエントにとって有益だと感じたときには，積極的に行っているように思います。

　実際に，セラピストがセラピーをする場合に，個人心理療法や教育分析を受けた経験が大きく影響することは言うまでもないですが，スーパーヴィジョンで実際の治療でのセラピストとしてのあり方について詳細に尋ねられ，その意義を実感した体験もまた，私の一部として生きていると思います。

　私が尊敬する対人関係学派の精神分析家の一人であるビューチュラー（Buechler, 2004）は，サリヴァンが治療プロセスにおいてセラピストが好奇心を持つことの重要性を強調し，その技法のひとつとして，詳細な質問を位置づけていると述べています。また，この技法は，クライエントが生きる空間を広げることに寄与するとも述べています。私は川畑氏による詳細な質問スーパーヴィジョンから，質問を通して好奇心を持ってクライエントに関わる姿勢とその重要性を，体験的に学んだのではないかと思っています。

　実際の治療では，セラピストがクライエントに好奇心を持って参与観察し，詳細な質問を行う関わりで得られることが重要なこともあれば，逆にクライエントの自由連想に受け身的に耳を傾けながら関わることで得られることのほうが重要なこともあります。詳細な質問か自由連想かという二項対立で考えるのではなく，その両面が持つプラスとマイナスの影響を理解したうえで，それぞれの局面でクライエントにとって何が今役立つかを，セラピスト個々人が主体的に判断して関わることが何よりも重要ではないかと思います。

　どのようなオリエンテーションのスーパーヴァイザーにスーパーヴィジョンを受けるかは，個々人の親和性による違いもあると思いますが，詳細な質問をされる体験ということも，セラピストとしての姿勢を学ぶうえで貴重な機会になるのではないかと考えています。

【文献】

Buechler, S.（2004）. *Clinical values: Emotions that guide psychoanalytic treatment.* Hillsdale: Analytic Press.（川畑直人・鈴木健一（監訳），椙山彩子・ガヴィニオ重利子（訳）

(2009). 精神分析臨床を生きる──対人関係学派からみた価値の問題. 創元社）

Gabbard, G. O. (2010). *Long-term psychodynamic psychotherapy: A basic text*, second edition. Washington, D.C.: American Psychiatric Association Publishing.（狩野力八郎（監訳），池田暁史（訳）(2012). 精神力動的精神療法──基本テキスト. 岩崎学術出版社）

Greenson, R. (1967). *The technique and practice of psychoanalysis*. New York: International Universities Press.

Malan, D. H. (1979). *Individual psychotherapy and the science of psychodynamics*. London: Butterworth-Heinemann.（鈴木龍（訳）(1992). 心理療法の臨床と科学. 誠信書房）

Mitchell, S. A. (1988). *Relational concepts in psychoanalysis: An integration*. Cambridge: Harvard University Press.（鑪幹八郎（監訳），横井公一（訳）(1998). 精神分析と関係概念. ミネルヴァ書房）

小此木啓吾（編集委員会代表），北山修（編集委員会幹事）(2002). 精神分析事典. 岩崎学術出版社.

Sullivan, H. S. (1954). *The psychiatric interview*. New York: W. W. Norton.（中井久夫・松川周悟・秋山剛・宮崎隆吉・野口昌也・山口直彦（訳）(1986). 精神医学的面接. みすず書房）

鑪幹八郎（監修），一丸藤太郎・名島潤慈・山本力（編著）(1998). 精神分析的心理療法の手引き. 誠信書房.

第6章
転移・逆転移に取り組む

【鈴木健一】

1. フロイトの転移

　フロイト（Freud, S.）は，分析家がブランクスクリーンとなって，患者にとっての過去の重要な他者に対する態度や感情が持ち込まれることを，「転移」と定義しました。1905 年にドラとの分析過程を報告した『あるヒステリー患者の分析の断片』のなかで，フロイトは「かつて他人に対して抱いていた態度が奇妙にも復活し，治療場面のなかで，まったく異なった人である分析家との関係に持ち込まれるわけです。特に，他者のなかでもエディプス的な関係が置き換えられる，すなわち，転移は，患者が分析治療の過程で，エディプス的状況を再体験することです」と述べました。エディプス的状況ですから，父親的な関係が置き換えられているならば「父親転移」と呼ばれ，母親的な関係の場合には「母親転移」と呼ばれたりします。このような体験が無意識的に生じるわけです。具体的な患者の側からの体験としては，分析家の様子や態度，感じ方が，分析家から「違う，それは転移である」と言われても，患者にとっては，どう考えてみても自身の親の様子や態度，感じ方と同じように見えるし，違うと言う分析家のほうがまるで嘘をついているかのように感じられるほど，自身の感じ方がリアルなものであるといったものです。
　フロイトはフリースを分析者に見立て，仕事での関係であったり，自身のことを手紙に書くという行為によって，このようなエディプス的状況が転移されることを発見していきました。特に，『夢判断』という著作は，フロイトが父親の死に対するリアクションであると述べているように，フリースに

対して父親転移を向けていたことは有名な話です。『夢判断』の完成直後の1899年9月21日に，フロイトはフリースに宛てた手紙のなかで「《Non vixit の夢》で，私はあなたより生き延びて喜んでいます。このようなことをほのめかし，…率直に言わざるを得ないということは，とんでもないことではないでしょうか？」と書いています。《Non vixit の夢》の登場人物は，フロイトとフリース，そしてすでに亡くなっている3名の研究者です。その頃，手術で入院していたフリースの見舞いに行かなかったフロイトは，夢の中でフリースをも死者として葬り去ろうとしていたのです。すなわち，父親に対するアンビバレントな感情が，フリースに対して向けられたというわけです。

　ところで，「転移」と訳されているドイツ語の「übertragen」には，移す，持ち越す，移る，繰り越す，譲り渡す，譲る，乗り換えるなど，多くの意味が含まれています。『夢判断』のなかには，フリースの娘が誕生した際のフロイトの記述が残っています。「私の友人は少し前に，長らく待ちに待った女の子ができた。かつて亡くした妹のことを彼がどんなに悲しんでいたかは，私もよく知っている。それで私はすぐに手紙を出して，『あなたは妹への愛をこの娘に転移するでしょう，この小さな娘は，かけがえのない喪失をついには忘れさせるでしょう』と書き送った」。ここでフロイトが使用している「転移」という用語は，分析関係における「転移」とは異なりますが，日常の中でフロイトがこのように転移という単語を使用していたことは，とても興味深く思われます。そのほか，この übertragen には「翻訳する」という意味もあります。エディプス的状況が，異なる言語によって置き換えられているのが転移であり，転移を扱う際はそれを翻訳していくようなイメージが湧いてきます。

2. 転移に対するサリヴァンのとらえ方

(1)　人との関係から生じる不安への着目

　サリヴァン（Sullivan, H. S.）は，「転移」という用語を使いませんでした。

だからといって，転移という現象を考えていなかったわけではありません。面接場面におけるクライエントとセラピストの関係について，サリヴァンは示唆に富む理論を残しています。それでは，どうして転移という用語を使わなかったのでしょうか。そもそも，フロイトの理論とサリヴァンの理論は，その根幹にある，人のこころのあり方に関する理解が異なります。フロイトの定義では，自我がリビドーを防衛によってコントロールしていて，そのコントロールがうまく立ちいかなくなったときに症状を呈すると考えました。それに対して，サリヴァンは，意識的・無意識的な人との関係と，そこから生じる不安に着目しながら，人の心の問題を理解しようとしました。つまり，サリヴァンの理論は人との関係から生じる不安を中心に据えていて，リビドーや自我といった概念のうえに築かれているのではないのです。グリーンバーグ（Greenberg, J. R.）とミッチェル（Mitchell, S. A.）は，フロイトの理論を「欲動基本図式」と呼び，サリヴァンのそれを「関係基本図式」と呼びましたが，図式そのものが異なるのです。

（２） プロトタクシス

それでは，サリヴァンは「転移」という分析関係で生じる現象を，どのように理解していたのでしょうか。サリヴァンは「転移」という概念ではなく，「パラタクシス」という概念を使って説明をしました。「パラタクシス」とは，他者との人間関係を体験している様態のひとつで，「プロトタクシス」という様態と，「シンタクシス」という様態の間に位置する，体験様式のことです。「プロトタクシス」とは，乳児が体験しているとてもプリミティブな体験様態です。ジェームズ（James, W.）が，「ひどくやかましい混乱」と述べた世界観に近いといわれています。

ウィリアム・アランソン・ホワイト研究所（以下，ホワイト研究所）の授業のなかで分析家の講師が，「風に揺られたカーテンがキラキラ輝いていて，それを寝ながら見ている赤ちゃんは，おむつの濡れた状況を体験している。カーテンの輝きとおむつの不快感の間には何の因果関係もないけれど，乳児の主観的体験では，それらが混乱している，混沌としている」と説明をしてくれました。

サリヴァンは，乳児期以降にはプロトタクシスをほとんど体験されることはない，と説明しています。例外としては，統合失調症の人たちの体験様式であると言います。「シンタクシス」な体験とは，言葉を使って他者と自身の体験が一致した状態にあることです。このとき，言葉を使ってやりとりをしながらお互いが理解をしていくのですが，そのことをサリヴァンは，「合意による確認」と説明しました。

（3）　パラタクシス
　「パラタクシス」という様態は，このプロトタクシスとシンタクシスの間にあり，他者をあたかも自分の過去の人生のある時期に関わっていた，誰か別の人であるかのようにして扱うときに生じる，体験様式のことです。これが面接場面で生じるならば，「転移」と似たような現象を説明する用語になります。しかし，フロイトとサリヴァンは，それぞれが想定していた理論が異なるので，似たような現象であっても異なる言葉が用いられ，異なる理解の仕方がなされています。フロイトは，心のあり方としてリビドーを根幹に据え，分析家がブランクスクリーンとして機能することによって，クライエントの過去の重要な他者に対する態度や感情が分析家に転移されるとしました。
　これに対してサリヴァンは，人との関係において生じる不安に着目しました。人と関わる際に生じた不安を回避するために，クライエントはその人との関係を歪めて体験する，すなわち「パラタクシス」な体験をすると考えました。クライエントは外界で体験されたパラタクシスな体験を，面接場面に持ち込むことになります。また，分析家との関係においても，パラタクシスな体験をすることになります。サリヴァンは，分析家がブランクスクリーンとなることはそもそも不可能であると考え，心に思い浮かんだことを分析家に自由に話すように求められることほど不自由なものはないとして，「詳細な質問」という技法を用いました。すなわち，クライエントに対して積極的に質問をしながら，2人の関係も観察して関わっていくわけです。これをサリヴァンは「参与観察」と呼びましたが，このような二者関係のなかで，クライエントは不安を少なからず抱き，その不安から回避するために分析家と

の関係が歪められて体験される，すなわちパラタクシスな体験が生じることになります。

　具体的な例を挙げてみましょう。たとえば，セッションに5分ほど遅刻した高校生のクライエントが，不必要なほどの謝罪を何回も繰り返したとします。フロイトの理論によれば，このクライエントの父親（あるいは母親）が，子どもの失敗を批判し不機嫌になって責め立ててしまうような人であったのではないか，無意識には分析家のことを父親（あるいは母親）のように感じているのではないか，といった転移として理解されるでしょう。つまり，過去の重要な他者への態度がセラピストに置き換えられる転移として理解されるのです。それに対して，サリヴァンの理論によれば，確かに養育者の態度も批判的なものだった可能性は否定できないけれど，その養育者も含めてクライエントの生活圏にいる人や，かつていた人たちが，クライエントに対して批判的であったのではないかという仮説が立てられます。クライエントにとってみると，分析家だけがこれまでに出会った人たちと異なる態度をとるという可能性はまったく想定することは困難で，批判されるのではないかという不安を回避するために，分析家に対して執拗に謝罪してしまうと理解されるわけです。この現象を「パラタクシス」と呼びます。

　そのほかにも，サリヴァンは「文化」という要因を考慮していました。たとえば，上述した高校生のクライエントが生まれ育った地域では，時間厳守を大切にした学校教育が営まれていたと仮定しましょう。クライエントが学校で出会った担任の先生たちがみな，遅刻をしないように厳しく指導をしていたとすれば，このような文化で育ったクライエントが，面接場面に学校現場と同じ価値観を当てはめたとしても不思議ではありません。分析家は遅刻についてまったく批判的ではないのに，クライエントが分析家の反応を歪めてとらえてしまうのです。そこには，クライエントが抱いている不安が関係しているのです。不安を回避させるために，人は過去に獲得した安全を確保するための働き（これをサリヴァンは「安全保障操作」と呼びました）を用いるのです。その結果，クライエントは相手の反応を歪めてとらえてしまうわけです。この現象を「パラタクシス」と呼びます。パラタクシス的様態の特徴は，一般化がなされることです。しかも，その一般化が不適当なかたち

でなされるのです。つまり，パラタクシスという様態は，クライエントが他者との関係を歪めて一般化している状態であることから，「パラタクシス的歪み（parataxic distortion）」といわれることもあります。このような「歪み」を人はみな，必然的に持ち合わせているのです。病的なものではありません。

　人は人と関係しながら生きている限り，不安な状況に遭遇することを避けられません。そう考えると，私たちが人との関係において認識している事象のほとんどは，パラタクシス的であるといってもよいかもしれません。遅刻の例を用いるならば，相手が約束の時間を厳守した行動をしていても，その人が時間を守っている理由は無限にあります。家庭でしつけられたから，学校教育や習い事で叩き込まれたから，遅刻がトラウマになっているから，たまたま時間に間に合ったからなど，さまざまです。今日の理由と明日の理由も違うかもしれません。このように，相手がなぜ時間を守ったのか，その理由については，私たちが事細かに尋ねなければ正確には把握できませんが，その理由の違和について，私たちは日常生活で特に問題視することはありません。つまり，私たちはパラタクシス的歪みのなかで生きているわけです。

　ちなみに，事細かに理由を尋ねていく作業が，「合意による確認」です。たとえば，相手が時間前に待ち合わせ場所に来てくれていたのは，自分に好意があったからではなくて，電車の乗り継ぎの関係にすぎなかったということが確認される作業です。そして，そのことを知った自分はショックだったよと伝え，相手もそのことを知って自意識過剰だよねと伝えたならば，そのような関係はシンタクシスであるといえます。

　サリヴァンは「パラタクシス」について，次のように述べています。

　　パラタクシス的な対人的かかわり合い方とは，話し手の意識の枠内におさまるような内容規定をもった対人関係と並んで，影が形に添うようにもう一個の対人関係が存在し，対人的なかかわり合い方の基本傾向が前者とはまったく異なり，しかも話し手はその存在をまず完全に意識していない場合である。

　　パラタクシス的な場においては，精神科医と患者から成る二人組と並んで，〈ある特別の"あなた"パターンに迎合するように自己を歪めた

精神科医〉と〈未解決の過去の対人的なかかわり合いを追体験しながらそれに対応する特別な"私"パターンを現している患者〉とから成る幻の二人組がある。コミュニケーションの過程がこの二つの形影相添うような対人的なかかわり合いの一方から他方へとめまぐるしく飛び移ることもあり，この移動が稀にしか起こらないこともあるが，いずれにせよ，普通，話し手の気の配り方は，結構ちゃんとしていて，活用や語法，語順などをまちがわないで文法に適った言明を作ることができる。そのため首尾一貫した議論の立て方となる。またかなりはっきりと聞き手を意識した話しかけ方となる　　　　　　（Sullivan, 1940, 邦訳 pp. 112-113）

　ここでサリヴァンの論点の重要なところは，パラタクシス的な「場」が存在すると言っていることです。これまでは，クライエントの視点からのみ説明をしてきましたが，サリヴァンは「二つの形影相添うような対人的なかかわり合いの一方から他方へとめまぐるしく飛び移ることもある」と述べています。つまり，分析家のほうにも同様のパラタクシスが生じるわけです。つまり，どちらがどうということではなくて，2人が関係する場は，パラタクシス的であるわけです。

　クライエントがパラタクシス的歪みを理解し，解決していく最善の方法は，分析家との間で体験されているパラタクシスを理解し，それをありのままに受け入れることであると，サリヴァンは述べています。そうすることによって，治療過程は成功裡に進むだろうというのです。

3. 対人関係精神分析における転移

（1）　幼児期の対人関係の移し替えとしての転移

　サリヴァンは「転移」という用語を使いませんでしたが，対人関係精神分析の理論家たちはパラタクシスの考えを踏襲しながら，転移という用語を使いました。そして転移とは，クライエントと分析家の対人関係のなかで生じている，力動に由来するものであると説明しました。クライエントが分析家

との関係のなかで，分析家に対して抱く意識的・無意識的な感情や態度を,「転移」と呼んだのです。したがって，フロイトの転移とは，同じ転移という用語を使用していても，対人関係学派の場合にはその定義が異なっています。

　フロム＝ライヒマン（Fromm-Reichmann, F.）は転移について,「最も普遍的には，幼児期の対人的関わり合いの型を現在の相手に移し替え繰り返す」と述べています。一見するとフロイトの転移と同じように見えますが，フロイトが過去の重要な他者が転移されると言ったのに対して，フロム＝ライヒマンは過去の重要な他者かどうかではなく,「幼児期の対人的な関わり合いの型」と述べています。つまり，転移という用語は使っていますが，サリヴァンの言うパラタクシス的歪みについて述べているのです。

　　転移ということを治療過程に適用すれば，自然それは現在の相手である治療者に，幼児の対人的関わり合いの体験を移し替えるという意味になる。その人の幼児期の両親との関係がこのようにして持ち越されるということは重要なことなのであって，当然のちに生じる家庭医や，歯科医や，宣教師などとの関係に影響を及ぼす。精神科医を含めた誰にでも，援助してくれそうな人に相談しようと考えただけで，すでに転移反応を発展させやすい状態となっているのである。

　　　　　　　　　　　　　　　　　（Fromm-Reichmann, 1950，邦訳 p. 102）

　フロム＝ライヒマンの述べる転移とは，幼児期の対人的関わり合いが移し替えられたものになります。そのため，現在の人間関係は,「幼児の解離された体験のまま，未訂正のままの誤った判断で不当な評価と，パラタクシス的歪みをこうむる」ことになるのです。治療プロセスのなかでは，分析家に対する患者の愛憎体験を扱うことも重要です。分析家への愛憎体験は,「過去に解離された経験は治療者との間で繰り返されるもの」であることを患者に自覚させることが，治療目標となります。そして，患者に現在の暦年齢の体験水準で，現実検討を行っていくように働きかけていくことになります。治療を終える基準として，フロム＝ライヒマンは,「患者の転移体験やパラタクシス的歪みの解消に成功したこと」を挙げています。

（2） 現実の分析家への態度も含んだものとしての転移

トンプソン（Thompson, 1950）は，分析家がブランクスクリーンになることは不可能であり，分析家自身の素性を完全に隠すことはできないと考えました。そして，患者-分析者関係について，「フロイトがはじめて考えたように単純なものではない。分析者に対する態度のすべてが転移的態度なのではない。分析者が実際にどんな人であるかによって，好意を持ったり嫌ったりすることがあるのである。これは，鏡である分析者と過去の状況を単に自動的に再生するというだけのことより，全事態はもっと複雑であることを意味している」（邦訳 p. 109）と述べています。面接室の中で患者が体験していることは，フロイトのいう転移と，現実の分析家に対する態度の混じり合ったものであると考えたのです。フロム＝ライヒマンやトンプソン，多くの対人関係精神分析の分析家たちは，転移を分析することが，クライエントにおける人との関係のあり方を検討するうえで中心だとしているのです。

（3） フィスカリーニによる転移の7つの特徴

フィスカリーニ（Fiscalini, 2004）はこの点について詳細に論じています。彼は，対人関係精神分析における転移の理解として，以下の7つの特徴を挙げました。

(1) 分析家の無意識にあるパラタクシスが，患者の無意識や転移関係に関与したり，影響を及ぼすことがあるということ。特に，分析家が無意識のうちにクライエントに気に入られたいとか，責任から逃れたいなどと思っているならば，面接は停滞する。転移-逆転移関係を明らかにしていくことが重要である。

(2) 転移は，エナクトメント様の現象となること。すなわち，外界におけるクライエントの人間関係が，転移関係に持ち込まれるということ。

(3) 転移分析は洞察や治癒にとって必要不可欠であること。

(4) 転移は力動的な過程であり，臨床的には複雑な発達史を明らかに

するということ。
- (5) 過去の重要な人物に対する転移ではなく，今・ここでの転移関係について扱うことが重要であり，そうすることで現在の生活が適応的になるということ。
- (6) ワーキングスルーとは，今・ここでの転移関係を扱い，解釈し探究するということ。
- (7) 陽性転移も陰性転移も，面接過程の比較的早い時期から継続して取り扱うこと。

　フィスカリーニは，それではどのように転移関係を解釈するのかという問いについて，それぞれの分析家にとってベストな方法があると述べながらも，具体的な方法について紹介しています。それは，詳細な質問によって尋ねたり，短いコメントをしたり，患者の言葉をそのまま引用して使ったり，比喩を使ったりというものです。フロム＝ライヒマンは，分析というルーティンにはまり込まないで，分析家自身を使うことも忘れてはならないと指摘しています。

　現代の対人関係精神分析は，パラタクシス的歪みを，今・ここでの転移関係のなかで扱っていきます。今・ここでの転移関係を扱うということは，クライエントだけの反応や分析家だけの反応で理解していこうとするのではなく，2人の関係をいわば1つのユニットとして取り扱うことになります。フィスカリーニが転移の特徴の2番目で指摘したように，クライエントが外界での人間関係を面接室の中に持ち込んで，同じような人間関係がエナクトメントされていく場面に，私たちは遭遇することがあります。つまり，クライエントも分析家も気づかないうちに，自然に，そのような関係が持ち込まれてしまうのです。それはなかなか自覚できないものです。2人の関係を1つのユニットとして理解し，2人の間で何が生じているのかを分析家が自覚できるように，そしてクライエントも自覚できるように関わっていくことが重要です。

4. フロイトの逆転移

　フロイトは，逆転移の存在とその危険性について警鐘を鳴らし，逆転移を克服しなければならないと論じました。そうすることによって，分析家はブランクスクリーンとして機能することができるわけです。このような警鐘を鳴らした背景には，当時，精神分析が広がりをみせるにつれて，精神分析家と称する者のなかには，独自のスタイルを良しとする者が現れたことが影響していたと言います。

　ホワイト研究所は，1943年の設立当初から，医師と心理の専門家を訓練生として受け入れていました。しかし，他のほとんどの精神分析研究所では，医師のみを訓練生として認め，心理の専門家は入所できませんでした。その理由のひとつとして，自称精神分析家たちの倫理的な問題があったといわれています。

> 　技法上のもう一つの革新は，医者自身の人格に関係するものであります。われわれは患者の影響によって，医者の無意識的な感受性の上に生ずるいわゆる「逆転移」Gegenübertragung の存在に注目していますが，医者は自己自身の内部にあるこの逆転移に注意してこれを克服しなければならないという要求を掲げたいと思っています。大勢の人々が精神分析療法を行い，彼らの経験を互いに交換し合うようになって以来，われわれはいかなる精神分析医もただ彼自身のコンプレックスや内的抵抗が許容する範囲でのみ分析の仕事を進め得ることに気づいたのであります。そこで私の望むところは，精神分析医は，その分析活動を必ず自己分析からはじめ，患者についてさまざまな経験を積む一方では，絶えず自己分析を深めてゆくようにしていただきたいのであります。そういう風な自己分析を行っても少しも成果のあがらないような人は，自分には患者を分析的に処置する能力がないのだとあっさり諦めるほかはないでありましょう。
>
> 　　　　　　　　　　　　　　　（Freud, 1910，邦訳 pp. 47-48）

フロイトがフリースを分析者に見立てて行っていた行為を，教育分析と定義できるのかどうかといった論は他書に譲るとして，教育分析の必要性について，現在は誰も疑う人はいないでしょう。しかし，その理由は，フロイトと対人関係学派では趣を異にします。フロイトは，上記のように逆転移とは分析家が克服せねばならない課題として説明しました。フロイト亡き後の1945年に，フェニケル（Fenichel, 1945）はフロイトの考えを踏襲し，分析家は「どのようなタイプの患者でも治療できるような，広い共感性を持たなければならない」と述べています。もしもタイプの違いによる自身の逆転移に気づくことがあれば「分析家はさらに徹底的な分析を自分が受けるべきである」と，教育分析の必要性を論じています。

　フロイトの時代における逆転移に対する考え方を振り返った対人関係精神分析は，次のように述べています。逆転移は「分析治療を妨害する治療者の無意識的に規定された態度」（Singer, 1970）であり，「できるだけ排除されるべき汚染物質」（Mitchell, 1993）であるというものです。フロイトが精神分析という新しい学問領域を組み立てるためには，まずは転移が存在していることを示し，次に排除すべき逆転移というものがあり，そして，それを教育分析によって克服すべきであることを，啓発していく必要性があったといえます。

　対人関係精神分析も，教育分析の必要性を主張しています。教育分析は自身の無意識を理解し，無意識を意識化させることで意識の領域を広げたり，対人関係のパターンを理解したりしていくといったことが目標になります。教育分析は，自分自身がクライエントの立場になってみることで得られる経験が，きわめて大きいのです。分析家は自分がクライエント体験をすることで，クライエントがどんな気持ちで，どのような体験をしているのかを，より理解できるようになるのです。

5. 逆転移に対するサリヴァンの考え方

　サリヴァンは，転移を説明したときと同様に，逆転移という用語を使いませんでした。彼は，逆転移というセラピスト側だけの視点による説明ではな

く，クライエントとの相互作用のなかで生じる現象が存在することを説明し，それを「参与観察」という概念を通して論じました。「精神医学のデータは，社会的相互作用の参与観察のなかで生じる」(Sullivan, 1940) という考え方です。転移と逆転移のマトリックスについて最初に説明したのが，サリヴァンの「参与観察」だといえると思います。

> 対人関係理論は，「参与しながらの観察法」を大いに重視する。他の方法で得られるデータには，たかだか第二義的な重要性しか与えない。そのため，また，一対一というか個人対個人の精神医学的面接の技倆が基本的に重要である。　　　　　　　　　　(Sullivan, 1953，邦訳 p. 429)

　転移のところで述べたように，自由連想は患者にとって不自由でしかないと考えたサリヴァンは，クライエントに関わっていくと同時に，その相手の様子を観察するという「参与観察」を技倆として説明したのです。さらに，「精神医学的面接におけるコミュニケーションとは，単なる言語的なもののやりとりではなく，場的な諸過程の形作る微妙に複雑なパターンが生起し，展開することなのである」(Sullivan, 1953，邦訳 p. 429) と述べ，参与観察によって観察可能な顕在過程と，観察の結果から推論される，暗在過程も含めた複雑なパターンが存在することを論じました。すなわち，言語化されている意識だけでなく，暗在過程である無意識も加味しながら，二者関係の場をとらえていくことになります。

　フロイトの考え方とサリヴァンの考え方は，かなり異なっていることがよくわかります。私は帰国直後に，ホワイト研究所での事例を学会で発表したときに，フロアの方から「まったく違う種類の精神分析ですね」というコメントを受けました。積極的に関わるのと同時に観察をするというスタイルは，現代ですら，違う種類の精神分析として感じられるのですから，サリヴァンの提唱した当時に異質なものとして理解されていたことも，不思議ではないように感じます。

6. 初期の対人関係精神分析における逆転移

（1） 逆転移の積極的利用

　転移のときと同様に，サリヴァンの考えを引き継いだ当時の対人関係精神分析の理論家たちは，逆転移という言葉を使っています。分析家と患者のマトリックスで二者関係を理解しながらも，逆転移は，クライエントと分析家の対人関係のなかで生じている力動に由来するものであり，分析家が患者に対して意識的に，あるいは無意識的に抱いている感情や態度を示す用語として使用しています。トンプソンは逆転移のポジティブな意味を，次のように指摘しました。

　　　分析者が巻き込まれるという不幸な面だけが強調されたため，自分が本当に客観的な基礎のある親愛感を感じても，疑わなければならぬという感情が生まれたのであった。その結果，フロイトの弟子の大部分は，単なる人間となることを恐れ，治療者の誰でもがたいていは感じるはずの，患者に対する友情や関心を表すことを恐れるようになったのである。多くの場合，逆転移を示すことを恐れるため，分析者の態度は威圧的になり，不自然になってしまったのである。　（Thompson, 1950，邦訳 p. 116）

　分析家が患者に対して友情や関心を抱くことがあることを，トンプソンは皮肉まじりに指摘しました。「治療者の誰もがたいていは感じているはず」というトンプソンの指摘は，分析家のオーセンティックな姿勢，すなわち，分析家が自身の感覚に対して歪みや偽りなく，純粋，誠実，かつ率直な態度でクライエントと向き合う現代では，共有されている事実であるように思います。

　ところで，フロイトから教育分析を受けたブラントン（Blanton, 1971）の記録からも，フロイトがブラントンに対して友情や関心を抱いていたことが，行間から伝わってきます。もちろん，ブラントンは治療ではなく教育分析で

したし，被分析者の立場からの記録ですから，真実はわかりません。しかしながら，ブラントンが日記のなかに残していた記述には，フロイトから受けた友情とも取れるような温かな態度や，積極的な質問が書かれてありました。トンプソンが指摘したことの重要性が，示唆されているように考えられます。

　クライエントに対していろいろな気持ちを抱くこと，すなわち逆転移をオーセンティックに感じていくことの重要性は，フロム＝ライヒマンも述べています。フロム＝ライヒマンが積極的に患者に関わっていく姿勢は，「患者のためならばシャンデリアにもぶら下がる」というグリーンバーグ（Greenberg, J.）の後の言でも表現されています。

　フロム＝ライヒマン（Fromm-Reichmann, 1950）は，ある精神科医の例を用いながら，治療者にとっての過去の人間関係が，逆転移に影響を及ぼすことを指摘しました。その精神科医は，患者の無意味に思われるおしゃべりのなかに，整合性のない話が登場しても気づかずにいたそうです。そして振り返るには，その精神科医は自身の幼児期に，年老いた祖母の話を延々と聞かされていたそうです。そのために，患者の無意味に思われるおしゃべりに，注意を払えなくなっていたと考察しています。

　フロム＝ライヒマンと同時代にワシントン精神分析研究所で活躍をしていたコーエン（Cohen, 1952）は，フロム＝ライヒマンに賛同し，分析家が匿名性を持っているというのは神話みたいなもので，実際は異なっていると主張しました。逆転移は避けられないものであり，分析家に不安が生じると分析家の言葉や行動に変化が起こって，患者とのコミュニケーションが妨げられることになると論じたのです。そして，不安との関係に着目して，3つの種類の逆転移を紹介しています。①患者の不安が分析家に共感を伴ってコミュニケーションされる場合，②分析家が神経症的な問題を解決していない場合，③分析家が金銭問題や同僚との確執，患者を救えない無力感などといった，生活上の問題を抱えている場合です。彼女は，二人の関係性のなかで患者のパーソナリティを理解することは，分析家のパーソナリティを理解することと同義であると述べています。サリヴァンは，不安は人と人との間で生じるものであり，人との関係で問題を生じさせているのも不安であると主張しましたが，コーエンの着目した逆転移と不安との関係は，対人関係精神分析の

視点と同じものです。

　ウォルシュタイン（Wolstein, B.）は著書が翻訳されていないので，日本ではあまり知られていない分析家ですが，ホワイト研究所の歴史のなかでは重要な理論家の一人です。彼は相互分析を唱えたフェレンツィ（Ferenczi, S.）の考えに近く，患者に対して，分析家の逆転移を探索したり解釈するように促していたといいます。彼は，分析過程における相互関係に着目し，分析過程とは患者と分析家の相互探索の場であるという見解を示しました。その場では患者と分析家は，抑圧されていた「真実」を発見しようとするのではなく，自分自身のユニークな解釈という視点を持つことになります。

　シンガー（Singer, E.）は心理療法の鍵となる概念を解説したガイドブックのように有益な本を書きました。その著書のなかで，「逆転移は治療者が自分自身について何かを知ったり，学んだりすることへの治療者自身の抵抗の表れとして，また，自分自身のある側面を忘却し，未解決の葛藤を隠しておきたいという願望の反映として考えられる」（Singer, 1970）と述べました。シンガーの述べたことを端的に表現したのがレーヴェンソンです。レーヴェンソンは，「逆転移とは，患者に関して分析家が認識していないものである」（Levenson, 1988）と述べました。

（2）　逆転移夢

　セラピストがみる患者の夢，いわゆる逆転移夢に関する議論にも触れておこうと思います。ボニーム（Bonime, W.）は，「患者に対する分析家の情緒的反応という主題はすべて，精神分析の創始以来，逆転移という名称のもとに広く論じられてきた」（Bonime, 1962）と語り，その重要性を指摘したうえで，「治療者が患者の夢に対する自分自身の連想を認識することによって，患者の夢を洞察する貴重な源を見出しうる」と述べました。逆転移夢を通した患者理解を提唱したのです。

　このボニームよりもさらに積極的な逆転移夢の利用を提唱したのが，タウバー（Tauber, E.）でした。タウバーはとてもこだわりの強い分析家であったと伝え聞いています。彼はグリーンとの共著のなかで，転移と同じように逆転移を扱うと述べ，患者が分析家に影響を与えるのは不可避であるのと同様

に，分析家も患者に影響を与えているという立場をとりました。特に，分析家が患者の夢をみたら，分析でそれを患者に伝えることを提唱したのです。タウバーは，極めて積極的に逆転移夢を利用しました。しかしながら，タウバーの分析を受けていたレーヴェンソンは，タウバーの逆転移夢を丸投げされたように体験し，厄介で，侵入的で，まったく何の役にも立たなかったと言っていたそうです。

　ブレッシュナー（Blechner, 2001）は，彼自身も逆転移夢を患者に伝えた経験を報告していますが，同時に，そこにある落とし穴にも言及しています。ひとつは，逆転移の開示に含まれる境界侵犯で，もうひとつは，分析家の開示を受けた患者の再解釈を，分析家が熟慮したくないという消極性です。「もし患者に分析家が自分の夢を語るならば，自分で気づいている以上のことを語ることになるという事実を，受け入れなければならない」（邦訳 p. 220）と警告しています。

（3）　責任を伴った自己開示

　逆転移に関する初期の対人関係精神分析の理解を振り返ってみると，まずは逆転移という存在を示そうとしたフロム＝ライヒマンやトンプソンの貢献があり，次に逆転移の臨床利用を示すべく，「自分をさらけ出すという行為を『まず自分がする』努力の歴史」（Buechler, 2004, 邦訳 p. 86）として見ることができるようです。その範囲は，タウバーのように自分をさらけ出す立場から，シンガーやレーヴェンソンのように，より無意識を重視する立場まで幅の広いものでした。

　大切なことは，どのスタイルが正しくどれが間違っているのかといった議論ではなく，自分自身が分析家としてどのようなスタイルを選択するのか，あるいは，選択したのかを彼らが明言していたことであり，その選択に責任を持って臨床を実践していたことだと思います。その姿勢は，ホワイト研究所のカンファレンスでは，発表された事例に対して，「自分ならばこうする」「いや，私ならばこうした」といったコメントが飛び交う状況に受け継がれているように感じます。もちろん，どのようにクライエントを見立てるのかといった議論も大切ですが，「それではあなたはどうやって，そう見立てた

相手に関わっていったのか？」という問いを常に想定しながら，目の前の相手に向き合っていくことが重要だといえると思います。

7. 最近の対人関係精神分析における逆転移

　ミッチェルの講義を私は2時間しか受けることはできませんでしたが，彼はとても寛容な先生でした。ミッチェル（Mitchell, 1993）は，逆転移とは「分析者の個人的な特有の感情」であり，「逆転移によって形成された視点の外側から物事を見ることは，決してできない」と述べました。患者によって自分自身が使用されることを許し，それが患者の役に立つという考え方です。「分析過程における最も独特で最も重要な次元のひとつは，まさに転移と逆転移のなかで演じられるこのような遊びの形態のもの」であると，彼は説明しました。参与することで利用されるけれども，それを観察し，かつ，プレイフルに関わるという接近の仕方は，ミッチェルの著作で紹介された事例のなかにも，そして彼の授業スタイルのなかにも認めることができます。

　自らの事例を録音して授業で聞かせてくれたのは，スターン（Stern, D. B.）でした。スターン（Stern, 1997）は，「逆転移の多くは，直接的に理解されることはめったにないが，誰もがぼんやりと気づいている経験の広大な領域，つまり，注意が向けられていない日常的な世界のあるがままの姿のなかに組み込まれている」と説明しました。さらに彼は理論を発展させて，逆転移とは，広大な無意識という未構成の経験領域のなかからたまたま選択されたものにすぎず，認識できない硬直した状態の産物であると説明しました（Stern, 2009）。そして，分析家は逆転移だけでなく，気づかないうちに何らかの行動をとってしまうことが生じるのです。すなわちエナクトメントが生じてしまうわけです。患者もまた，自分で気づかないうちに分析家に対して何らかの行動をとってしまう，相互エナクトメントといわれる状況に陥ってしまうわけです。そのような状態のなかから，逆転移以外の，接し方を知らない何らかのものを見つけていくために，お互いが相手に対して新しい認識を得るために，自由な関係性を築くことが求められます。それは，ビューチュラー（Buechler, 2004）の言葉を借りるならば，「思慮のない反復的なエナクトメン

ト」と，「辛らつで無遠慮な直面化の中道を見つけること」であり，これを彼女は「勇気」であると論じました。

　精神分析の目標を歴史的に見ると，洞察の探究から，今やオーセンティックであり自由な関係性を求める方向へ移行しています。そして，転移も逆転移も歪曲として理解されるのではなく，また唯一の真実の発掘でもなく，これから明らかにされる真実でもなく，たまたま無意識のなかから選択されたもの，という考え方へ進化しています。分析家に求められるものも，ブランクスクリーンから自己開示，そして，勇気へと変遷しているのです。

【文献】

Blanton, S. (1971). *Diary of my analysis with Sigmund Freud: With biographical notes and comments.* Oregon: Hawthorn Books.（馬場謙一（訳）(1972). フロイトとの日々――教育分析の記録. 日本教文社）

Blechner, M. (2001). *The dream frontier.* London: Routledge.（鈴木健一（監訳），小池哲子（訳）(2018). 夢のフロンティア――夢・思考・言語の二元論を超えて. ナカニシヤ出版）

Bonime, W. (1962). *The clinical use of dreams.* New York: Basic Books.（鑪幹八郎・一丸藤太郎・山本力（訳）(1987). 夢の臨床的利用. 誠信書房）

Buechler, S. (2004). *Clinical values: Emotions that guide psychoanalytic treatment.* Hillsdale: Analytic Press.（川畑直人・鈴木健一（監訳），椙山彩子・ガヴィニオ重利子（訳）(2009). 精神分析臨床を生きる――対人関係学派からみた価値の問題. 創元社）

Cohen, M. B. (1952). Countertransference and anxiety. *Psychiatry,* **15**(3), 231-243.

Fenichel, O. (1945). *The psychoanalytic theory of neurosis.* New York: W. W. Norton.

Fiscalini, J. (2004). *Coparticipant psychoanalysis: Toward a new theory of clinical inquiry.* New York: Columbia University Press.

Freud, S. (1900). *Die Traumdeutung.*（高橋義孝（訳）(1968). 夢判断. フロイト著作集2. 人文書院）

Freud, S. (1905). *Bruchstück einer Hysterie-Analyse.*（細木照敏・飯田眞（訳）(1969). あるヒステリー患者の分析の断片. フロイト著作集5. 人文書院, pp. 276-366）

Freud, S. (1910). *Die Zukünftigen Chancen der psychoanalytischen Therapie.*（小此木啓吾（訳）(1983). 精神分析療法の今後の可能性. フロイト著作集9. 人文書院, pp. 144-154）

Fromm-Reichmann, F. (1950). *Principle of intensive psychotherapy.* Chicago: The University of Chicago Press.（阪本健二（訳）(1964). 積極的心理療法――その理論と技法. 誠信書房）

Levenson, E. (1988). The pursuit of the particular on the psychoanalytic inquiry. *Con-

temporary Psychoanalysis, **24**(1), 1-16.
Mitchell, S. A．(1993). *Hope and dread in psychoanalysis*. New York: Basic Books.（横井公一・辻河昌登（監訳）(2008)．関係精神分析の視座――分析過程における希望と怖れ．ミネルヴァ書房）
Singer, E. (1970). *Key concepts in psychotherapy*, second edition. New York: Basic Books.（鑪幹八郎・一丸藤太郎（訳編）(1976)．心理療法の鍵概念．誠信書房）
Stern, D. B. (1997). *Unformulated experience: From dissociation to imagination in psychoanalysis*. Hillsdale: Analytic Press.（一丸藤太郎・小松貴弘（監訳）(2003)．精神分析における未構成の経験――解離から想像力へ．誠信書房）
Stern, D. B. (2009). *Partners in thought: Working with unformulated experience, dissociation, and enactment*. New York: Routledge.（一丸藤太郎（監訳），小松貴弘（訳）(2014)．精神分析における解離とエナクトメント――対人関係精神分析の核心．創元社）
Sullivan, H. S. (1940). *Conceptions of modern psychiatry*. New York: W. W. Norton.（中井久夫・山口隆（訳）(1976)．現代精神医学の概念．みすず書房）
Sullivan, H. S.（1953). *The interpersonal theory of psychiatry*. New York: W. W. Norton.（中井久夫・宮崎隆吉・高木敬三・鑪幹八郎（訳）(1990)．精神医学は対人関係論である．みすず書房）
Thompson, C. (1950). *Psychoanalysis: Evolution and development*. Scotland: Thomas Nelson & Sons．（懸田克躬（訳）(1957)．精神分析の発達．角川書店）

第7章
治療関係：分析的愛の諸問題

【今井たよか】

1. 心理療法の二人組におけるセラピストの基本的態度

（1） セラピストは何をする人か：サリヴァンとフロイト

　人の心について何かを語ろうとするときには，あたかもそこに一人だけ人がいて，語り手はどこでもない場所からその誰かの心をのぞき込んでいるかのように語ることもできます。しかし，実際に誰かの心について何かを知ろうとするなら，そこには，自分の心について知ろうとしている人と，その人の心について知ろうとしているもう一人の人という二人組が必要になります。心理療法の場で起きることを言葉でとらえるのは容易なことではありませんが，そこには最初から最後まで二人の人が存在しているということだけは確かなことです。

　人と人のあいだ（interpersonal），訳語では対人関係とされますが，その「あいだ」で生じる事実の記述に基づく精神医学を志向したサリヴァン（Sullivan, H. S.）は，「われわれが観察の対象とする人間とわれわれとがかかわり合ってつくる対人的な場において〈関与しながらの観察〉を行う，という技術」（Sullivan, 1940, 邦訳 p.21）を，精神医学の唯一の方法であると位置づけました。それはまだ精神疾患の薬物療法が発見される以前のことです。そこには，二人の人が存在するのですが，一方は自分の生きていくうえでの困難を何とかしたいと考えており，もう一方はその困難の軽減を手助けする役割を請け負っています。そういう，非対称的な関係の二人が関わり合うところに，

「対人的な場」という第三の要素が生じます。サリヴァンはそのような「場」において，「観察者と観察される者との間に起きる現象」を探求することが，患者の生きていくうえでの困難の軽減につながると考えたのでした。

　一方，フロイト（Freud, S.）の流れの精神分析において，セラピストはしばしばクライエントから発する無意識的な何かを受け止める容器，ある種の器官のような存在として描かれます。フロイトは「医師は伝達してくる患者の無意識に対して，自分自身の無意識を受容器官のように差し向けなければならない」（Freud, 1912，邦訳 p. 27）と述べました。それは，クライエントの自由連想に注意深く耳を傾けながら，クライエントの洞察を助けるために解釈を行っていく治療的営みです。そして，より研ぎ澄まされた受容器となるためにセラピストに求められる治療関係の基本的なあり方が，中立性，匿名性，禁欲の三原則です（Gabbard, 2010，邦訳 p. 71）。

　「中立性」とは，もとは，イド・自我・超自我のそれぞれと等距離を保つという意味ですが，クライエントに対して非判断的で裁かない態度を維持すべきであるという基本原則を伝えている点で重要です。「匿名性」とは，セラピストが自分の私生活に関わる情報を語らないという原則です。また，「禁欲原則」は，患者の転移による願望を満足させるべきではないと忠告するものです。分析的設定のなかで原則的な態度を維持し，自由連想と解釈の技法を適切に用いていくと，クライエントからセラピストに転移が向いてきます。これは無意識的な過程です。セラピストによる転移の解釈を通してクライエントが徐々に自らの心について洞察し知っていくことが，フロイトの流れの精神分析では目指されてきました。

　すなわち，サリヴァンやその同僚の流れの精神分析的心理療法においては，二人の人のあいだに生じる，実際に見えたり聞こえたりする現象のなかに現れる「動き」から，心をとらえる観点が強調されるのに対して，フロイトの流れの精神分析においては，平等に漂う注意の保たれたセラピストの心に，患者の心の中の無意識的な素材が映し出され，そして，それらの素材を解釈することを通して心がとらえられる，という観点が強調されています。技法として前者は対話を強調し，後者は自由連想と解釈を強調しています。フロイトの流れの精神分析は，とりわけクライン（Klein, M.）の貢献によって，

心の中の構造として取り入れられた他者である「対象」の振る舞いを発見し，クライエントの自己と内的な対象との無意識的な関係をセラピストとクライエントが治療関係のなかでワーキングスルーしていくアプローチを洗練させていったのでした。

（2） セラピストは何を維持しなければならないか：制約と自由

　今，わかりやすく二つの極として描いてみましたが，セラピストが治療関係において，どのような態度をクライエントに対して取り続けるかは，精神分析的心理療法が進んでいく軌道のような役割を果たします。その軌道は，クライエントの生きていくうえでの困難が何らかの意味において変わっていくという目的に適したかたちで，一貫性をもって敷かれている必要があります。

　実際の心理療法のなかでは，セラピストはクライエントとのやりとりの瞬間に，自分がセラピストとしてどのような態度をとるかを意識的・無意識的に判断しています。自由連想であれ相互交流であれ，その時間がクライエントに役立つように使われるためには，クライエントとセラピスト双方の基本的な安全が守られている必要があります。まず，精神分析的心理療法に先立って，援助の仕事としての倫理があります。次に，上記の中立性・匿名性・禁欲の３原則は，援助の倫理と精神分析的心理療法の治療論をつなぐ要所であり，すべてのセラピストが考慮しなくてはならないことでしょう。そして，必ず起きてくるさまざまな問題，たとえば，境界や枠の問題についての判断基準を持っておく必要があります。

　ギャバードは境界と枠の問題について，良性で有益ですらある枠の破壊を境界横断，枠の搾取的な破壊を境界侵犯と名づけて区別しています（Gabbard, 2010, 邦訳 pp.60-65）。たとえば，年配の患者がオフィスに入ってきて，絨毯につまずいて床に倒れた場合，治療者が患者の足元に飛んでいき，怪我がないか尋ねながら患者が起き上がるのを手伝うことは，安全のために必要な境界横断であるとされます。

　自由連想によって進めるにせよ，対話に力点を置くにせよ，心理療法が心理療法として理論的に考えられる要素だけで進むことは現実にはなく，絨毯

につまずくだけではないさまざまなことが起きるでしょう。精神分析の歴史においては，はじめは邪魔なもの，排除すべきものと考えられた要素が，次第に認められ，治療的に活用されることが繰り返されてきました。転移，逆転移がそうであり，さらに行動面や身体的に表れるエナクトメントや間主観性の要素についても，治療に役立つ側面が十分に考慮されつつあります。

　心理療法が進むためには，不必要な縛りが必要な自由を損なわないようにすると同時に，行き過ぎた自由が，必要な縛りを破壊しないようにすることが不可欠です。クライエントは，人生が制約され束縛されていることの困難を持って来談している場合が多いでしょう。だとすると，セラピストは人生の制約や束縛についてよく知っていると同時に，そこからできるだけ自由になる方法も知っており，制約と自由の間を行き来することを実際に体験していると，多くのクライエントの役に立ちやすいでしょう。精神分析的心理療法の訓練において，訓練生が自分自身の精神分析的心理療法あるいは精神分析を受けることは，この束縛と自由の意味を理解するのに役立つでしょう。よく錬成された専門性とは，セラピストが与えられた制約のなかで，自分自身をできるだけ自由にフルレンジで，すなわちできるだけ幅広く提供できることであるとも考えられます。

　では，愛についてはどうでしょうか。

2. 分析的愛の諸問題

（1）　セラピストの「愛」への注目

　1990年代に，診断とケースフォーミュレーションについてのきわめて有益な入門書をそれぞれ著したマックウィリアムズ（McWilliams, N.）は，21世紀に入って，精神分析的心理療法の実践についての新たな手引きを上梓しました（McWilliams, 2004）。その第6章「基本的な治療プロセス」は，「分析的治療はある人が自由に語り，そしてもう一人が受容的に耳を傾けることを要求するが，そのどちらも容易ではない」（邦訳 p.163）と始められます。そして，「耳を傾けること」「話すこと」「治療スタイルに影響するもの」と議論を進め，

章の最後に「力と愛」という節を置いています。前半は，セラピストがセラピストという役割によって与えられている力について，その乱用の危険や，その力に気づくことの難しさ，終結に向けてクライエントに力を与えることなどについて書かれています。「受容的に耳を傾ける」つまり「聴き手」という役割をとることが，クライエントに対するある種の「力」をセラピストに与えるのですが，その力そのものは本来中立的なものだと，マックウィリアムズは述べています。悪用も善用もできるということです。

さらに，この「力と愛」の後半で，マックウィリアムズは「愛」について述べています。精神分析のなかで，クライエントがセラピストを愛することはよく知られた現象です。「心理療法の状況は自然にクライエントから愛を引き出す」(McWilliams, 2004, 邦訳 p.192) のです。しかし，セラピストがクライエントを愛することについて，それが事実として起こりうることであっても，文献に書き記した人はまれだと言います。しかし，マックウィリアムズが同書を書いていた時期に，セラピストの愛について書いた論文が2本発表されました。そのひとつが，ここで紹介するショウ (Shaw, D.) のものです。

（2）「分析的愛」をめぐるショウの事例

その論文は，On the Therapeutic Action of Analytic love (「分析的愛の治療作用について」) (Shaw, 2014). と題されています「子どもにトラウマを与える自己愛者を親に持つアダルトチルドレンが私たちの患者になり，愛がないことの苦痛と格闘し，疲れ果てているとき，このことに取り組むために私たちが分析家として提供するものが何かあるだろうか。それは愛だろうか」と書き起こして，ショウは，アリという40代男性の事例を描写します。アリは，家族との親密な関係に問題を抱えています。アリは，いつも怒っており，マリファナをやっては気分を余計に悪くしています。見かけはマッチョでギラギラした感じですが，心の中は不安でブチ切れそうです。なんとも愛しようのない男，といった第一印象をショウは抱きます。何か言えばアリを怒らせてしまいそうで，緊張したショウは，セラピストとしての役割をうまく果たすことができません。

そこで，何度目かのセッションで，ショウは率直に「ねえ，僕は君に何か

を言いたいんだけど，僕が言ったことを君が気に入らなかったら，君が僕の頭をね，噛み切っちゃうんじゃないかなって怖いんだよ。ひょっとすると文字通りにね」と伝えました。すると，アリは鋭い目つきでショウを見上げたので，ショウは一瞬怖れましたが，次の瞬間，アリは目を潤ませて悲しそうに，「俺ってさ，父親そっくりなんだよ。そうさ。みんなにこうなんだよ。妻にも，息子にも，みんなにさ。父親がやったみたいに」と言いました。ショウは「それは，ものすごく寂しいに違いないね。みんながそんなふうに君を恐れているなんて」と答えます。そして，イーグルスの『デスペラード』の歌詞を思い出して，それをアリに伝えます。「ねえ，『デスペラード』って唄を知ってるかい？」「ああ，知ってるよ」「君を見てるとあの歌詞を思い出すんだよ。『手遅れになる前に，誰かに君を愛させたほうがいい』って」と。アリはうなずいて涙を流します。ショウはアリに対して温かい優しい感情が湧くのを感じます。そして心の中で，「私は本当にこの男を愛している」とつぶやきます。そこから治療は新たな段階に進みますが，もちろん，これだけで何かが変化するのではなく，アリとショウはここから多くの苦難を，たびたび行き詰まりながらも二人で乗り越えていかなくてはなりません。

　ショウはこの分析的愛について，理論的に考察します。セラピストがクライエントに憎しみを抱くことについては，ウィニコットをはじめいくつも研究が発表されています。しかし，セラピストがクライエントに対して優しさや親愛の情，愛などの感情を率直に表現するようなケース発表は，セラピストの自己愛的欲求を行動化したものではないかというような，疑いの目を向けられてしまいます。つまり，精神分析の世界で，分析家が患者に対して抱く優しさや愛について考えることには，ある種の縛りがかかっているように感じられるということです。

（3）「分析的愛」の肯定的な側面

　実は，精神分析の発展のかなり初期に，サティ（Suttie, 1935）という人が愛の問題を取り上げた著作があります。しかし，サティの仕事はその後あまり注目されることはなく，セラピストの「愛」についての積極的な研究はなされてきませんでした。ショウは，分析的愛が精神分析のプロセスを促進す

るという肯定的な側面に注目しようとします。そして、分析的愛は、セラピストのクライエントに対するロマンチックな愛や、性愛的で逆転移的な愛と区別され、むしろ発達理論が重視するものと重なると言います。「私の主張の中心は、多くの重要な理論家たちが発達理論において愛の役割の重要性を強調してきたように、臨床の理論も、セラピストの情緒的な応答性——セラピストの、オーセンティックに愛することができ、その愛を治療的に使用することができる能力——を要求し利用するべきであるというものである」(Shaw, 2014, p. 120) とショウは主張します。

そして、フロイト、フェレンツィ (Ferenczi, S.)、サティ、バリント (Balint, M.)、フェアバーン (Fairbairn, W. R. D.)、ローウォルド (Loewald, H. W.)、コフート (Kohut, H.) の愛に関わる仕事を取り上げて整理を試みます。そのうえでショウは、クライエントたちに繰り返し観察される苦しみが、愛されないこと、愛に価しないと感じること、他者を愛せないことなど、自分が他者に向ける愛と他者から自分に向けられる愛の両方を、価値あるものとして抱え持っておくことができないことから生じている、と指摘します。親とのあいだでどのように愛し愛されたかが、その個人の自己の組織化に中心的な役割を果たします。では、その課題に対して、セラピストはどのように応じることができるでしょうか。ショウはローウォルドを援用して、分析的愛の第一の原則は、「個人と個人の発達に対する愛と尊敬」であると述べます。すなわち、人間の潜在力を信じる愛です。希望を持ち続けるという意味での愛と言ってもいいかもしれません。第二の原則は、「セラピストがクライエントの安全にコミットすること」です。ローウォルドは積極的な中立性としての親の愛と尊敬に言及しています。中立的な親は禁欲的でもあり、子どもを自己愛的に搾取することをできるかぎり抑制しようとします。

すなわち、中立的、禁欲的であるという点で、分析的な関係性は非対称的 (Aron, 1996) ですが、その非対称性を原則としたうえで、精神分析において被分析者の成長と安全に献身するセラピストの行為は、本質的に愛の行為であり尊敬を提供することであるとショウは述べています。愛が個人的なものではなく、「分析的愛」という専門的な感情に練り上げられる過程では、子どもが親に愛を与えるように、クライエントがセラピストの治療努力に応答

して，セラピストに自己効力感や誇りや目的意識を与える役割を果たしていることに，ショウは注目します。ここには，セラピストの分析的愛に対してクライエントが応答することが，分析家には活力を与え，クライエントには治療的に作用するような治療関係の相互性があります。

（4）「分析的愛」とセラピストの専門性

　アリのその後については原書（邦訳準備中）をご覧ください。ショウの論文を紹介したマックウィリアムズは，「私は，セラピストであることは，私たちに，自分自身を愛すべきものと経験する機会を提供すると付け加えたい」と言っています。そして，近年は（関係精神分析の隆盛のなかで）「関係こそが癒すのだ」と認識されつつあるが，その意味を明確化していくと「主観的には確かに，愛が二人の中に生み出され，治療効果としてクライエントに取り入れられるように思える」としています（McWilliams, 2004, 邦訳 p.193）。その愛は，理想化されたものや陶酔的なものではなく，正直さに基づくものです。

　このショウの論文は，対人関係精神分析の分析家であるビューチュラー（Buechler, S.）も希望について述べるなかで，少し引用しています（Buechler, 2004, 邦訳 p.66）。ショウの分析的愛についての議論は，分析家が希望をもたらす新しい対象になることを含んでおり，分析家が患者に対して希望を持ち，それを分析的愛に成長させる過程について言及していると，ビューチュラーは指摘しています。

　以上の議論から，セラピストがクライエントに対してオーセンティックに優しさや愛情を感じたときには，それを否認せずに，ショウが分析的愛と呼ぶような成長促進的な感情に育てていくことで，クライエントとの相互交流が新しい段階に進む可能性がある，という仮説を立てることができます。セラピストは，自分に生じるどんな感情も，どんな感覚も，まずできるかぎり否定せず，そのまま自分で感じ取っておくべきだということです。

　その生の感情や感覚をどのように育てて使うかには，専門性が問われます。心理療法のなかで何かを感じたり考えたりするときには，その背後に感じたり考えたりできないことが，いつも影のようにつきまとっています。自分で

どんなに良いことをしているつもりでも，そうではないかもしれません。搾取をするときには，それが搾取だと気づいていることは稀です。クライエントとの対話から，二人の間に起きていることとその意味を考え，話し合い続けることによって，間違いや失敗に気づいて修復できることもあるでしょう。クライエントは，どんな微妙なかたちであっても自発的に何かを発信しているので，それを知ろうとする態度を持ち続けること，知らないことに開かれていることが，致命的な搾取や悪用を防いでくれるでしょう。さらに，専門家同士の研修の場を持っていること，セラピスト自身が孤立せず，議論できる仲間を持つことが大切になってくるでしょう。

3. 臨床素材（架空事例）

（1）事例の概要

　Aは30代の女性で，週に2回の精神分析的心理療法に数年間通っています。セラピストはAより年上の男性Bで，セラピーはBの自宅にあるオフィスで行われています。Aは，社会的に成功しているとはいえないものの，家庭内では子どもに対して過剰に賞賛と承認を求める両親の世話役として，過剰に適応して生きてきました。Aは，両親が自分に依存していると感じており，それに巻き込まれる感じから逃れるために，物理的に距離を取って生活していました。しかし，両親の世話をできていないという罪悪感が，常にAの気分を暗くしました。A自身が心理的に両親から独立することが困難でした。

　両親のAに対する振る舞いは，気まぐれで自分勝手であり，彼らはAが何を考えたり感じたりしているかには，ほとんど関心を持っていないようでした。両親は，Aを排除して二人で親密にしているときもあれば，それぞれがお互いの不満をAにぶちまけることも，しばしばありました。幼い頃のAは，両親のそのような振る舞いは，彼らが不遇であるために起きているのであり，本来は優秀な人たちなのだから彼らの不満を肯定し，彼らを称賛して気分が良くなるようにしてあげなければならないと感じていました。

しかし，どこかでおかしいとも苦しいとも思っていました。
　Ａは普通に学校に通いながらも，自分の家はゴムの壁に囲われた，窓のない息苦しい世界のようだと感じていました。外に出て行っているけれども，Ａにとってそれは本質的には絶対に出ていけない家のようでした。Ａは自分から人に働きかけるのが苦手で，自分の役割は，両親の気まぐれを受け止めることにしかないのだと感じていました。自分が愛されないのは，自分に愛される価値がないからだという信念が，いつのまにかＡの心の地下風景となっていました。社会に出てからは，持ち前の世話役性を発揮して，どこに行っても過剰な責任を引き受けて熱心に仕事をし，評価もされていましたが，出会う人はどこかみんな，Ａにとって「困った人たち」と感じられていました。Ａは孤独だったのです。

（２）　セラピーのなかで偶然に起きたできごと

　セラピーでもＡは優等生で，一見自分から積極的に話しているようですが，いつもどこかでＢセラピストと距離を置きたいようでした。Ａは，第一子であるＡが求めても与えられなかった兄のような存在として，Ｂを理想化していました。でも，そういう愛着をＢに伝えることには，不安を感じていました。愛着が漏れ出ると関係が終わってしまうような感じがしたからです。Ｂのオフィスのある家にはＢの家族がいて，Ａはその家族関係も想像のなかで理想化し，そのことでＢのことを近づきがたくも感じていました。自分とは住む世界が違う感じです。
　自分自身が世話役的な性格であるＢは，Ａに共感できるところがありました。Ａの育ちの息苦しさや生きづらさも理解できましたし，責任感の強いＡの努力を認めているところもありました。一方で，どこかつかみどころのない，何か大事なところが隠されているようなＡとの情緒的な接触の難しさに，もどかしさを感じていました。いろいろな介入を試してみましたが，近づこうとしては踵を返すＡのかたくなな距離の置き方に，無力感を感じることさえありました。
　あるとき，セッション中にＡは体調が悪くなりました。Ａはそのセッション後に仕事に行かなければならなかったので，Ｂのオフィスから行ける範囲

の病院に行きたいと考えました。それで，AはBに体調が悪いことを告げ，「どこか近くに◇◇科の病院はありませんか」と尋ねました。Bは喜んだような調子で，「近くにありますよ。いい先生だから診てもらったらいい。○○の××のところにある△△医院です」と言いました。どうやらそれは，B一家のかかりつけ医のようでしたが，Bはこういうときにはまず，現実的な助けが必要だと感じているようでした。

　セッションが終了して，Aはその足で△△医院に行きました。そこは，歴史のある落ち着いた街並みのなかのレトロな雰囲気の建物で，いろいろな年代の患者でごった返していました。Aは体調が悪くて落ち着かないなか，30分以上待っていました。ここはBやその妻子の皆さんもときどき来るのかな，と想像したりもしていました。△△先生はとても気さくで，頭のいい感じの女性医師で，Aの症状を的確に理解し，明確なアドバイスをしてくれました。「とても感じのいい先生だな。自分もこれからずっと通いたいぐらいだな」とAは感じました。薬をもらってAの体調は治りました。

　Aは，Bに△△医院を紹介されたことについて，複雑な気持ちを持っていました。まず，Bに体調を気遣ってもらえたことについては，感謝や嬉しさを感じました。△△先生がきっぱりした感じのいい先生だったことで，Bの好きな先生は私も好きなのだというような，Bとの連帯感も感じました。△△医院を紹介されたということは，Bは自分を信頼してその医院を教えてくれたのだな，という自信も生じました。一方で，その医院がBの生活圏であるため，Bのプライベートな生活についての想像をしてしまうが，そういう想像をしたくないという葛藤も生じました。たしかに言えることは，この出来事はAとBの距離感をほんの少し縮めたということです。

　AはBには話しませんでしたが，△△医院からもらった診察券を見るたびに，「B先生は率直で親切だな」と思い出し，それはAにとって少し支えになる感じがしました。でも，それ以上，Bに何かを言葉で伝えることはありませんでした。これらの出来事を話し合って解釈することもできたと思いますが，Bはこのことを治療的に過度に利用しようとせず，必要に応じてAの安全を守ろうとした出来事として，そのまま置いておきました。

4. 考察：「分析的愛」と「人類同一種要請」

　臨床素材では，Bは何とかAの役に立ちたいと思いながらも，難しさも感じていました。△△医院への紹介は，そういうBにとって，自然にAを助けることのできる偶然の機会でした。Bは，意識のうえでは，ただ人として当然のことをしただけでした。そして，AにはそのBの「人として当然のことをした」感じが伝わっており，そのように人と人との関わりをBが躊躇しなかったことは，「自分も人間として当たり前の感情を向けられることもあるのだ」という肯定感を，Aにもたらしました。

　一方で，Bの生活圏内のクリニックに足を踏み入れることは，Aにとって，自分が象徴的にBの家族に侵入してしまったかのような，罪悪感や窃視願望などの複雑な感情を引き起こしました。そのことを，AがBに話して葛藤を探索するには，まだ時間がかかりそうです。Bはもちろんそれに気づいていますし，適切な時期がくればこのことも踏まえて取り扱われるでしょう。

　この出来事は，ギャバード（Gabbard, 2010）のいう境界横断にあたると考えられます。この時点で，Bにはこの境界横断を，治療的枠組みのなかで安全に行うことができる見通しがあったでしょう。この行為は，匿名性を可能な範囲で少し犠牲にして，クライエントの安全を第一に考えるという積極的な中立性を実行したものと考えられます。ショウのいう分析的愛の2つの要素から見ると，BはAとのあいだで，このことが希望につながると確信しており，搾取的ではない安全な関わりがフルレンジで，すなわちできるだけ幅広く行われること，それは二人の関係において可能であることを示せたことになるでしょう。そして，そのような愛の要素が，Aのようなクライエントにはさらに複雑な感情を生じさせもしますが，Aはこの出来事がなかったときよりは，その感情についてBと二人で考えようという姿勢に，一歩進めたと考えられます。

　さて，私が京都精神分析心理療法研究所（KIPP）での訓練を通して学んだことは，どうやらセラピストというのは，できる限り人間としての感情や感じ方，あるいは自分が人間として生きている感じを，自然にそのままにし

て使っていくほうが，クライエントの役に立てるようだということです。そのほうが，クライエントも自分の思っていることを伝えやすくなるだろうと思います。

クライエントに対しては自由な表現を促しますが，自分は鏡の向こうに隠れたような存在でいては，セラピストとして役に立てないかもしれません。しかし，それは，行き過ぎた自己開示や，専門性を欠いた相互性のことではありません。もちろん，自己流に居直るのでもなければ，勉強や訓練を怠るのでもありません。私たちは，常にセラピストとしての役割のなかで働かなければなりませんが，このセラピストという役割は，自分が人間であることを目いっぱいに使うことを要請しているということでしょう。

分析的愛を治療的に活用できるようなセラピストの姿勢は，サリヴァン（Sullivan, 1953）のいう「人類同一種要請（あるいは仮説）」，すなわち「どの人もすべて何よりもまず端的に人間である」（Sullivan, 1953, 邦訳 p. 39）ことを，治療作用の基本に置く態度であるといえるでしょう。

【文献】

Aron, L. (1996). *A meeting of minds: Mutuality in psychoanalysis.* Hillsdale: Analytic Press.

Buechler, S. (2004). *Clinical values: Emotions that guide psychoanalytic treatment.* Hillsdale: Analytic Press.（川畑直人・鈴木健一（監訳），椙山彩子・ガヴィニオ重利子（訳）(2009). 精神分析臨床を生きる――対人関係学派からみた価値の問題. 創元社）

Freud, S. (1912). *Recommendations to physicians practising psycho-analysis.*（藤山直樹（編・監訳），坂井俊之・鈴木菜実子（訳）(2014). 精神分析を実践する医師への勧め. フロイト技法論集. 岩崎学術出版社）

Gabbard, G. O. (2010). *Long-term psychodynamic psychotherapy: A basic text,* second edition. Washington, D.C.: American Psychiatric Association Publishing.（狩野力八郎（監訳），池田暁史（訳）(2012). 精神力動的精神療法――基本テキスト. 岩崎学術出版社）

McWilliams, N. (2004). *Psychoanalytic psychotherapy: A practitioner's guide.* New York: Guilford Press.（狩野力八郎（監訳）(2009). 精神分析的心理療法――実践家のための手引き. 金剛出版）

Shaw, D. (2014). *Traumatic narcissism: Relational systems of subjugation.* New York: Routledge.

Sullivan, H. S. (1940). *Conceptions of modern psychiatry.* New York: Norton, 1953.（中井久夫・山口隆（訳）(1976). 現代精神医学の概念. みすず書房）

Sullivan, H. S. (1953). *The interpersonal theory of psychiatry*. New York: W. W. Norton. (中井久夫・宮崎隆吉・高木敬三・鑪幹八郎（訳）(1990). 精神医学は対人関係論である. みすず書房)

Suttie, I. D. (1935). *The origins of love and hate*. New York: Julian Press.（國分康孝・國分久子・細井八重子・吉田博子（訳）(1977). 愛憎の起源. 黎明書房）

第Ⅱ部 実践

- 第 8 章　精神科臨床と対人関係精神分析
- 第 9 章　学校臨床
- 第 10 章　学生相談に生かす対人関係精神分析
- 第 11 章　対人関係精神分析の開業臨床
- 第 12 章　産業臨床と組織心理コンサルテーション
- 第 13 章　非行・犯罪臨床
- 第 14 章　被災地心理支援

第8章 精神科臨床と対人関係精神分析

【榮阪順子】

1. はじめに

　臨床心理士として単科精神科病院に勤務して，10余年が経ちました。入職当初は，病院内の一職員として組織に守られているような感覚を持っていましたが，次第に，自分が臨床心理士として何ができるのか，という壁にぶつかるようになりました。病院では，医師，看護師，薬剤師，精神保健福祉士，作業療法士など，それぞれの職種が自らの専門性を発揮して日々，患者に接しています。「では，臨床心理士の役割とは」「他の職種とはどこが違うのか」と疑問を持ち，さらには，その自らの疑問にうまく答えることができないと感じる日々を重ねるようになりました。そのような自らのモヤモヤとは相反して，業務上では，さまざまな仕事にも慣れていき，自分の持ち場を何とか回し，日々のセラピーや心理検査，集団療法を行っており，それは一見，うまくいっているようでもありました。しかし，自分のなかの不全感は高まっていき，それはまるで自分の土台がグラグラと揺れるような感覚でもありました。

　そのようなときに，対人関係精神分析を学ぶ機会に恵まれ，臨床心理士としての土台作りをしようというのが，最初にトレーニングに入ったきっかけです。今回は，精神科臨床を日々行っている筆者が，対人関係精神分析から学んだこと，感じたこと，さらには，精神科臨床ならではの陥りやすいと思われる事柄と，そこからの脱却のアイデアについて，私見を交えつつ述べたいと思います。

2. 精神科臨床での初期の体験

　入職当初,担当するセラピーの数は多くはなく,慢性期療養病棟や認知症病棟の作業療法に参加させてもらい,勤務時間の多くを療養病棟で過ごしていました。そこでは,穏やかな時間が流れており,私自身に何か強い感情が湧き起こることはそこまで多くはなく,どちらかというと楽しく患者と過ごすことができていました。

　しかし,他方では,情緒的に非常に不安定な方や,自己愛の傷つきやすい方のセラピーを担当する機会が増えていき,体の疲れを感じる日々が続きました。当時の私は,セラピストはクライエントに共感的にならねば,ネガティブな感情は持つべきではないと思い込んでいるところがあり,かといって,クライエントのために何かするかというと,そんなことはできるはずもなく,ただ「ふんふん」とうなずくだけのセラピストであったように思います。

　そんな人形のようなセラピストにクライエントは満足するはずがなく,クライエントに罵倒されたり,面接室外での自傷行為が増えたりと,どうしたらよいかわからないような事態が続きました。まさに,臨床心理士としてのアイデンティティの土台が崩れ始め,このままではいけないと感じたところでした。

3. セラピストとしての自分のあり方,自らの感情に気づくきっかけ

　「ふんふん」とうなずくだけのセラピーが続いていた頃は,自らの責任を棚上げし,クライエントとはうわべだけの関わりをしていたように感じます。クライエントとの関わりが自分にとても響いていると感じたのは,体の異変から始まりました。あるクライエントと会うと,体が重くだるくなり,セラピーの50分間同じ姿勢を保つことが難しい状態になったり,また別のクライエントと会った後にはなぜかおなかが減り,甘いものをたくさん食べてしまう,あるいは,前日に十分に睡眠をとったはずなのに,セラピー中に眠気

に襲われる，さらには十分に健康に配慮しているつもりでも体調を崩しやすいなど，さまざまな体の反応がありました。これらが，セラピスト側の感情，ひいてはセラピストとしての自分のあり方を考えることに開かれるきっかけとなりました。

4. 精神科臨床での対人関係精神分析

　私は，「どうやらフロイト（Freud, S.）の言ったところの，ブランクスクリーンになれるわけではない」ということに，気づき始めました。意識的には，「良いセラピストであらねば」と思っており，その一方で体には異変が出るという状態が続いていました。ここから，セラピーのなかでのクライエントとの関係性，関係性にさらされているなかでのセラピストとしての自分というものに興味が向きました。さまざまな理論があるなかでも，対人関係精神分析に惹かれたのは，この体験的な意味や関係性を重視しているところであったと思います。

　以下に，精神科臨床を行っている筆者が思うところの対人関係精神分析について，さらには，精神科臨床ならではの体験を対人関係精神分析の視点から述べたいと思います。

（1）　参与観察

　さて，臨床を始めて間もない頃，十分な知識が足りていない私にとっても，サリヴァン（Sullivan, H. S.）の「参与観察」という言葉は頭に残っていました。ただ，臨床経験が少なかった自分にとっては，「参与」と「観察」という言葉の意味をわかってはいても，実感としてはあまりピンときていなかったように感じます。しかし，今ではこの「参与観察」が，対人関係精神分析の神髄であると感じます。面接室で二者が出会う以上，相互交流が生じるのは当然のことであり，セラピストは生身の人間として，クライエントと向き合うことになります。単なる観察者であることは不可能といえます。

　サリヴァン（Sullivan, 1954）は，「かつて自分の経験し自分のした行動，あるいは見聞きした行動で目的あるいは動機，すくなくとも背後の意図がわれ

われに伝わっていた場合を基礎として相手を理解するのである」「観察者は人間の行動という迷路の意味を，（中略）もっぱら知的操作のみで演繹できないものである」と述べています。まさに，私がセラピー中に感じていた体の感覚は，参与しているからこそ感じていたものであり，その時点で，関係性にどっぷりと身を投じているといえるのです。

とすると，セラピストの体の感覚，感情，存在そのものを観察の道具として使うこととなり，クライエントの体験プロセスのみならず，セラピストの体験プロセスにも注目する必要が出てきます。筆者の場合，入職して初期の頃から，心理検査で精神病水準の方と会ったり，セラピーにおいては境界例水準と思われる方に会う機会が多く，この体の感覚には敏感になったといえます。病理の重い方と会う機会が多いと思われる精神科臨床では，この体の感覚に自らアンテナを立てておくことは重要であると思います。自分の感情としてはとらえにくくとも，体の異変としては感じやすく，そこから，自らがクライエントとの関係性をどうとらえているか，クライエントがどのような人かという理解につながっていくものと思われます。

（2）　見立て

どうしても病理の重い方が対象となる精神科臨床において，見立てるだけではなく，それを合意する，治療同盟を作るということが，どこか後回しなっているような気がします。また，セラピーの目標は合意できたとしても，生活面での不具合の解消や症状の消失を目標としていると，現実生活の話ばかりに終始してしまい，クライエントの感情や無意識に目が向きにくくなるように感じます。さらに，精神科臨床では，まず医師によって診断がなされ，症状が明らかとなっている場合が多いため，セラピストもそのレッテルに影響を受けがちです。では，一人ひとりのクライエントを見立てるにはどうしたらよいのでしょうか。

私が対人関係精神分析のトレーニングを受けて学んだこととして，「とにかく心の理論を持ってクライエントに向き合うこと」「クライエントのためになろうということではなく，クライエントのなかで何が起きているのかということを考える。セラピスト自身がじっくりと考える」という2つのこと

があります。これって，対人関係精神分析なの？　関係性はどこにいったの？と思われる方もおられるかもしれません。実際，対人関係精神分析の研究所でのトレーニングでは，最初は臨床家としての基本的な態度や見立てについて，その後，対人関係精神分析を学びつつも，フロイト，クライン（Klein, M.），コフート（Kohut, H.）など，さまざまな理論家の考え方を，その理論のスペシャリストの先生から学びました。トレーニング中の私は，「対人関係精神分析のトレーニングをしているのに，なぜ隣接学派のことをここまで丁寧に学ぶのだろうか」と疑問に思っていたところがあります。今思うと，さまざまな視点からの理解と見立てこそが，クライエントを多面的に見ることを可能にするのだと感じます。

　吾妻（2016）は関係精神分析について述べるなかで，「どのような立場を取ろうとも，完全に包括的な理解に到達できるわけではないという現実的な限界」があることを示し，「相容れないものを相容れないものとしてそのまま受け入れる」という，「多元的見方」が必要となると述べています。ひとつの理論でクライエントを理解しようとすると，そこには整合性があるように見えるかもしれませんが，はたしてその限局した見方をもって，クライエントを十分に理解したといえるでしょうか。私の場合，トレーニング中のさまざまな理論の学習とケースカンファレンスが，「多元的にクライエントを理解しようとする（理解できているとは言い難いというニュアンスを含めて）セラピスト」という自分自身を作っていったといえます。クライエントの自我の働き，欲動，対象関係などの内的な理解が重要であるのは，従来の精神分析学の教えのとおりでありつつも，それと同時に，セラピー場面での相互交流のなかで生じていることにも，目を向けることが重要であると考えます。

（3）　合意による確認

　サリヴァン（Sullivan, 1954）は，「合意による確認」に基づいてセラピーを進めることの重要性を述べました。これは，セラピストがクライエントの問題をどうとらえているか，どう体験しているかということを，セラピストが言葉にして伝え，両者で共有することです。クライエント側もそれを聞いて修正し，訂正するという関係性のもと，自由に話し合いができるということ

こそ，セラピーの始まりといえます。

　では，精神科臨床では，合意による確認はなされているでしょうか。そもそも精神科臨床では，セラピーの合意を得ず，目標や枠組み，終結について互いに共有せず，ダラダラとセラピーを続けてしまう可能性は非常に高いと思われます。というのも，医療現場では，医師が診察をして診断し，投薬を行い，セラピストは主体性を発揮せずともセラピーができてしまう（できているように見えてしまう）ところがあり，セラピスト側の甘えも誘発されやすいからです。一方で，たとえば開業臨床であれば，頼りにできるのはセラピスト自身であり，自分を資源として覚悟を持って臨むことになるのでしょう。そのため，一回のインテークで方向性を示し，セラピーの目標を共有しなければ，その後の面接は進みません。精神科臨床では，こうした共有をしなくとも，セラピーが進んでしまうというところは自覚しておく必要があると感じます。

　私自身は，初回のインテークの時点で，セラピストが思う見立てを伝えるように心がけています。ただし，そうしたセラピストの言葉が，こちらの意図したように伝わらないばかりか，そのことで適応が崩れてしまうだろうと予想できるクライエントに対しては，その時点では言語化をしない場合もあるかと思います。とはいえ，初回の時点で，セラピスト側で見立てること，それができるような情報を得ようと試みることは，重要だと思います。また，その後の一回一回のセラピーでは，今日のクライエントは何を言っていたのか，今日の話のテーマは何だったのか，それはクライエントの心の動きのどのあたりの話をしているのか，今日の話題はクライエントの見立てや目標とどう関係しているのか，ということを頭に置いて聞くようにしています。しかし，それと同時に，話を聞いていて，単純に「そこまでしなくてもいいのになあ」「また同じ話が繰り返されているなあ」などという自らの自動的な心の声もあり，それらを多元的に自分のなかでまとめクライエントと対話をしていく，という作業を積み重ねていくことが大切だと感じます。

　このように言葉で書くと簡単そうに見えてしまいますが，この地道な作業はとても困難であり，なかなかうまくはいきません。ただ，そのようなセラピスト側の聞く姿勢を大事にしたいと思っています。そうやっていくと，意

識的な話題のなかでの不要な質問や問いは少しずつ削がれていき，クライエントの心の動き，感情についての話がしやすくなるように思います。

（4） 共感とは

「共感」という言葉は，どこか不思議な力を持っているように感じてしまいます。共感すればクライエントが良い方向にいくのではないか，クライエントの話を聞いているとなぜか胸がジーンとしてきて，これこそが共感なのだろう，などと当初は感じていたところがあります。「ふんふん」とうなずくだけのセラピストをしていた私は，「共感」をどこか魔法の言葉であるとも感じていました。見立てのところで述べた「クライエントのために」という発想は，一見共感的であるようで，実はまったくそうではない場合もあります。

ここで，架空の事例をもとに，共感について考えたいと思います。

【50代A子さんの事例：不眠と抑うつ気分がありながらも家族のために懸命に働く女性】

　　A子さんは，夫と子ども，夫の両親と同居しています。さかのぼると，A子さんはあまり裕福ではない家庭に育ちました。父親は病気がちであり，母親が家の切り盛りをしていました。長女であったA子さんは，年少のきょうだいたちの世話を任されていました。それから成人し，20代で結婚して，専業主婦となったA子さんは，妻として，母親として，嫁として，家族のために必死になって動いていましたが，それは専業主婦の務めであると感じていました。家族からすると，A子さんが，先々に動いてしまうため，やってもらって当たり前だと，どこか思っているところがありました。A子さんは体がボロボロになりつつも，なおも家族のためにあれこれと尽くしており，その多忙な日々の様子を，セラピーではいつも切々と話し，体の痛みがありつつも動いているという話が続きました。

　さて，A子さんと対面したセラピストは，どう感じ，どのように応答す

るでしょうか。毎回のA子さんの話から，家族のために必死に動いているA子さんに対して，家族は感謝もしていないようにセラピストが感じ，自分も辛い気持ちになったり，さみしい気持ちになったり，家族に対しての苛立ちの気持ちが湧くかもしれません。または，「そこまでしなくてもいいのに」「もっと自分のためにしたいことをすればいいのに」という連想が浮かぶかもしれません。

　そこでセラピストが，「それはお辛いですね」と言ったり，「もっと自分のことができるといいですね」と言ったとすると（それぞれのケースでこのような介入が適切な場合もあると思いますが，あくまでもここでは共感的かどうか，という視点で考えたいと思います），これは共感的といえるでしょうか。このクライエントにとっては，自分のことを後回しにしてまでも家族のために動くことが，自分の生きがいであったり，自分の存在価値を感じることだとすると，それに対して「辛い」と言ったり，「そんな自虐的なことをやめればいいのに」というニュアンスの介入は，クライエントの思いには沿っておらず，共感的とは言い難い反応です。

　では，共感とはどういうことなのでしょうか。対人関係精神分析では，共感とはクライエントの体験や感覚を他者として認識することであり，そのプロセスには推論や想像が必要であるとされています。すなわち，クライエントの置かれている状況を理解し，なぜそのような行動や感覚を持つに至るかを考えることこそ，共感といえます。

　スターン（Stern, 1997）は，「患者のものの見方を想像して，そこからものを見ようと努める。また，患者とは別の視点から（分析家自身の理論の好み，経験，感情的な反応に基づいて）ものを見るときにも，分析家は，そのような見方が患者の視点からはどのように見えるかと自問する。そして分析家は，自分のものの見方を患者の視点から見る能力を利用して，自分のものの見方の的確さと有用性を吟味するのである」と述べています。先ほど例に出したクライエントの話を聞いて，「辛い」「そんな自虐的なことをやめればいいのに」とセラピストが連想するのは，クライエントのものの見方をはたして想像しているといえるでしょうか。セラピスト自身のこれまでの体験や感情的な反応のパターンが，影響しているということはないでしょうか。このよう

に自問しつつ，クライエントの置かれている状況や感情を他者であるセラピストが感じ，考えることが共感につながると考えます。

とすると，先ほどの例に出たクライエントを，どのように理解するでしょうか。「どうも辛そうに見えるなあ。本人はどう感じているのかなあ。ここまでやってしまうというのは，何が起きているんだろうか」という，セラピスト側に湧き起こる疑問から始まり，クライエントを理解しようと努めることになるかと思います。

「A子さんは，そもそも両親から十分に情緒的に関わってもらえず，気持ちを受け止めてもらえなかったのではないかなあ」「自分自身をそのまま認めることができずに，超自我が強すぎるみたいだなあ」「どうしても自虐的な関わりになってしまうみたい」「子ども時代にはもっと子どもらしくいたかっただろうに……」「自己犠牲的に見えても，それがA子さんの人と絆を築くやり方であって，自分の価値を感じることができるんだろうなあ」などとセラピストが思いをめぐらすと，そのクライエントの行動も「ああそうなのか」と思えるはずです。

この一連の連想には，自我心理学，対象関係，愛着，欲動など，さまざまな視点が含まれるものと思われます。このセラピストの，クライエントの理解のための想像，推理，連想こそ，共感につながるプロセスといえます。また，このようなセラピスト側の連想が生まれたのは，セラピスト自身の物事のとらえ方や価値観が影響しており，セラピストの持ち出し分として，場に影響を与えていることも必然となります。このような共感までのプロセスには，「クライエントのなかで何が起こっているのか」「二者関係の交流の場で何が起きているのか」という問いがセラピストのなかで常にある必要があり，まずはセラピストがクライエントについてじっくりと考え，セラピストのなかである程度まとまるまでは，クライエントには質問を多用しない，セラピストが自分自身のなかでとどめるということも，必要ではないかと思います。

(5) クライエントの不満・怒り

精神科臨床では，クライエントの不満や怒りは，どのようなかたちで表れるでしょうか。自己愛の傷つきやすい人やボーダーライン心性の強い人に，

セラピー中に怒鳴られる，責めるような口調で攻撃される，などの経験がある人は多いかもしれません。しかし，そのような怒りは，相手にぶつけるということで終わってしまいがちで，怒りの意味についてセラピーで扱うことは，なかなか難しいように思います。

一方で，個人開業といった有料でのセラピーでは，お金をめぐっての話が出てくることも予想されます。クライエントからすると「これだけ払っているのに！」と表明でき，セラピーのプロセスのなかで，その怒りについて理解できるなら両者で扱うことができると思われます。しかし，多くの精神科臨床では，セラピー自体は無料であったり格安の料金であったりするため，クライエントの不満や怒りは表明されにくく，それを取り扱いにくいという点は大いに考えられます。かといって，クライエントに不満や怒りがないというわけではなく，ネガティブな感情は表明されないまま，セラピーの遅刻やキャンセル，または中断というかたちで表れる場合もあるでしょう。そのため，このような行動が見られた場合には，クライエントの感情の表れである可能性が高く，クライエントの体験や感情について話し合うチャンスかもしれません。

（6）中断と終結

最初に目標を立て，それを合意することで，はじめて終結の話をすることも可能となります。しかし，そもそも目標を共有できていなければ，終結について話し合うこともできません。精神科臨床のクライエントは，長い期間投薬が必要であったり，そもそもセラピーという場があってこそ日常生活が安定させることができ，セラピストは「一生お供する」というニュアンスが強い関係性になりやすく，ダラダラと続けてしまいがちです。例え一生お供することになったとしても，そのクライエントの目標や，どのようになれば終結となるのかということについて話しておくことで，セラピーが生き生きとしたものになると思います。そもそも，セラピーとは，自分の心のありようを好奇心を持って探索する場であり，それは両者の対話によって成されるものです。ダラダラと続けるセラピーでは，自分の心について考える好奇心や欲求は生まれず，セラピーが退屈なものになってしまうように思います。

また，終結を迎えにくいと思われる精神科臨床では，「別れ」のテーマをセラピーで吟味することがなかなかできません。また，中断となると，セラピストの罪悪感が生じる可能性もあり，この罪悪感が強すぎると，不要な謝罪をしてしまう可能性が出てきたり，そうではなくともセラピスト側の罪悪感により，別れについて十分に話し合うことが回避されてしまうかもしれません。別れのテーマを扱うことができないのは，セラピスト側の問題ではないか，自分の万能感が刺激されているのではないか，万能感が崩れてしまうことを恐れているのではないか，と考える必要もあります。このような本来なされるべき話し合いができないと感じる場合には，それは両者が関わる場で生じていることなのか，それとも，セラピスト側の問題がその場に投影されているのか，ということを考える必要があると思います。

（7）　そもそも精神科臨床において，精神分析的心理療法は可能なのか

　ここまで，いかに精神科臨床がセラピストの主体性を発揮せずにできてしまい，精神分析的心理療法の神髄，楽しさを損なっているかのような記述が続いたかもしれません。また，精神科臨床で出会う人たちは，発達早期に獲得されるであろう心的機能が，十分に備わっていない人々であると感じることが多く，そもそも精神分析的な関わりは可能なのかと疑問に思われるかもしれません。

　さて，オーソドックスな精神分析の考えをベースにしながらも，多元的に人の心をとらえ，実証研究から精神分析理論を再吟味したパイン（Pine, 1990）は，信頼，内的な自己調節，衝動に対する基本的な態度，リビドー欲求のパターン化など，早期に発達する可能性のあるものが何らかの理由でうまくいかない場合には，「自我欠陥」を生み出すと述べています。こういった自我欠陥のあるクライエントに対しては，抱える側面や共感的な側面を通常より強化したり，修正したりする必要があり，クライエント個人に合わせた技法の変更を行うことで，効果的な変化を引き起こす助けとなりうると述べています。つまり，安定した関係性の築きにくさ，衝動統制の効きにくさ，内省的な態度がとりづらいといった，精神科臨床で出会うようなクライエントに対しても，個々に応じた対応をすることで，精神分析的なアプローチは

可能であると言えます。

　ここまで，精神科臨床で陥りやすい事柄を挙げましたが，クライエントを理解して見立てる，それを合意する，自分の心の問題について探索することの興味や関心，好奇心を関係性のなかで育む，自由な対話を求めるといったことは，クライエントとセラピストがオープンな関係を築き，その場を共有できるかということにかかっています。また，クライエントの心の動きや二者関係について，精神分析的な視点から多元的に考えるという営みこそ，精神分析的にセラピーを行うことにつながると感じています。

5. セラピストの主体性について

　筆者の勤務する病院は，諸先輩方の努力もあり，いわゆるハード面もソフト面も整った現場であると思います。複数の面接室があり，心理検査を行うための部屋，集団療法を行うための部屋などがそろっています。また，臨床心理士は複数名在籍しているため，カンファレンスの時間も確保しており，困難なケースや危機的な局面にも，同職種のアドバイスやフォローを受けることができ，安心して日々の業務に取り組むことができています。読者のなかには，面接室を確保するのに日々苦慮されている方や，一人職場で相談できる同職種の人がいない，周りの理解が得られないなど，さまざまな面で苦労されている方がおられると思われ，その方たちからすると非常に働きやすい職場であると思われます。

　入職したときからそのような環境に身を置いた筆者は，自分から働きかけるということが苦手なまま，時が過ぎました。これは私自身の性格やパーソナリティも影響しているとは思いますが，積極性，主体性というものを発揮せずとも，仕事ができる環境にあったといえます。職場の環境が違えども，精神科臨床をしている方にとっては，心理検査もセラピーも，基本的には医師の指示のもとで行っており，どこか主導権は医師にあるという暗黙の了解のもとで，過ごされている方も多いと感じます。精神科臨床が持つこの特徴こそ，セラピストがクライエントに主体的に関わることを先延ばしにさせ，深くコミットしないままでのセラピーに陥りがちな要因ではないかと感じます。

6. 治療的なネットワークのなかでのセラピスト，多職種との協働

　ここまで，精神科臨床のなかでも，一対一でのセラピーにおける「セラピスト」の側面について述べました。精神科臨床の特徴のひとつとして，治療のネットワークのなかの一員として，専門性を発揮するということが挙げられます。私が入職当初感じた「臨床心理士として何ができるのか」という問いは，精神科臨床に身を置いている方にとっては，一生問い続ける大きな課題なのかもしれません。

　以下，精神科臨床における，「多職種のなかでの臨床心理士」のあり方について考えたいと思います。

（1）専門性と主体性

　ここでも，主体性ということがキーになってくるように思います。いかに主体性を持って，多職種のなかで関わることができるか，という点です。多職種で行う集団療法で，または，治療的な会議の場で，臨床心理士として何ができるか，臨床心理士しかできないことは何か。それは，患者の生育歴やバックグラウンドから見立てて，今の症状や問題がどのように生じているのかという理解を伝えること，また，どのような場であれ，その場の力動を読むことというのが，臨床心理士の専門性であると感じます。

　集団療法を行うときであれば，患者の集団の力動だけではなく，そこにそれぞれ専門性や価値観の違う職員がどのようにコミットしているのかの見立てを行い，それを多職種間で共有することもできます。また，集団療法の場で，臨床心理士がリーダーや司会をしたり，場のマネジメントをすることもあるかと思います。正直，集団療法そのものを進行するのは，作業療法士やデイケアのスタッフが上手だなあと思うこともたびたびです。

　臨床心理士がマネジメントすることのひとつのメリットとして，患者一人ひとりの感情を受け止めることができるというところかと思います。集団の場で，感情的な発言をしたり，場を乱すようなことをする人に対して，ただ

制止するのではなく，発言の意図を聞いたり，気持ちを聞いたりすると，案外落ち着かれることもあります。そのような役割を取ることができるのは，臨床心理士の専門性であると感じており，集団療法を行うときのやりがいであるとも思います。

（2） オープンな関係

　セラピーに関しては守秘義務があることが前提ですが，精神科臨床では，ある程度のセラピーの報告を医師にしたり，多職種間で共有することも出てくるかと思います。そのときには，自分がどのような目的を持ってセラピーをしているか，クライエントのどのような点に注目しているかということを，できる範囲で伝えるようにしています。面接室でも，クライエントに対して，自由に対話ができる姿勢が重要であると考えますが，多職種間でもオープンな関係をつくることが重要であると思います。臨床心理士は「面接室でこそこそと何か訳のわからないことをしている人」ではなく，「クライエントのことを理解している人。それを周りとも共有できる人」として，ネットワークのなかで協働してこそ，それぞれの専門性が発揮される下地をつくっていけるように感じるからです。

　臨床心理士は，診断や投薬ができるわけではなく，実際に手当てをすることもありません。自宅に訪問したり，一緒に出掛けてサポートしたりといったこともせず，取り決めた枠組みのなかで対面するということを続けることとなります。周りの職種に比べると，一見地味な作業に思える面もあるかもしれませんが，患者が面接室の外に出て，さまざまな人たち，すなわち職員との関わりから始まりもっと広い人間関係へと出会っていく，その大切な土台を作っていると思うと，とてもやりがいのあることを生業としていると感じます。

7. おわりに

　さて，入職当初はよくわからないまま感じていた体の異変ですが，最近では大きく体調を崩すことは，ほとんどなくなりました。モヤモヤやザワザワ

といったちょっとした感覚や体の疲れには，「これは何かのサインかも」と自問するようにもなりました。体の変化が「何かのサイン」「SOS かも」という発想は，セラピーでのクライエントとの対話のなかでも有効です。情緒表現が控えめで身体症状を出すクライエントには，体のことを話題にしつつ，「体の SOS」をキーワードとして，クライエントのあり方について話すこともあります。

　私が対人関係精神分析を学び，実践するようになって，一番大きな変化として感じたのは，自分が生き生きとして仕事に臨んでいるということです。それは，受け身的にクライエントと関わるのではなく，好奇心を持ってクライエントのことを考え，感じ，共にいるということが，できるようになってきたからだと思います。セラピストの主体性ということを述べましたが，二者が出会う場で，主体的に何かをするということだけではなく，自分も含めてこの場で何が起きているのか，両者がどういった体験をしているのかに思いをめぐらせるところが，対人関係精神分析の醍醐味であると思うのです。

【文献】
吾妻壮（2016）．精神分析における関係性理論——その源流と展開．誠信書房．
Pine, F.（1990）. *Drive, ego, object and self: A synthesis for clinical work*. New York: Basic Books.（川畑直人（監訳），伊藤俊樹他（訳）(2003)．欲動，自我，対象，自己——精神分析理論の臨床的総合．創元社）
Stern, D. B.（1997）. *Unformulated experience: From dissociation to imagination in psychoanalysis*. Hillsdale: Analytic Press.（一丸藤太郎・小松貴弘（監訳）(2003)．精神分析における未構成の経験——解離から想像力へ．誠信書房）
Sullivan, H. S.（1954）. *The psychiatric interview*. New York: W. W. Norton.（中井久夫・松川周悟・秋山剛・宮崎隆吉・野口昌也・山口直彦（訳）(1986)．精神医学的面接．みすず書房）

第9章
学校臨床

【平野かおり】

1. 学校との出会い

　私が初めて学校臨床に関わったのは大学院生のときで，今から20年以上前のことです。学生ボランティアとして，ある公立中学校に，週1回訪問することになりました。その頃の私は，対人関係精神分析についてまだ知りませんでした。大学院の授業で，古典的な精神分析やロジャーズ（Rogers, C. R.）の理論や技法を学び，それこそが心理臨床をしていくうえで学ぶべきもの，正しいものというように思っていました。

　私が配属された公立中学校は，非行傾向の男子生徒数名が授業中にクラスになかなか入らず，教師に反抗し徘徊するということが，たびたび起こっているような状況でした。私がその中学校で初めて面接を受け持った生徒は，生徒指導上の問題行動をとり，別室で教師から厳しく注意を受けていました。私はその生徒の面接を任され，相談室でその生徒と2人になりました。私は禁欲原則に基づき，セラピストは傾聴に徹し，受け身的で中立的になりなさいという教えをかたくなに守り，それらを頭に必死に思い浮かべてその生徒の前に座りました。その生徒はふて腐れた態度で私の前に体を斜めにして座り，うつむいて目も合わせず，一向に口を開きません。私はクライエントの沈黙を尊重して，差し出がましくない態度でいなければならないと懸命に持ちこたえ，そしてあてがわれた時間をほとんど会話もすることなく過ごし，時間を終えました。その面接での私の接し方について，そのときに戸惑いはありましたが，精神分析というのはそういうものであろうと考えて，自分を

納得させなければなりませんでした。そして，学んでいたことと実践との乖離は，私がまだまだ未熟であるがゆえのものだと信じていました。

　大学院を修了してから，いよいよ心理臨床の実践の場に就き，日々相談に来る人たちと関わることになりました。実際に心理臨床活動をしていくと，古典的な精神分析の理論や技法に，だんだんと疑問を抱くようになりました。自分の臨床スタイルをしばらく模索しているなかで，KIPP 精神分析的心理療法家養成プログラムに出会いました。そこで，セラピストとクライエントの現実的な関係を重視した関わり方を知り，今まで学んできたことに窮屈さを感じていた疑問が，一気に晴れました。そしてまた，学校におけるスクールカウンセラーとしての心理臨床活動に，対人関係精神分析が生かされると実感しました。ここでは，学校で対人関係精神分析がどのように生かされるのかということを，伝えていければと思います。なお，筆者が学校臨床において主に関わった小・中学校をベースに，話を進めていきます。

2. 対人関係精神分析と学校臨床

　学校臨床心理士（スクールカウンセラー，以下 SC）は，児童生徒，保護者，教員を援助するとともに，外部機関と連携することが求められています。

　平成 7 年度，文部省（現文部科学省）の「スクールカウンセラー活用調査研究委託事業」として，全国 154 校の小・中・高校にスクールカウンセラーが派遣されたことから始まり，平成 13 年度からは全公立中学校配置の制度化が開始し，平成 31 年度までに全国公立小中学校（27,500 校）に配置する目標が掲げられています。週に半日から 1 日程度の勤務体制で，学校に配置され活用されるようになって以来，20 年以上が経過しました。

　学校で SC が援助する対象は，児童生徒，保護者，教員であり，SC の援助活動は対象者との関わりを通して可能となり，専門性を生かして関わることになります。関係性から生まれた困難，たとえば不登校，いじめ，不適応など，そして親にとっては，子育ての悩みや子どもへの対応の仕方，家族関係の問題等々，それらのどれもが関係性を抜きにしては理解できないことでしょう。SC の援助は対象者との関係を持つことから始まり，そして役に立

てるように努力することです。フロム゠ライヒマン（Fromm-Reichmann, 1950）は，「人格とは，対人関係の観点からのみ理解しうる。人格とは，その人間が他人に処するところによってしか，つまり他人との関係によってしかしりえないものである」と述べました。

そもそも子どもたちのベースには，親やきょうだい，祖父母といった家族との関係があります。次に，家族から離れた保育所や幼稚園で出会う，子どもや大人との関係があります。学校入学後は，クラスの仲間，先輩，後輩，そして担任をはじめとした教師，管理職，養護教諭など，学校スタッフとの関わりがあります。また，学校以外の人との関わりや，地域の人にも囲まれて，どんどん人との関係が広がっていきます。人との関わりのなかで，子どもたちは人との関係の取り方を学び，成長します。学校での集団生活，対人関係による経験を経て，やがて社会に巣立ち，大人としての人格を形成します。

学校現場は，さまざまな人との密度の濃い関係も生まれます。学校は児童生徒を教育し，育てる場であり，児童生徒が，成長する場，人格形成の場です。それぞれの子どもたちは違った家庭背景から育ち，当然誰一人として同じ人はなく，家庭環境，家庭事情，経済基盤，家族構成，価値観など皆それぞれ異なり，一人ひとりの個性があります。さまざまな個別性を持った子どもたちが一つのところに集まって，○○小・中学校という集団において，一定の学校の規則や価値観，教育方針のもとで教育を受け，守られて安全に過ごしていくことになります。

そのなかには，集団になじめない子ども，うまく関係を結べない子ども，また，みんなと歩調を合わすことがなかなか難しい子どもがいます。そうした子どもたちは，学校のなかで自分の欲求を満たし，安心して過ごすことができず，本来なら子どもの成長を育むはずの学校が，辛く苦しい場となってしまうことにもなります。

3. 児童期，思春期の子ども：サリヴァンの人格発達理論の視点から

サリヴァン（Sullivan, H. S.）の人格の発達論において特徴的なのは，児童

期にユニークな焦点を当てて述べたところにあります。サリヴァンの発達段階には，誕生後から音声言語が出現するまでの幼児期（0～1歳半頃），次に小児期（1歳半～4歳頃）があります。小児期は音声言語の能力の発達が始まる時期としました。その後に，児童期（4, 5歳頃～10歳頃）と前青春期（8歳半頃～11, 12歳頃），青春期前期，青春期後期，成人期と続きます。ここでは小中学校の期間，主に児童期と前青春期を中心に見ていきたいと思います。

　サリヴァン（Sullivan, 1953）は，児童期はおおむね小学校時代に相当し，遊び友だち，協業相手を求める欲求が現れる時期であると述べました。そして，次の前青春期は，自分とほぼ同等の位置にある相手の人間と，水入らずの親密関係に入りたいという欲求が現れ，抜きん出て重要な時期だとしました。サリヴァンは，人間は欲求（needs）によって動機づけられており，ひとつは満足の欲求（needs for satisfaction）であり，もうひとつは安全への欲求（needs for security）であると述べました。

　エリクソン（Erikson, 1950）が心理社会的発達段階において述べているように，子どもは乳幼児期からの母子関係，家族関係といった，守られた限られた人との関わりのなかで基本的な信頼感や安心感を獲得し，自律性や，自発性を体得していきます。そして，児童期には勤勉性を獲得し，それがうまくいかないと劣等感になるということです。

　サリヴァンは，現実の対人関係に発達段階の視点を置きました。子どもが健康に育つ基盤には安全への欲求と満足への欲求があり，それは生後間もなくから始まります。「乳児は自分の欲求を自分自身で満足させることができないので，満足させるために他者を必要とします」（Greenberg & Mitchell, 1983）。乳児はひとりでは，生きていくための欲求を満たすことができません。おなかがすけば母親から授乳されることを欲求し，母親は乳児への授乳に応じます。乳児がおっぱいを飲むのと母親が与えるのとは相互作用関係にあり，生後間もなくは乳児と母親との一対の対人関係から始まり，成長とともに対人関係が広がっていきます。乳幼児期の母子関係や家族関係からの影響はもちろん，子どもの成長にとってかなり濃厚に人格形成の基礎づくりとなりますが，その後の学校時代のさまざまな関わりからも，大きく影響を受けます。

児童期は，家族という小さなユニットから一歩外に出て，より多くの人間関係が増えていきます。いつも身近で見守ってくれていた擁護者から離れて，同年齢の子どもたちとの集団生活が始まります。今まで家庭のなかだけで経験して身につけてきたことが，試される時期になります。サリヴァン（Sullivan, 1953）は，「児童期は社会化を行う影響力を持つものとしての家庭の限界や偏りが是正される機会に恵まれる最初の発達段階である」と述べました。家庭から一歩外に出て，学校のなかで子どもたちは，他の子どもたちとの接触のなかでずいぶんと学ぶことがあるでしょうし，学校での集団生活をするうえで，家庭で身につけてきた習慣や価値観が，他の人たちと違うことにも気づくでしょう。友だちやクラスメイトのなかで過ごすことにより，取り入れたり影響を与えたりする時期が児童期から始まります。家族外の集団に健全に適応するためには，「協力（collaboration）や，競争（competition）や妥協（compromise）のための能力が発達を始める」ことが求められます。それは，家庭内で発達した対人能力がそのまま単純に家庭外の状況に持ち込まれるわけではなく，児童期およびそれ以降の家族外集団のなかで新たな対人能力が発達するのであり，人はそのなかで成長していくということです。また，「児童期に対人的に孤立したり，障害を生むような児童環境の中で養育された子供は，協力や競争や妥協の能力が永続的に欠如した状態でその人格形成期を過ごすことになるであろう」（Chapman & Chapman, 1980）と言われています。

　サリヴァン（Sullivan, 1953）は，「親友（チャム）の出現は児童期（学童期）の終焉を告げる最終的標識である」と述べます。そして，「両親などの家族集団から子供に加えられた人格発達のよくない方向を修正し矯正するのは学校社会である。児童期には成長を促す二つの因子がある。一つは社会的服従の体験，一つは社会的自己調整の体験である」とも述べます。

　特に，人格形成で重要となる発達の著しい時期を，子どもたちはたくさんの人との関係から成り立つ学校集団のなかで，教育を受け成長していきます。サリヴァンはまた，「児童期で泥に足を取られて前へ進めない人は，仲間とともに気持ちのよい生活を送るのに非常な不適格性を持つ」と述べます。

　そして前青春期には，同性の友人関係を結ぶチャムシップの関係を築けることが，その後の大人として成熟していく過程で重要で，その良好な経験は

後に異性関係や家族を築ける関係性を持つ能力に発展していきます。したがって，子どもたちにとって，生活の大きな部分を占める学校生活での体験は，大人になるまでの人格形成の土台となり，後の人格形成に影響を及ぼすことになります。

このような人格形成で重要な児童期から思春期を，子どもたちが多大な時間を過ごす学校のなかで，SC は大きな役目を果たす機会があり，現在多くの小・中・高等学校に配置され，認知され，必要とされる状況に至っています。

4. 学校で生きる「参与観察」

サリヴァン（Sullivan, 1954）は精神病患者に寄り添い，「精神医学は対人関係の学である」と定義し，「参与観察（participant observation）」という言葉を私たちに残しました。また，現実の患者との生きた関わりを強調し，「目下進行中の対人作戦に巻き込まれないわけにはいかない」と述べました。

学校臨床において，現実の関わりを通して見ることはとても自然な方法です。そしてまた，学校現場にいると学校のなかで起きるさまざまな事象，職員室のなかでの先生たちや，教室や校内の児童生徒たちを目の当たりにして，SC はそのなかに巻き込まれないわけにはいきません。相談者と SC，児童生徒と教師，児童生徒同士，子どもと親，集団のなかでの個人など，常に二者あるいは三者，あるいはそれ以上の関係性があり，そこに今起きている問題は関係から生まれてきたものだといえます。児童生徒たちの不適応などの問題は，子どもたちが関わってきた対人関係からつくられてきたものだという理解が必要です。

学校臨床では，相談の対象者は一対一の個別面接だけに見られる状況を超えて，複数の対人関係から知り得ることがたくさんあります。その特徴の一つとして，SC 一人が子ども，親そして教師など，複数の対象者にそれぞれ別々に関わることができるという点があります。

【事例1】

　　A子は，小学校5年生の女児です。クラスの隣席の男子との関係がうまくいかないということで，母親の依頼でA子との個人面接を開始しました。A子の話を聞いているうちに，母子関係がかなり密着状態にあることが彼女の困難につながっているのではないかと，SCは見立てました。担任とのコンサルテーションで彼女の作文を見せてもらいました。それは学芸会の劇の感想文だったのですが，他のほとんどの子どもたちの作文には劇でやったことや，クラスの友だちについて書かれていましたが，彼女は母親が観客席で見てくれてうれしかったこと，終わってから母がほめてくれたのでよかったことなど，母のことで作文は占められていました。そこからいかに，A子が母の目を気にしているかが読み取れました。ある日，彼女の面接終了時に，母親が面接室の前に迎えに来ました。母親はSCに自分の考えの正当性を主張し，学校に対する批判を怒りを込めて訴えます。するとA子は，母の顔を見て「やめて」と言わんばかりの迷惑そうな表情をしていました。

　このように，学校では複数の関係者から情報を得る機会がたくさんあります。単に面接室内だけの観察にとどまらず，面接室以外の場面でのそれぞれの関係を，実際に直接観察ができ，それを有効に扱うことが可能になります。

5. 孤独：仲間から外される恐怖

　サリヴァン（Sullivan, 1953）は「児童期には，仲間を求める欲求のなかに，将来孤独感となるものの構成分子がある」と言い，「陶片追放恐怖，仲間外れの申し合わせをされる恐怖」について述べています。学校集団で仲間外れにされることは，子どもにとっていたたまれない悲しい出来事です。集団に入れない，空気を読めない，みんなと歩調を合わせられないという子どもは，いじめに遭ったり，やがて学校に行きづらくなったりして，不登校になることがなかには起こってきます。

　サリヴァン（Sullivan, 1953）は，「孤独は不安よりもっと恐ろしいもの」と

述べます。学校の集団生活に適応できない子どもは，本来なら生き生きと仲間と遊び，一緒に勉強したいという子ども本来の欲求を持ち合わせているはずですが，その欲求を満たすことができません。学校は自分の能力を生かし，新しい学びを発見する場ではなくなり，反対に不安や恐怖の場となり，学校に適応できず，行けなくなってしまうことにもなります。また，元気で明るくて勉強ができるという暗黙の理想スタイルにかなわない子どもにとって，その路線に乗って活躍することができず，学校が苦しいところになりかねません。

　学校は，いくらそれぞれ子どもたちの個性を尊重した教育をしていくといえども，集団のなかでは，担任1人が30人，40人もの児童生徒を見るには限界があります。基本的に「競争」「協力」「妥協」を学んでいくところですが，勉強が苦手，友だちづくりが苦手，また身心に障害があったり，みんなと違った要因，たとえば国籍が違ったり，皮膚や髪の色が違ったり，あるいは言葉の方言が違ったり，家庭環境が平均的ではなかったりするような違いを持ち合わせている子どもにとっては，それらの違いは仲間から浮き，そしてそうした子どもがいじめの対象になることもなかには起こります。

【事例2】

　中学校1年生のB男は，発達検査の結果，広汎性発達障害の疑いと診断されました。小学校の頃から友だち関係をうまく築くことが難しく，中学入学後も，クラス内でB男の言動がもとでよく揉めごとが起きるらしく，親しい友人も特にいないということで，相談室に訪れるようになりました。彼が言うには「僕が校庭のベンチに座ると，周りの生徒たちがサーと避けて離れていく」ということです。B男は友だちが欲しいのに避けられるという恐怖感，孤独感で，学校に登校することができなくなっていきました。

　中学校2年生で不登校になったC子は，教室に行くことはできず，SCとの面接の時間だけ隠れるようにして相談に来ていました。彼女は小学生の頃から，クラスメイトにいじめられていたということです。私

物を隠されたり，ごみ箱に捨てられたり，彼女や彼女の机に触れたりすると「ばい菌！」と言って，クラスメイト同士で菌を擦りつけるような遊びをされたということです。

　また，学校でのケースではなく，私が関わってきた大人の相談を見てみますと，対人関係についての悩みを抱えるクライエントの多くが，小学校や中学校の時期にいじめられたり，のけ者にされたりした，という話をよく聞きます。子どもの頃から何年，何十年経っても，それらの辛い体験がいつまでも残り，大人になっても心の傷が癒えないままです。
　開業臨床で面接した40歳代のD子は，人間関係を結ぶことが困難だということです。成人後はアルバイトを転々とし，相談に来られた当時は，勤めていた会社で誰とも会話もできず，周りから嫌われ，疎んじられているという訴えでした。D子は小学生の頃から人間関係を結ぶことが難しく，友だちは一人もいなかったということです。中学校では，女子の非行グループに呼び出されて理不尽な言いがかりをつけられ，暴力まで振るわれたということでした。彼女は父親が転勤族だったせいで，2，3年ごとに転校をしていたので，次の転校先では明るくなって友だちもつくりたいという思いで臨むのですが，やはりうまくいかず，孤立した状況を繰り返していたということです。
　子どもの時期に負った心の傷はその後20年，30年，あるいはもっと経っても癒えることなく，外に出ることにも恐怖心があると話してくれました。

　B男，C子，D子のように，児童期，思春期に仲間から外される，仲間と同じようにできない，友だち関係をうまく結べないといった経験は，その当時はもちろん，辛く苦しい時間を過ごすことになるでしょう。さらには後々までその苦しみを持ち続け，やがては人間不信や社会恐怖となる場合もあります。いかに子ども時代に学校で適応していけるか，友人関係を結べるかということが，後の人格形成，社会生活に大きく影響していきます。

6. 柔軟な枠

SCが学校で面接を行う場合，その構造はかっちりと決まった枠ですというよりも，もっと柔軟に構えることが必要です。

【事例3】

　私がSCになって間もない頃に，X公立中学校に配属されました。着任してすぐの4月に，中学3年生E子は職員室にいたSCのところに来て，相談を申し込みました。約束した時間に相談室にやってきたE子は，クラスのなかでいじめに遭っていると訴えます。SCはそれからほぼ毎週，彼女の話を個人面接の時間を設定して聴いていました。

　数カ月経った頃，E子のクラスの友人のF子とG子も放課後，相談室に来るようになりました。その学校の相談室は，部屋の真ん中が壁とドアで仕切られて，部屋と部屋はドア越しに行き来できる構造になっていました。放課後にはE子，F子，G子の3人が一緒に相談室で過ごすときもありましたが，それとは別に，E子はSCとの個人面接も続けていました。

　E子からは3人の友人関係が難しいという話を聞いていました。実際に，3人でいるときの彼女たちの関係性を観察していると，E子はF子とG子から冷遇されているような様子がうかがえました。E子以外の二人にも，それぞれ話を聞く機会が何度かありました。SCには，最初冷遇されていたE子の辛い状況しか見えていなかったのですが，F子，G子との関わりを持ち，彼女たちから家庭背景を含め，複雑な親との関係などを聞いているうちに，F子やG子が抱えているストレスが，E子への攻撃となっているのではないかという見立てが浮かんできました。

　SCは3人と枠を超えた設定のなかで関わることにより，三者の関係性の理解が深まりました。やがて，現実場面での3人の関係も変化していきました。相談室のなかで，SCを交えた関わりのなかで，3人それぞれの関係は，お互いを認め合う関係に構築されていきました。

学校臨床は，個人面接にとどまらず，その時々で枠を超えて対応をする事態が起こります。学校の相談室では枠があいまいながらも，そのあいまいさがあるゆえに，現実に接する人と人との関わり合いを幅広く柔軟に持つことができます。そして，そこからまた新しい関係性の理解が広がります。

7. 親のサポート：不登校を中心に

子どもが学校で不適応となったり，学校に行けなくなったりした場合，親は子どもが普通に学校に行けることがどれほど楽で，安心できていたかを思い知らされます。みんなと同じようにできていないわが子について，自分自身の子育てのせいではないかと自分を責めたり，あるいはパートナーが子育てに無関心だからと思ってパートナーを攻撃したり，学校のせいにしたり，親は親で不安な状態に追い込まれます。子どもに対して，何とかしようと厳しく当たったり，なだめたり，あの手この手で，ますます家庭のなかは混乱し，親の精神状態も疲弊していきます。

そのような親へのサポートも，SC に求められる重要な役目としてあります。不登校の子どもにとって学校が苦しい場であるなら，いったん家庭で過ごし，学校から距離を取ることが，安心した環境づくりになる場合が往々にしてあります。しかし，いったん休養宣言すると，子どもは緊張が解けますが，親はいつ登校できるのかと不安を抱えて家庭内で子どもと過ごします。親は自分自身の不安を持ちながらも，何とか心を安定させて子どもに接していくことが求められます。

SC にとっては不登校の子どもを持つ親をサポートして，親の安定と子どもへの対応方法を一緒に考えることも，重要な役割です。さらには，SC が学校に橋渡しをすることにより，家庭と学校の協力関係を築いていくことができ，子どもへの対応を複眼的に見て，子どもを取り巻く関係者が協力し合う道が開けます。

8. 連携

　SCは，学校の相談室のなかで個別に面接することはもちろん必要ですが，さらにSCが機能するためには，「連携」は欠かせない条件です。連携と守秘義務の問題とは葛藤を生み，きわめて難しい問題でもあります。教師の学校臨床についての理解と，SCの学校への理解，そして何よりもお互いの信頼関係に基づいて，必要なことを報告し合い，一緒に抱えて考えていく姿勢が重要になります。

　これは，学校内守秘義務や集団守秘義務と言われたりしますが，ミッチェル（Mitchell, S. A.）は，「精神分析の営みはある種の不確定性の危機にさらされることになる。その危機を乗り越えるのは，その不確定性の中で分析者が体験をする仕方であり，考えようとするやりかたであり，その特殊な在り方を分析者が保持しようとする努力である」（横井，2009）と述べています。これは，学校を一つの被分析対象として考えれば，通じるところがあるように思います。

　学校は日々，不確定性の危機にさらされています。週1日の勤務であるSCが一週間ぶりに学校を訪れると，驚くような問題が浮上し，学校の様子が変化していることがよくあります。児童生徒たち，教師たちがあちらこちらで危機にさらされているとき，そのなかにSCも踏み込むことになります。したがって，SCも危機状況に巻き込まれ，関わっていきます。そのような危機に面したときに，SCのあり方が問われることになります。

　以下は，親との面接，子どもとの面接，さらに担任，管理職との連携を密にし，協働することで，子どもが安定し，親の安心感を得ることができたケースです。

【事例4】
　　小学校6年生のH男は，1年前に他府県から転校してきました。文化や地域性の違いが大きく，戸惑うことが多くて，慣れるのが大変でした。そのうえ，H男は広汎性発達障害の疑いがあり，マイペースで対人トラ

ブルが絶えず起こっていました。母親は，家庭内でも H 男の対応が思いどおりにいかず，困り果てて相談に来られました。

　最初は，母親との面接を継続していました。H 男が時間感覚を持っていないことや，整理整頓ができないことが，母親の困りごとでした。さらに，担任や学校への不満を話され，SC は母親の気持ちを受け止めて，H 男を前向きに受け入れられるようにサポートしていました。そんなおり，またもや H 男は友人関係でトラブルになり，友人から暴言暴力を振るわれました。H 男からその話を聞いた両親が，学校にやってきて担任に怒りをぶつける，という事態が起こりました。担任と両親が話し合いをしている間に，SC は H 男との面接を初めて持つことができました。ちょうどその日は SC の出勤日だったため，面接を急遽持つことができたのです。

　それから毎週，SC は H 男との面接を重ねていきました。また，担任とのコンサルテーションも毎回行いました。場合によっては管理職も加わった話し合いを持ち，教師，管理職，SC それぞれが保護者対応を丁寧にしていきました。さらに，相談部会で，ケース検討の会議を定期的に持ちました。参加メンバーは担任，管理職，部会担当教師，養護教諭，スクールソーシャルワーカー（以下，SSW と略記），SC です。学校のなかで複数の関係教員や SSW と連携しながら，協力して H 男と保護者のサポートをしていきました。そうして学校が「抱える環境」を整え，連携を密にしていくことにより，H 男の状態が落ち着いていき，教室での友人とのトラブルが徐々に収まっていきました。また保護者も安心感を持たれるようになりました。

　サリヴァンが「対人関係の数だけ多くのパーソナリティを持っている」と言うように，子どももまた，家庭で見せる顔，学校で見せる顔，担任に見せる顔，養護教諭に見せる顔，SC に見せる顔など，複数の顔があります。「パーソナリティは単一のものではなく，対人関係的に外部から限定された多重性を持ちます」（岡野ら，2011）。親との面接から得る情報と学校からの情報とでは，食い違いが出てくることがよくありますが，「多重な自己」の視点を持

つと理解できるでしょう。

　また，サリヴァン（Sullivan, 1954）は，「脇データ（患者以外の情報源から得た情報）」の活用も，時と場合によっては必要だと述べています。たとえば，子どもの問題について母親の面接をすることは，学校臨床においては必要で，よくあることです。学校での相談活動の強みは「協働」にあります。情報は多くあればあるほど，助けにもなります。子どもや親を理解するには，多様な視点を有効に利用できます。つまり，多職種，複数の関係者との連携により，それぞれの視点から意見を出し合うことで，新たなアイデアが生まれる道が開けます。親や教師のサポート，連携は，学校臨床にとって必要不可欠といえるでしょう。

9. 人類同一種要請

　私がSCとして働くようになった初期の頃，SCとしてどのように学校に参入し，どのように働いていけばいいのか思い悩む日が続きました。教室に入れない子どもや不登校の子どもと，相談室で来る日も来る日もトランプをしたり，オセロをしたりして，こんなことでいいのだろうか，もっと意味のある何かを提供しないといけないのではないかと，疑問を感じていました。どのように動けばいいのか悩みながら，自分自身の心のやり場もなく，時間を過ごすという状況で，達成感も自己効力感も持てず，黒子として埋没するような日が続いていました。子どもたち自身も，なぜ不登校になったり，不適応に陥っているのかの理由がはっきりとはわからずにいたり，これといった問題意識もないということがほとんどでした。

　SCとして働き始めた初期の頃は，子どもや親，教師の不安に巻き込まれ，その不安に押しつぶされそうな日を送りました。しかし，経験を重ねるうちに，だんだんとそのような関わりの時間は，子どもを守り，安心感を持てる空間を提供し，子どもを参与観察する重要な時間であると，理解できてきました。集団生活のなかに入っていけない子どもたちは，SCとの関わりから安全な空間や安心感を体験し，外の世界である仲間のもとに飛び立つ準備をします。一人の人間であるSCが，一人の人間である目の前の子どもや親に，

否定したり，批判したりすることなく寄り添い，同じ悩める人間として関わります。それはサリヴァン（Sullivan, 1953）がいう「人類同一種要請」において述べられているように，どの人もすべて同じように人間であり，セラピストも病めるクライエントも，根本的には人間であることには差異はないということです。

10. 子どもの遊びの力

【事例5】
　　　小学校6年生のI子は，不登校傾向でした。担任や他の教員が，I子の自宅に毎朝のように迎えに行くことで，ようやく登校できたりできなかったりしていました。I子がSCと関わるようになってからしばらくすると，放課後同じクラスの2人の女子が，相談室にやってきました。I子と友人2人とSCとで一緒に絵を描いたり，宝物探しをしたり，また元気のいい2人の女子の誘いでグランドに連れ出されて，鬼ごっこをしたり，ボールで遊んだりしました。I子もSCも息を切らしながら，活発な2人の女子と一緒になって4人で遊び，笑って過ごしました。そのうち徐々にI子の登校する日が増えていき，そして無事に小学校を卒業していきました。

　I子と2人の友人たちの3人グループにSCが入ることにより，単に友だちだけのグループの遊びから，I子が学校に行きやすくなれるようにという希望と熱意，そして目的を持った仲間になれたようです。2人の女子のI子への思いやり，つまりサリヴァンが言うような「親友（チャム）」関係，相手の幸せが自分の幸せとなるような関係が，I子の心を解きほぐし，エネルギーが湧いていったと考えられます。SCの関わりは，子どもたちの自由な遊びに寄り添いついていきます。子どもの欲求は，仲間と遊ぶこと，学ぶこと，そして自分の能力を発揮することにあります。SCの活動は，そうした子どもの成長へとつながるような欲求を満たす手助けになること，また役に

立つことが目標です。その方法は「関わること」です。

　何よりもⅠ子に力を与えてくれたのは、一緒に遊んだ２人の女子との関係です。川畑（2010）は「子どもたちを癒やし、育む最大の存在は、子どもたちだ」と言います。学校では、家庭のなかだけでは知り得ないような、さまざまな経験ができます。特に同年代の仲間と共同で学び、遊ぶことで、喜びもあれば揉めごともあり、また、周りと歩調を合わせることを学んだり、助け合ったりしながら成長します。思春期になると、サリヴァンが言うような同性の親友との付き合いから相手を思いやったり、喜びや悲しみをシェアしたりしながら対人能力を身につけていきます。そして次の段階の、異性との付き合いに進む準備ができます。

　学校で多くの時間を費やして、さまざまな経験をする学童期・思春期は、幼少期までに家族のなかで経験してきたゆがみや心の傷、不健全性を修正する時期でもあります。家庭のなかで身につけてきた価値観や考え方を他人と比較することで、自分自身を見る視点を持つことができるのも学校です。他人を観察したり、自分と他人を比べたり、他人と自分の関係を距離を持って見直したりすることから、自己が確立されていきます。それは、学校の集団のなかでの関わりから、つくられていくことだといえるでしょう。

11. チーム学校の一員としてのSC

　今、学校現場では、教員をはじめとして多職種とのチームの協働、連携を推進する動きが始まっています。平成28年には、文部科学省から「チーム学校の構想における心理職の役割」が発表されました。日本では学校全体の教職員のうち、約８割を教員が占めていますが、欧米では５割程度だと言います。今後は日本も、教員以外のスタッフが増えていくことになるのではないかと思われます。従来の日本の学校においては、一律に教員が児童生徒に教えるという、教育スタイルでした。しかし、時代の流れとともに子どもたちの育つ環境は多様化・複雑化して、今までどおりの教育をしていくことが難しくなってきている現状にあります。

　SCが学校でさまざまな事態、問題、困りごとに対応していくには、まさ

に対人関係精神分析の視点が役に立ちます。学校で起きているさまざまな問題は，すべて現実の対人関係から生み出されており，そしてまた対人関係から癒やされ，解決されていきます。スターン（Stern, 1997）は，「未構成の経験のあいまいさが解決されるのは，対人関係の中での出来事なのである」と述べており，また，ガダマー（Gadamer, H-G.）の「理解は対話のなかでしか生まれない」という言葉を引用しています。

　私が学校現場に関わった当初は，まだSCが今のように学校のなかで周知されていませんでした。SC自身もどう動いたらいいのかわからず，学校側もどのように活用したらいいのか，試行錯誤の状態でした。ただ役に立ちたいという思いはあるものの，それができているのか焦りや不安な思いを抱えて活動していました。その後，経験を重ねるごとにその不安は少しは軽くなりましたが，また違った意味でSCの仕事の難しさ，重要さを実感し，そしてやりがいある仕事であると感じています。

　関係性から生まれた困難を，関わりを通してひもとき，そして新たな関係を創り出せます。チームの協働により援助する側の関係性はより複雑になるでしょうし，SCにとってチームの中での働き方は難しさが増すでしょう。世の中の変化とともに学校が変化し，SCの働き方も変化します。対人関係精神分析の視点，関係性を考える視点が学校臨床に大変役立つものであると考えます。

【文献】

Chapman, A. H. & Chapman, M. C. M. S.（1980）. *Harry Stack Sullivan's concepts of personality, development and psychiatric illness*. New York: Brunner/Mazel.（山中康裕（監修），武野俊弥・皆藤章（訳）(1994). サリヴァン入門――その人格発達理論と疾病論. 岩崎学術出版社）

Erikson, E. H.（1950）. *Childhood and society*. New York: W. W. Norton.（仁科弥生（訳）(1977). 幼児期と社会1. みすず書房）

Fromm-Reichmann, F.（1950）. *Principle of intensive psychotherapy*. Chicago: The University of Chicago Press.（阪本健二（訳）(1964). 積極的心理療法――その理論と技法. 誠信書房）

Greenberg, J. R. & Mitchell, S. A.（1983）. *Object-relations in psychoanalytic theory*. Cambridge: Harvard University Press.（横井公一（監訳），大阪精神分析研究会（訳）(2001). 精神分析理論の展開――〈欲動〉から〈関係〉へ. ミネルヴァ書房）

川畑直人（2010）．私にとってのサリヴァン・パーソニフィケーション．治療の聲，**11**(1)，37-40．

岡野憲一郎・吾妻壮・富樫公一・横井公一（2011）．関係精神分析入門──治療体験のリアリティを求めて．岩崎学術出版社．

Stern, D. B. (1997). *Unformulated experience: From dissociation to imagination in psycho-analysis*. Hillsdale: Analytic Press . （一丸藤太郎・小松貴弘（監訳）(2003)．精神分析における未構成の経験──解離から想像力へ．誠信書房）

Sullivan, H. S. (1953). *The interpersonal theory of psychiatry*. New York: W. W. Norton. （中井久夫・宮崎隆吉・高木敬三・鑢幹八郎（訳）(1990)．精神医学は対人関係論である．みすず書房）

Sullivan, H. S. (1954). *The psychiatric interview*. New York: W. W. Norton.（中井久夫・松川周悟・秋山剛・宮崎隆吉・野口昌也・山口直彦（訳）(1986)．精神医学的面接．みすず書房）

横井公一（2009）．関係性理論における S. ミッチェルの功績．精神分析研究，**53**(2)，143-149．

第10章
学生相談に生かす対人関係精神分析

【今江秀和】

1. はじめに

　学生相談とは，大学のなかにある相談機関において，在学中の学生を対象とした相談活動のことです。そこに訪れる学生の相談内容は多種多様であり，回数や期間についてもさまざまです。また対応としては，情報提供をして終わるものもあれば，環境調整が必要な場合もあります。もちろん，自分の心の内側を深く探索し，自己理解を深めていく作業が大きな意味を持つものもあります。

　こうしたことから，学生相談では，必ずしも精神分析あるいは精神分析的心理療法を行うことが望ましいとはいえません。学生相談における相談活動では，個人面接を中心としながらも，必要に応じて学内外の関係者や関係機関と連携・協働を行うことが求められており（日本学生相談学会50周年記念誌編集委員会，2010），特定の学派にこだわって面接室だけで臨床を行うことに対しては，否定的な見方もあります。実際，特定の学派の方法に基づいて面接室にこもって面接だけをするといったスタイルでは，学生の多様な相談ニーズには対応できないということを，学生相談カウンセラーとして働く筆者としては実感しています。

　では，精神分析が学生相談において何ら意味を持たない，あるいは一部の内省する力があり，自己理解を求めている学生にしか意味を持たないのかといえば，筆者はそうではないと感じています。ここでは，学生相談の特徴を述べた後，いかに対人関係精神分析を学生相談に生かすことができるかにつ

いて，考察したいと思います。

　なお，本章では学生相談という臨床の場の特徴から，相談を受ける者をカウンセラーとし，相談者を来談学生または学生と記述することにします。これは学生相談が教育の一環であり，個別面接であっても，治療という枠組みで行われるわけではない，という点を意識しています。

2. 学生相談の構造

　学生相談は，教育の一環と位置づけられ（文部省高等教育局・大学における学生生活の充実に関する調査研究会，2000），カウンセリングを中心としながらも，それだけにとどまらず，すべての学生を対象とした発達促進的，予防教育的な取り組みも行い，学生の人間形成を促すものです。

　学生相談の大きな特徴のひとつは，大学のなかにある相談機関で行われる相談活動であるということです。組織の位置づけはそれぞれの大学によりますが，学生相談機関が大学の中にあることは共通しています。この特徴のため，さまざまなことが起こってきます。たとえば，相談室外で来談学生と出会ったり，カウンセラーが教員職で，来談学生がカウンセラーの授業を受けている場合には，二重役割を担うことになったりもします。また，来談学生と関係のある教職員と会議で顔を合わせたり，学内を歩いていて出会ったりすることもあります。

　相談の対象は，基本的には在学生ということになります。学生が対象ですので，料金は無料となっています。このことは相談の敷居を下げる一方，場合によっては，なんとなく来談を続けることにつながっていることもあるかもしれません。

　また，学生が対象ということは，入学から卒業までという期間限定の相談ということになります。なかには1年生から相談に来はじめ卒業まで通ってくる学生もおり，この場合，期間はかなり長くなりますが，4年生の途中から来談した場合などは数カ月しか時間はなく，始まりから相談の終わりを意識する必要が出てきます。また，鶴田（2001）が学生生活サイクルとして，入学期，中間期，卒業期，大学院生期と，学年により異なった課題があると

指摘していますが，このことも学生相談の特徴のひとつといえます。

　相談の内容は，心理的な問題から精神病や発達障害に関する問題，人間関係や学業，進路に関する問題まで多岐にわたります。その他に，数は多くないものの，事件や事故に関する問題が持ち込まれることもあります（今江・鈴木，2013）。心理的な問題については，学生と合意に至れば深い内的な探求が行われることになりますが，必ずしも学生はそうしたカウンセリングを希望しませんし，相談によっては，ちょっとしたアドバイスや窓口などの情報提供で終わることもあります。精神病や発達障害の学生においては，現実適応のサポートが主となる場合もあります。

　大学には長期休暇がありますが，その間のカウンセリングをどうするかは，大学によって異なります。長期休暇期間中は閉室する場合，カウンセリングは数ヵ月ごとに長い休みが挟まるという構造になります。

　さまざまな相談に対応していく学生相談では，ときに保護者や教職員，学外の関係者や関係機関との連携・協働が必要になります。学生の求めに応じて，あるいはカウンセラーから提案して，カウンセラーがそうした関係者にコンタクトを取ることもありますし，関係者が学生への対応に苦慮して，あるいは必要性を感じてカウンセラーにコンタクトを取ってくる場合もあります。学内の相談機関であることで連携・協働はしやすい面もありますが，大学や教職員のさまざまな事情を考慮したうえで動かなければ，うまくいかないことも多々あります。こうしたときに組織を見る視点が必要になります。

　組織を見る視点を持つことは，別の面からも必要です。学生相談機関は大学のなかの組織ですので，当然その活動は，上位の組織である大学の理念や学生相談機関への期待といったことが影響を及ぼします。

　このように，学生相談は独自の構造を持っており，それゆえに独自の専門性を持つ分野であるといえます。

3. 学生相談に生かす対人関係精神分析

　ここまで，学生相談の構造について述べてきました。学生相談は独特の構造を持っており，精神分析的設定とはずいぶん異なっています。精神分析的

設定は，曜日時間を決め，週3，4回以上会い，カウチを使用し，自由連想を行う，といったことが一般的に知られています。現在はカウチは使用されないこともありますし，たとえば対人関係精神分析であれば，自由連想よりも詳細な質問が重視されるなど，時代とともに，また学派が分かれていくとともに，技法も多様になってきています。日本では，週3，4回以上の面接ではなく，週1，2回の面接を行う精神分析的心理療法のほうが一般的になっています。

しかし，それでも精神分析的設定は学生相談の緩やかな構造と比べると，固い構造をしているといえます。精神分析あるいは精神分析的心理療法では，分析家とクライエントが面接室内で，基本的には外部からの侵入に脅かされることなく問題に取り組める構造をしていますが，学生相談では緩やかな構造ゆえに，来談学生との相談室外での接触や教職員との連携など，さまざまな出来事に柔軟に対応していくことが求められます。このように精神分析とは大きく異なる構造をもつ学生相談において，対人関係精神分析をどのように役に立てることができるか考えてみたいと思います。

学生相談は，精神分析や精神分析的心理療法をするための部署ではありません。学生もそれらを求めて来談するわけではありません。精神分析的心理療法が可能であり，それが学生にとって意味があると思える場合も，もちろんあります。しかし，内省すること自体が難しかったり，精神障害を抱えていて現実適応の支援など，精神分析的心理療法以外の対応が求められることも少なくありません。

本章のタイトルは，「学生相談に生かす対人関係精神分析」としました。しかし，それは精神分析的心理療法が向く学生のみを選び出し，どのように対人関係精神分析を行うかを考えるということではありません。そのような限定はせず，学生相談全般において，学生を支援するために対人関係精神分析をどのように生かしうるかを考えたいのです。実際に精神分析的心理療法を行わないとしても，対人関係精神分析の理論や技法，視点といったものが，学生相談全般に生かせるのではないかと筆者は考えています。

（1） 見立て

　すでに述べたように，学生相談には多様な相談が持ち込まれます。どのような相談が持ち込まれたにしても，学生の役に立つためには「見立て」が重要になります。見立てでは，単に問題や症状だけに焦点を当て，対応を考えるのではなく，問題の背景も視野に入れて考える必要があります。たとえば，統合失調症の学生の場合，病院に行き，薬物療法を受けることが必要になりますが，病院につないで薬物療法がなされればよい，ということにはなりません。統合失調症の学生が学生相談の場に現れた場合，その学生が大学という場でどのような困難を抱えているのか，その困難はどのようにして起こっているのかを考えなければ，学生の役に立つことはできません。

　問題の背景と言いましたが，そこにはその人の持って生まれた特性（気質や体質，障害など），過去および現在の対人関係などの環境，それらの相互作用といったことが含まれます。人のパーソナリティや対人関係のパターンも，そして現在抱えている問題も，そうした特性や環境，それらの相互作用のなかでつくられていくのです。また，見立てを行う際には，クライエントがどのような発達的な時期にあり，どのような発達課題があるかも考慮に入れる必要があります。このように，見立てはその人全体を見る視点を必要とします。こうしたその人全体を見る視点を持った見立てには，精神分析の知見が非常に役に立つと思われます。

　来談学生の対人関係を考える場合，学生が語る内容，そしてカウンセラーの観察する内容が，重要な情報源となります。ただ，この観察についての考え方に，対人関係精神分析の大きな特徴があります。対人関係精神分析では，客観的な観察ということはあり得ないと考えます。サリヴァン（Sullivan, 1954）は，「"客観的"観察のようなものは存在しない。あるのは『関与的観察』だけであり，その場合はきみも関与の重要因子ではないか」と述べています。つまり，カウンセラー自身もカウンセリング場面の構成要素であり，「参与観察者（participant observer）」として，その場のクライエントのあり方に影響を与えていると考えます。当然，クライエントもカウンセラーに影響を与えていますので，互いに影響を与え合うなかで，カウンセリングは進行して

いくことになります。つまり，カウンセラーはひとりの人としてクライエントの前に現れ，参与し，そこでの相互作用も含めて観察することを試みるのです。これは，フロイト（Freud, S.）の，分析者はブランクスクリーンでなければいけないという考えとは，対照的な考えといえます。

　また，来談学生の対人関係を考える際，来談学生の転移だけでなく，カウンセラーの逆転移も含めて吟味することになります。来談学生の転移は，単に学生の過去の対象が投影されたものとは考えず，カウンセラーの寄与分がある，つまりカウンセラーの影響があると考えます。逆転移についても，来談学生の寄与分とカウンセラー個人の問題とが，絡み合ったものとなります。そして，そうした転移と逆転移が複雑に絡み合い，相互作用するなかで，クライエントについて理解をしていくことになります。見立ての範囲を超えますが，そうした相互作用のなかで，カウンセラーを巻き込むかたちでその人の対人関係のパターンが立ち現れてくるエナクトメントが生じ，そこで生じていることを探求していくことがクライエントの新しい体験につながり，それが洞察や問題の解決につながっていきます。

　ここで，発達障害を持つ学生について，考えてみたいと思います。発達障害を持つ学生の相談となると，その学生の持つ特性とそれへの対応に目を奪われがちになりますが，発達障害が問題となってくるプロセスにおいて，対人関係が影響していることは多くあります。それまで特に問題を抱えていなかった発達障害を持つ学生が，実習先で問題になったり，研究室に入ると適応ができなくなったりする，といったことがあります。これは発達障害の特性は持っていても，それまで周囲との関係のなかで問題になってこなかったのが，実習先や研究室という場の対人関係のなかで問題になってきた，ととらえることができるでしょう。つまり，特性と環境の相互作用によって問題が生じたといえます。

　サリヴァン（Sullivan, 1953）は，人間は「対人の場の統合」へと向かう傾向を持っていると述べています。これは，赤ちゃんがおなかを空かせて泣く，母親がおっぱいをあげる，そして赤ちゃんが満足する，という一連の行動として述べられていますが，対人の場の統合は，成長した後も形を変えて基本的な動機としてあり続けます。そして，対人の場の統合が達成されない状態

が解体（disintegration）と破断（disjunction）です。川畑（2017）は，発達障害特性は対人関係の破断・解体を生む重要要因の一つと位置づけ，その要因を踏まえて対人統合の機会を保証するような養育環境をいかにつくるかを考えることが，サリヴァン理論の最も有効な活用法であると述べています。

　こうした視点は，学生相談における見立てにとっても重要な視点であると考えられます。つまり，発達障害の特性だけを問題にするのではなく，そうした特性を持つ学生に対する周りの人の反応との相互作用として問題をとらえ，何が起こっているのか，どのようにすれば対人統合の機会を得られるかを考えることが，見立てを行う際に重要であるといえます。そして，こうした視点は，発達障害特性を持つ学生だけでなく，すべての学生の見立てに有用であると考えます。

　学生の状態，置かれている状況により，現実的なアドバイスをすることもあれば，環境調整が必要な場合もありますし，精神分析的なカウンセリングが意味を持つと思われる場合もあるでしょう。いずれの対応を行うにしても，来談学生のその人全体を見る視点での見立てを通して対応を決めていく必要があり，そこには対人関係精神分析が役に立つと考えます。

（2）　現実の重視

　学生相談に持ち込まれる相談の多くは，何らかの学生生活への適応の問題が関係しています。たとえば，大学に来ていない，友だちや教員との関係がうまくいっていない，単位が取れない，ハラスメントを受けているといった，現実的な学生生活での困りごとが持ち込まれます。その背景には，対人関係のパターンや自己のあり方の問題といった問題があることもありますが，主訴として持ち込まれるのは何らかの現実的な問題であり，学生相談カウンセラーとしては，その解決を支援することが求められます。こうした現実的な問題の解決においても，その背後にある対人関係を含む自己のあり方を探求することは重要です。

　しかし，対人関係精神分析の訓練を受け，大学のカウンセリングセンターで仕事をしていたアッペルバウム（Appelbaum, 2011）が，学生は外的な問題に焦点を絞り，「現実世界」における解決策を模索し，探索的で洞察に基づ

いた作業を避けようとすると指摘しているように，学生は現実の問題の解決を求めており，内的な作業を希望していないことは多々あります。このような学生に対して，早い段階で洞察を目指した内的な探索を急ぐと，意味がわからない，ズレていると感じられるかもしれません。あるいは，知的には理解するが，継続して考えていくことは難しく，本格的な変化にはつながらないこともあります。何よりもまず，カウンセリングへのモチベーションを持ってもらわなければ，始まりません。

対人関係精神分析には現実を重視するという特徴がありますので，外的問題の現実的な解決策を模索する傾向のある大学生には，親和性があるのではないかと思います。このことは，対人関係精神分析が内的世界の探索をしないということを，意味するものではありません。サリヴァンは，対人関係の場にその人のありようが現れると考え，対人関係の場で何が起きているのかを詳細に調べることを重視しました。現実の対人関係の場で起こっていることは，その人の内的世界を理解する重要な素材なのです。

こうした，対人関係の場で起きていることを詳細に調べるというあり方は，学生が現実の場で遭遇している対人関係の問題に焦点を当てることになり，外的問題の解決策を求める学生は，自身のニーズに合っていると感じやすいのではないでしょうか。

(3) 詳細な質問

「詳細な質問（detailed inquiry）」(Sullivan, 1954) は，対人関係精神分析の中心的な技法であり，面接のすべてのプロセスで重要であるとされています。詳細な質問では，クライエントが語ることについて，そこで何が起こっていたのかを詳しく尋ねていきます。これは，すでに述べたように，外的現実の問題解決を目指す学生のニーズに合っており，学生のカウンセリングへの動機づけに役に立つと考えられます。

しかし，詳細な質問の本質は，クライエントの体験を探求していくことです。アッペルバウムは，詳細な質問は，困難の解決の源泉として外的世界に焦点を当てる大学生と，心理を探求し洞察を得るという願望を持つセラピストの間に，橋を架けることができると述べています。つまり，詳細な質問は，

学生のニーズに合ったかたちで話を進めながら，学生が自身が抱える問題やその背後にある対人関係のパターン，自己組織のあり方を知っていくこと，「生きていくうえでの困難（difficulty in living）」を理解していくことに，つなげていくことができるのです。

　さて，詳細な質問では，具体的にはどのようなことを尋ねるのでしょうか。当然，どこで，誰が，誰に，何を，どのようにしたのか，といった具体的な外的現実を尋ねることになります。加えて，そうした出来事について，どのような感情や思考を持ったかといったことを尋ねます。また，クライエントの語りには抜け落ちていたり，あいまいになっていたりする部分があります。たとえば，指導教員に嫌われていると話す学生に，どうしてそのように思うのかと尋ねると，少し早く教室に行き座っていたところ，先生も教室に入ってきたが，自分には挨拶だけして，他の学生に話しかけていたというエピソードを話したとします。ここでは自分には挨拶のみで，他の人に声をかけることが，自分が嫌われていることになるプロセスが語られていません。問うということは，その人にとって当たり前になっているがゆえに気づくことができていないことに目を向けさせ，疑問を抱かせ，考えさせるという作用があります。このことは自己の体験の探索への誘いとなります。

　詳細な質問を有効に使うためには，カウンセラーが学生に対して好奇心を持つことが必要です。好奇心により問いが生まれます。そして，カウンセラーが学生に対して好奇心を持ち，学生を理解しようとすることは，学生が自分自身のありように好奇心を持つことにもつながっていきます（Buechler, 2004）。

　学生によっては，自身の内的世界に関心を向けたり，それについて語ったりすることが苦手な学生もいます。話題は外的な出来事に終始し，内的世界の探索が難しい場合もあるでしょう。その場合でも，カウンセラーが学生の現実を詳細に尋ね，学生の状況を知り，学生の困難について思いをめぐらせることは，学生のニーズにあった対応につながることと思います。詳細な質問は，学生相談において，幅広く活用できる技法といえるのではないでしょうか。

（4） 解離と自己の多重性

　高石（2000）は，現在の若者のパーソナリティ構造について，「さまざまな要素の中身を入れた小箱を，潰れないように上手に一枚の風呂敷に包んで，自我という結び目でくくった状態」である抑圧モデルと対比して，「たくさんの小箱は，透過性の高い薄い膜のようなものに一応包まれてはいますが，ばらばらのまま浮遊しています。交わると都合の悪いものは，いくつかの仕切りで区切っておいて（このような心の防衛機制を「解離」と言います），同時にそれらの中身が出てこないようにします」と，たとえています。

　成田（2001）は，学生相談に来ていた学生が沈んだ表情で過食症状を訴えていたときに，来談学生の友人が入室してくるということが起き，すると，来談学生の表情がぱっと明るくなり，その友人と言葉を交わし，友人が出ていくと再び沈んだ顔になったので，成田が「急に表情が変わりますね」とそのことを話題にすると，来談学生は「さっきのは友だちバージョンの顔です。今はまた，相談室バージョンの顔に変わってきました」と述べたというエピソードを紹介しています。そして，自己という一個の人格の統合を保持し，そのなかで葛藤を体験するのではなく，統合を放棄することで内的葛藤を体験せず，自己の一面，あるいは一部を生きるというあり方が増えてきていると思われると論じています。

　鈴木（2014）も，現代の学生の心理的特徴のひとつとして，「単一の自己（アイデンティティ）ではなく，複数の自己（multiple states of self）を，時と場合，そして，人との関係において使い分けているように感じられる」とし，状況に応じた可塑的で流動的な自己のパーソナリティである「キャラ」によって，対人関係を構築している例を挙げています。

　こうした，現代の学生の自己のあり方を理解するうえで，対人関係精神分析の心のとらえ方は役に立つと思われます。対人関係精神分析では無意識や自己のあり方を解離によってとらえています。まず無意識についてですが，フロイトが，意識が抱えていることができない不安や罪悪感をもたらす内容を抑圧する，という抑圧モデルを採用していたのに対して，対人関係精神分析では，無意識のなかにあるものは選択的非注意により解離されたものであ

る，という解離モデルを採用しています。過度な不安を体験した自己は，「自分でない自分（not-me）」として解離され，無意識となります。

　人は，幼少時に他者，主に親との関係性のなかで，このような不安への対処を通して，対人関係のパターンをつくっていきます。このパターンは，その後の人生における新たな他者に対しても，繰り返し持ち込まれます。そして，硬直化したパターンでしか人と関係できない場合に，問題となります。硬直したパターンから抜け出すには，無意識を意識化する必要がありますが，無意識は意識のなかに入れられず，それゆえ言葉を与えられず，あいまいなままに留め置かれた「未構成の経験」（Stern, 1997）ですので，その意識化は，抑圧モデルのようにすでに形作られ無意識に埋め込まれたものを発掘するのではなく，カウンセラーとクライエントとの相互交流のなかで構築されていくものであると考えます。

　次に自己についてですが，対人関係精神分析では，自己を単一のものとはとらえないという理論を発展させてきました。ミッチェル（Mitchell, 1993）は，サリヴァンの自己のとらえ方を取り上げ，「同じ人であっても関わる相手によってはまったく異なった人になるかもしれず，また関わる相手が同じであっても，違った文脈のなかでは異なったやり方で関係を統合するかもしれないということである」「われわれは『私-あなたパターン』のなかで，つまり決して単一でなく，常に関係のなかにあるパターンのなかで作動しているのであり，われわれは結局，状況に応じてそれぞれ別の異なる『私-あなたパターン』を形作ることになるのである」と述べています。そして，こうした考えは受け継がれ，自己の多重性として，理論的・臨床的に考察されてきています（Mitchell, 1993; Bromberg, 1998）。

　一方で，人は多かれ少なかれ，昨日も，今日も，そして明日も，自分は自分であり変わらないと認識しています。ミッチェルは，こうした多重的で非連続的なものとしての自己と，統一的で連続的で分離不可能なものとしての自己は，排他的なものではなく，多重的な布置と統一的な布置との両方のなかで，人は自分たちの体験を組織化していると論じています。

　自己の多重性の観点から考えると，その時，その場で，自己のありようが変わることは当然のことといえます。しかし，高石（2000）や成田（2001），

鈴木（2014）のように，現代の若者のあり方としてそうしたあり方が強調されるとき，自己の統合性に問題があり，自己間の疎通性が悪く，葛藤ができないといったことが念頭にあるように思います。自己は多重的でありますが，同時に統一的でなくてはいけません。統合されない自己のあり方は，時代とともに若者のあり方が変わってきたとしても，問題であるといえるでしょう。そして，多重な自己が病的あるいは問題となるかどうかは，解離の程度によると考えられます。

　吾妻（2016）は，精神分析の目標について，「単一の自己に至るように解離，スプリッティングを解釈し尽くすことでそれらを解消することではなく，解離のメカニズムを意識化した上で，病的な部分と健常の部分との統合的全体を形成することを手伝うという作業になる」と述べています。こうした目標は，学生相談においても目標となるでしょう。学生が，自己のあり方と，それがどのような場面で問題になるかを理解し，無意識へと解離された自己を意識化したり，複数の自己の間の疎通性がよくなることで統合的な自己を形成することは，学生の問題の解決や学生の成長につながることでしょう。

（5）　組織を見る視点

　学生相談では，個人面接を中心としながらも，教職員や保護者，さらには学外機関と連携をする必要が生じることが，しばしばあります。こうした連携を考えるとき，組織を見る視点というものが必要になります。組織は人が集まってできるものであることから，組織の成員の心理力動をも視野に入れる必要があります。

　川畑（2013）は，対人関係精神分析の研究所であるウィリアム・アランソン・ホワイト研究所（William Alanson White Institute）で開講されていた，精神分析的な伝統を組織開発に結びつけた，組織についての学びを教える組織プログラム[*1]を日本に紹介し，組織心理コンサルテーションと名付け，実践，研究しています。組織心理コンサルテーションは，「組織の中で生じている問題に対して，組織成員（メンバー）の無意識を含む心の動きと，組織のダイ

---

*1　現在は開講されていない。

ナミクス（システムの力動）を考慮に入れて，改善に向けた取り組みをサポートする」(川畑，2015) と定義されています。この組織心理コンサルテーションの視点は，学生相談における連携を考えるときに役に立つと考えられます。

大学には学部があり，事務組織があります。学生相談室も組織のひとつです。それぞれの組織には歴史があり，そこには他部署との関係や，組織内，組織間の人間関係の歴史も含まれ，それは現在の組織のあり方に影響を与えています。組織成員の心の動きは必ずしも意識化されず，難しい感情は「水面下に追いやられる」(川畑，2015) ことになります。それぞれの部署が連携・協働が必要であることは理解していても，なかなかうまくいかないといったケースがありますが，そこにはこうした力動が関係している場合があります。

組織のなかで起こっていることを考える視点を持つことは，スムーズな連携・協働に役立つことと思います。その際，組織心理コンサルテーションの概念ツールである BART が役に立ちます (川畑，2015; 松本ら，2015; 今江，2018)。BART を含め，組織心理コンサルテーションの詳細については，第12章で松本が解説していますので，ご参照ください。

4. 事例

最後に対人関係精神分析を生かした学生相談の事例を提示したいと思います。事例は個人を特定できないように，具体的な内容は修正するか，あいまいにしてあります。

【事例】

女子学生 A は，家族や友だち，アルバイト先などで頑張っても認められないこと，母親が過干渉であることに悩んでいると訴えるとともに，自分は約束を守らなくてもいいが，友だちには守ってほしいという，「過剰な期待」があることを語りました。カウンセラーは，人との距離の取り方や，人からの評価の問題があり，それには母親との関係が影響しているのではないかと伝え，週に1回のカウンセリングを提案しました。

A の話は途切れなく続き，話題はあちこちに飛び，しばしば抽象的

になりました．カウンセラーは，話についていくことや口を挟むことを，難しく感じていました．

　Aの家では，母親だけでなく，父親も過干渉なところがありました．高校，大学の受験では，Aの希望とは別のところを親が勧め，Aはそれに従い進学しました．親の干渉から逃れ，自由に没頭できたのが絵を描くことでした．部屋にいて，親に何をしているのかと聞かれたときに，絵を描いていると答えると，それ以上詮索されずに済んだと言います．

　大学に入り，Aは芸術系のサークルで活動していましたが，自分の作品に興味を示さない人のことを，「目が肥えてない」「芸術がわからない」と批判しました．また，自分は人のイベントに行かないが，人は自分の活動に興味を持ってイベントに来てほしいと願い，それが裏切られると苦痛を感じました．A自身，この期待が「過剰」であると気づいていましたが，期待をし，裏切られ，苦痛を感じるというパターンは変わりませんでした．カウンセラーは，Aの「過剰な期待」をせざるを得ないありようや，苦痛を理解しようとしつつも，相手にだけ過剰に求めるあり方に，批判的な気持ちにもなっていました．

　カウンセリングを開始して5カ月頃，Aは，親の干渉を避けるために描いていた絵は，独特のストーリーのものであったことを打ち明けました．そして，この独特のストーリーに没頭することで，現実の世界では得られない安心を得ていたことを開示しました．絵の世界であれば，期待をし，裏切られ，傷つくことを恐れずに済みました．その反面，現実の人間関係は表面的で，深みのないものとなっていました．カウンセラーは，詳細な質問を通して，Aの描く絵のストーリーについて尋ね，その内容や，それをめぐるAの考えや気持ちを，共有するように心がけました．

　Aは創作や対人関係で壁にぶつかると，SNSの裏アカウントで批判的な書き込みをしていました．また，知り合いのSNSをチェックし，批判的な文言を見つけると，自分に向けられたものではないかと思い，不安になりました．一時期，就職活動で嫌な思いをしたが，SNSに書き込みをしなかったと，書き込みを控える努力をした様子が語られまし

たが，その後もSNSへの書き込みは続きました。

　カウンセリング開始から1年が経った頃，Aは，自分がしんどいときに人が楽しんでいるのは不謹慎だと主張しました。カウンセラーはこの主張には共感できず，Aに，〈Aさんがしんどいときに，人が楽しんでいるのは不謹慎ということ？〉と尋ねました。すると，Aは思いがけず涙ぐみ，「しんどいのを知らないなら，不謹慎とは言えないけど」としつつも，「人が楽しんでいるのを見てイライラする」「就職も決まらない自分はしんどい」と，自分の辛さを涙ながらに訴えました。その姿を見て，カウンセラーはAのしんどさが伝わってくるように感じ，これまで感じていた，Aの「過剰な期待」に対する批判的な気持ちが薄らいでいきました。このやりとりがあった頃から，AのSNSの裏アカウントへの書き込みはなくなっていきました。

　その後も，人に期待してしまうこと，人からの評価を気にしてしまうこと，両親との関係のことは繰り返し話題となりましたが，以前ほど不安定になることはなくなっていきました。また，やりたい仕事を見つけ，就職の内定を得ることができました。そして，人との親密な関係に関する課題を残しつつも，「自分のいいところを認め，ありのままの自分を受け入れられる」と述べ，卒業していきました。

　Aは，表のアカウントと裏のアカウントでそれぞれ異なる姿を見せており，自己を統合せず，解離的であるということもできるでしょう。しかし，裏アカウントで発散することで，Aが本当に解離させていた気持ちは，人に認めてもらえないことの辛さと，それを現実の人間関係のなかで誰かに理解してほしいという，切実な欲求だったのではないかと思われます。Aは，親から干渉はされるが認めてもらえない状況を，一人で絵を描くという方法で対処してきました。絵を描くことは干渉から逃れられ，また自分の理想の関係を擬似的に体験することができるものでした。裏アカウントでの発散も，人と対峙せず，擬似的に怒りをぶつける場となっていました。そうすることで，現実の関係における本当の辛さに，触れないようにしていたと考えられます。話題があちこちに飛び，抽象的になる話し方も，本当の辛さを解離し，

体験しないための防衛だったと考えられます。

　Ａの「認めてもらえない」という対人関係のパターンは，友だちやアルバイト先の仲間など，さまざまな人との間で繰り返されていました。そして，このパターンは，期待を裏切られて辛いというＡの気持ちを，頭ではわかりつつもどこか受け入れきれないカウンセラーとの間でも，繰り返されていました。

　このパターンから抜け出すきっかけとなったのは，人がしんどいときに楽しむなんて不謹慎だと話すＡに，カウンセラーが〈Ａがしんどいときに人が楽しんでいるのは不謹慎ということ？〉と尋ねたことでした。この問いは，「他の人の喜怒哀楽は，あなたの都合とは独立しているでしょ」という，極めて現実的な指摘を含んだものでした。Ａは，その指摘の妥当性を認識した上で，それでもしんどいのだと涙ながらに反論しました。それは，Ａが辛いという自分の気持ちを取り戻す瞬間だったのでないでしょうか。このとき，カウンセラーは批判的にならずに，Ａの言葉に耳を傾け，その辛さを感じることができました。これは，Ａが現実の他者に自分の辛い気持ちをぶつけ，それを認めてもらえたという新しい体験となったのではないかと推測されます。

　川畑（2014）は，治療的エナクトメントについて，同形性（isomorphism）と新奇性（novelty）という観点から考察しており，同形性を受け入れつつも主体性を維持し，新規な展開を思い描きながら同伴を続けるセラピストと，それを活用しようとするクライエントとの相互作用のなかで，同形性から抜け出し，新奇の関係性に開かれると論じています。カウンセラーが，Ａの「認められず辛くなる」という対人関係のパターンに巻き込まれつつ，Ａを理解しようと問いかけ，批判的な気持ちになるという逆転移について考え続けることで，新たな展開が起こったといえるでしょう。そして，解離されていた本当の辛い気持ちに触れる瞬間が訪れるなかで，自己の統合性が増していったといえるでしょう。

　こうした治療的エナクトメントに至るまでには，カウンセリングのプロセスでのさまざまなやりとりを通して，それが起こる準備性が整えられていたと考えられます。Ａはカウンセリングのなかで，自分のありようについて

少しずつ開示していきました。カウンセラーは詳細な質問を通して，Aの体験を理解し，共有するという時間を大切にしました。独特のストーリーを持つ絵についても詳しく尋ね，それがAにとってどういう意味を持っていたのか確認していきました。こうした時間の積み重ねによって，少しずつカウンセラーは，Aにとって，理解してほしいという思いをぶつける相手としての準備性を増していったと考えられるのです。

5. おわりに

本章では，対人関係精神分析を学生相談にどのように生かすことができるかについて，見立て，現実の重視，詳細な質問，解離と自己の多重性，組織を見る視点，という観点から述べてきました。理論的，技法的観点が中心となりましたが，対人関係精神分析の臨床において重要なことは，生き生きとした関係を構築し，そのなかでこれまでのパターンと異なる新たな体験をし，それにより自己のあり方を理解し，新たな関係性に開かれていくことです。学生相談においても，学生がカウンセラーとの関係のなかで新たな体験をし，自己を理解し，新たな関係性に開かれていくことは，学生の成長につながることと思います。

【文献】

吾妻壮（2016）．精神分析における関係性理論――その源流と展開．誠信書房．
Appelbaum, D. (2011). An interpersonal approach to working with college students. *Contemporary Psychoanalysis*, **47**(3), 330-342.
Bromberg, P. M. (1998). *Standing in the spaces: Essays on clinical process trauma and dissociation.* Hillsdale: Analytic Press.
Buechler, S. (2004). *Clinical values: Emotions that guide psychoanalytic treatment.* Hillsdale: Analytic Press.（川畑直人・鈴木健一（監訳），椙山彩子・ガヴィニオ重利子（訳）（2009）．精神分析臨床を生きる――対人関係学派からみた価値の問題．創元社）
今江秀和（2018）．学生相談の存在意義と機能を大学組織に伝えるために――巻き込まれつつ，組織の力動を考えつつ．第51回全国学生相談研究会議報告書．
今江秀和・鈴木健一（2013）．交通事故加害者となった学生への支援に関する一考察．学生相談研究，**34**(2)，124-133.
川畑直人（2013）．精神分析的観点を活かした組織コンサルテーション．精神分析的心理

療法フォーラム，1，5-9．
川畑直人（2014）．精神分析的心理療法におけるエナクトメントの意義．*Psychoanalytic Frontier*（京都精神分析心理療法研究所紀要），1，5-14．
川畑直人（2015）．学生相談のための組織コンサルテーション．日本学生相談学会第33回大会ワークショップ資料．
川畑直人（2017）．対人関係論・実践集中講義資料．
川畑直人・松本寿弥・有森修三（2014）．組織心理コンサルテーション．京都文教大学産業メンタルヘルス研究所レポート，4，3-106．
松本寿弥・今江秀和・伊藤未青・鈴木健一（2015）．組織心理コンサルテーションの視点から学生相談における連携・協働を再考する——学生相談のスリーサークルモデルとBARTを通じて．*Psychoanalytic Frontier*（京都精神分析心理療法研究所紀要），2，32-45．
Mitchell, S. A.（1993）．*Hope and dread in psychoanalysis*. New York: Basic Books.（横井公一・辻河昌登（監訳）(2008)．関係精神分析の視座——分析過程における希望と怖れ．ミネルヴァ書房）
文部省高等教育局・大学における学生生活の充実に関する調査研究会（2000）．大学における学生生活の充実方策について（報告）——学生の立場に立った大学づくりを目指して．［http://www.mext.go.jp/b_menu/shingi/chousa/koutou/012/toushin/000601.htm］（2019年6月11日取得）
成田善弘（2001）．若者の精神病理——ここ二〇年の特徴と変化．なだいなだ（編），〈こころ〉の定点観測．岩波書店．
日本学生相談学会50周年記念誌編集委員会編（2010）．学生相談ハンドブック．学苑社．
Stern, D. B.（1997）．*Unformulated experience: From dissociation to imagination in psychoanalysis*. Hillsdale: Analytic Press.（一丸藤太郎・小松貴弘（監訳）(2003)．精神分析における未構成の経験——解離から想像力へ．誠信書房）
Sullivan, H. S.（1953）．*The interpersonal theory of psychiatry*. New York: W. W. Norton.（中井久夫・宮崎隆吉・高木敬三・鑪幹八郎（訳）(1990)．精神医学は対人関係論である．みすず書房）
Sullivan, H. S.（1954）．*The psychiatric interview*. New York: W. W. Norton.（中井久夫・松川周悟・秋山剛・宮崎隆吉・野口昌也・山口直彦（訳）(1986)．精神医学的面接．みすず書房）
鈴木健一（2014）．学生相談と精神分析（Ⅰ）——解釈とユーモア．*Psychoanalytic Frontier*（京都精神分析心理療法研究所紀要），1，15-24．
高石恭子（2000）．ユース・カルチャーの現在．小林哲郎・高石恭子・杉原保史（編著），大学生がカウンセリングを求めるとき——心のキャンパスガイド．ミネルヴァ書房．
鶴田和美（編）(2001)．学生のための心理相談——大学カウンセラーからのメッセージ．培風館．

第11章
対人関係精神分析の開業臨床

【長川歩美】

1. はじめに

（1）仕事場周辺の風景

　私が個人開業している心理オフィスは，中之島という，2本の川の流れにはさまれた中洲の土地に位置しています。中之島は東西3キロほどの細長い島なのですが，大阪の中心部に広がる繁華街とは少し色合いが変わって，人気のレストランが入ったオフィスビルや銀行などが何本も立ち並んでいる横に，市役所など行政の中心的な機能が集まっています。それでいて，少し離れたところには漁港と市場があり，活きのいい魚介がウリの飲食店が連なっています。
　一方で，ホテルや国際会議場，図書館，音楽ホールなど学術文化施設が点在していて，オフィスの前にはプラネタリウムを備えた科学館と，地下に広がる現代美術館が隣接しています。建物がぎゅっと立ち並んでいるだけでなく，空と地下の両方にひっそりと広がる空間があり，北と南の両側に2本の川が緩やかに流れているこの土地が，私は開業臨床の環境として気に入っています。またこの辺りは，西洋文化に影響を受け始めた明治時代からのレトロな建物と，近代的な新しい建物が違和感なく混在して，わりと景観のよい落ち着いた雰囲気を醸してもいます。
　私の開業オフィスは，島の中ほどの，昭和の雰囲気が漂い，一軒家や個人商店がわずかに昔のまま残っている一角の，懐かしく親しみやすい小さな建

物にあります。周辺には歴史的名所，川沿いにはベンチを豊富に備えた小さな花公園や緑地，船着き場があり，働くにも，学ぶにも，遊ぶにも，憩うにも合った場所で，毎日人をお招きする場としても，自分の仕事場としても，この地を選んでよかったと感じています。

（２）　私の開業臨床の始まり：非常勤心理士として

　私が初めて開業臨床という分野に携わったのは，所属の対人関係精神分析の研究所の訓練プログラムが始まって，間もなくのことでした。その頃の私は，まさか自分が個人開業することになるとはつゆも思わず，訓練生の臨床実践の場として設けられることになった，研究所のカウンセリングルームの開設に関わらせていただいていました。

　具体的には，主宰者の意向のもとに，開業の場所や規模を考え，物件を見に行って検討し，部屋の内装をイメージしてオーダーし，その空間にあった家具や備品を揃え，カウンセリング申込書などの必要書式を整え，料金，規定を決め，ホームページを開設，パンフレットを作成し，関連機関をリストアップして開業のご挨拶を送付し，最寄り駅沿線の来談可能範囲を想定して，そのエリアの心療内科に資料を携えてご挨拶に行く，といった過程に深く関わらせていただいたのです。

　このような機会を得たのは，せっかくの訓練が始まった当初，私は継続的な個人心理療法を担当できる職に就いていなかったので，他の訓練生よりも，これから調える精神分析的心理相談室でケースを担当したいニーズが高かったことと，主宰の先生が，このような経験を積んでおくことが，ゆくゆく役に立つと見越してくださっていたのかもしれません。私にとってはどの過程も初めてで，思いがけないことがいろいろありましたが，自分が開業するときには，遡って得ることのできない貴重な経験になりました。

　この作業の半年後，私は縁あって，また別の研究所に非常勤心理士として声をかけていただき，勤務することになりました。そこは女性の人生を考えるための開業カウンセリングルームで，対象はDVや性被害，虐待などのトラウマに関連した主訴や，上司，同僚など職場での人間関係，加えて家族，友人，恋愛相手などプライベートな人間関係を主訴とする方々が主でした。

その研究所では，個人面接だけでなく，トラウマの理解や症状管理の自助グループ，読書会，研修などが企画されていました。私はそこで新旧のトラウマに関する知見を，シスターフッド[*1]豊かな研究所の仲間と貪欲に学び，深め合うありがたい機会を得ていました。

対人関係精神分析の訓練と同時期に，精神分析とはアプローチの異なるトラウマの成り立ちと影響，その解放の方向性を学び実践していたことは，偶然とはいえ，2つの大切な流れ，つながってはいるけれど別の流れでもある2本の川の間で取り組んでいる今の開業臨床に，どこか象徴的に重なっているように感じています。

(3) なぜ開業？

以上のような経緯で，私は対人関係精神分析の訓練中に2つの開業臨床の場に非常勤勤務し，かつ学校臨床に携わっていました。ですが，次第に3年，5年など，学校臨床の勤務先で決められている雇用の年限を超えて，心理療法を継続できる可能性が開かれればと感じるようになりました。

2つの非常勤の開業ルームでは，複数の相談員が利用するために，最低限調えられた部屋，あるいは他の相談員の好みで調えられた部屋で，他の相談員と調整しながら，間借り可能な範囲の頻度の面接をクライエントと約束することに，不自然さと不自由さを感じるようになりました。そこから，各クライエントに必要な頻度で，自分でクライエントをお迎えする部屋を調えて仕事がしたいという思いが自然に高まっていき，個人開業を実現するに至りました。

そのような経緯でしたので，実はこの本の開業臨床の章の執筆のお話をいただいたとき，はたして自分に何が書けるのだろうという思いになりました。私の開業は既述のように，そもそも「開業心理士になる」という目標や決意を抱いていたわけではなかったからです。とはいえ，あらためて振り返って見ると，開業臨床に至るこれまでの過程には，ある種の必然性があるように思えてきます。また，それなりに，これから開業しようと考えておられる心

[*1] 現実の姉妹関係，または姉妹のような絆のある多様性を肯定する連帯関係のこと。

理士の皆さんにお伝えしたいことは，あるように思います。

　本章では，開業するまでの準備や，開業してからの想定内外の出来事，対人関係精神分析的な開業臨床の特徴，開業臨床ならではの意義などについて，個人の経験の範囲による内容ではありますがお伝えしたいと思います。

2. 個人開業

（1）　開業するまで

　自分自身の臨床の場を持つと決心した 2011 年の年明け，私は場所探しに取りかかりました。ありがたいことに，非常勤勤務の 2 つの開業ルームから了解をいただいて，数人のクライエントと新しい場で継続してお会いできる予定になっていましたので，候補地は 2 つの開業ルームの間ぐらいの位置で，賑やかな繁華街ではない気持ちのよい場所，というのがはじめに考えていた条件でした。私が開業を決めた場所は，管理の行き届いた，しっかりとした造りの清潔な鉄筋コンクリートの住居用の建物でした。看板が上げられないことがネックでしたが，多くの部屋が会社として使用されているようでした。

　私はこの建物の 1 階に部屋を決め，カルテをしまう金属のクリーム色のロッカーを購入し，クローゼットの中に配置しました。それから家具やブラインド，照明，小物，植物など，居心地の良い空間になるようにあれこれ見にいっては部屋に配置した感じをイメージし，ひとつひとつ喜びを感じながら調えていきました。

　それらが一段落し，いよいよ開業に向けての準備が大詰めになってきた 3 月 11 日，東日本大震災が起こりました。前年の秋に，自分の車で初めて東北を長く旅したばかりだった私は，訪れた地の被害状況を知り，お出会いした方々のお顔を思い出して胸が凍りつきました。その地でずっと生活されてきた方の痛みを思うも想像を絶するばかりで，強くなる無力感と罪悪感で動けなくなりそうにもなりました。予定していたパンフレットと開業のご挨拶はどこにも送付する気になれず，そのままになってしまいましたが，日々の生活を大事に過ごし，仕事をして何かをできる体力と経済力を養おうとなん

とか自分を動機づけて，同年4月後半，私の個人開業臨床は始まりました。

（2）　開業してから

　さて，いざ自分が気に入った場所に空間を調えて心理療法の仕事を始めるとなったのに，はじめのうちは最寄りの駅からオフィスのドアを開けるまでの道々，なんだか心細い気持ちになることがありました。それまで山間の学校で仕事をしていたので，ビルが並び立つ間を，さも着なれたスーツ姿で急ぐ通勤の人々に揉まれながら歩いていた私は，田舎から一人で出て来た新人のような心持ちになっていたのだと思います。

　「クライエントの皆さんは大丈夫だろうか……」という私の心配をよそに，以前の開業ルームでお会いしていた方々は，概ね新しい部屋に通うことを喜んでおられました。しかしある方は，随分後になってから，「先生をしっかり養わなくちゃと思っていた」と，1人で開業する私を応援するような気持ちと，私の生活を案じて「通い続けなければ」というどこか縛られるような気持ちを感じておられたことを，教えてくださいました。私よりひとまわり以上年齢の若い女性でしたが，生育歴的背景が少し影響しつつ，実際に不安になっていた私の気持ちをどこかで感じ取っておられたのでしょう。数年後に「考えたらおかしなことですね」と笑って終結していかれました。なんとも申し訳ない話ですが，たしかにクライエントのお一人お一人に生活を支えていただいているという事実を，もっと実感する必要を感じたエピソードでした。

　そのような開業初期の私の心の支えとなっていたのは，研究所の先輩や仲間，以前の職場の同僚，古くからの友人たちが，私の個人開業に思いを寄せてお祝いやメッセージをくださったことでした。湿度を整えてくれるアロマディフューザーや，休憩時の湯をわかすポット，生花のように水のゼリーを湛えたフラワーアレンジメント，小さな趣のある一輪挿し。私は一人でオフィスにいても，それらを贈ってくださった方々のありがたい応援の気持ちに触れて，お力をいただいていたのだと思います。

　少し時が経って落ち着いてくると，個人開業で行う臨床の仕事は，日に日に思っていた以上に満足のいく，やりがいのあるものだと感じるようになり

ました。自分が心地良いと思える空間で仕事ができることで，今までよりもずっと集中して，来られる方を大事にお迎えする準備ができました。また，私自身にとっても空いた時間にゆっくりと思索したり，記録を書いたりできる環境は，思いの外ありがたいもので，短い時間でリフレッシュしやすくなり，疲れが和らぎました。とはいえ，個人開業の面接室に生じてくる力動は，それまでの職場で体験していたよりもビビッドなものでした。私はこれまでは生じなかったようなエナクトメントを体験しながら，その場を理解しようと取り組み，大いにエネルギーを費やすことになっていきました。

【事例】

　　エイコさんは20代の女性で，それまでは無料相談の場で，すでに3年近く週2回の頻度でお会いしていました。学童期に母親から言われた「死ね」という言葉の呪縛から逃れられずにきたエイコさんにとって，私との関係は，傷つくことはいろいろありながらも，私だけが理解のある味方で，周りの人々はみなエイコさんを搾取し痛めつける存在，という一辺倒なものでした。葛藤を抱えるのが難しく，相手への怒りは自分を殺したい気持ちに替わってもうろうと語られ，相手への怒りの実感が少し保たれると，自分が映る鏡やガラスを叩き割ったり，相手との関係を切ることで，どちらかを居なくして解消されていました。私の退職によるセラピスト変更の期間を経て，相談の場が個人開業の部屋に移ると，エイコさんとの間に生じるエナクトメントは，それまでになかった彩りを帯びて展開するようになりました。

　　少し離れた期間があったこともあって，移行後の初期，エイコさんは不本意な分離，私の退職によって置いていかれたことへの恨みを，長く訴えました。そうしながら，幼少期に妹の命に関わる入院で，母親がエイコさんを置いて妹に付き添っていたことを思い出しました。エイコさんは個人開業の部屋で，赤ちゃんのように指をくわえて赤ちゃん言葉で過ごしたり，セッションのほとんどの時間を一言も発せず，恨みのこもった目で膝を抱えて泣いて過ごしたりするようになりました。退室時にエイコさんが「バイバイ」と幼児のように手を振り，私は手を振り返して

見送る，という関係が，そのあり方に違和感が生じてくるまでの何年間か続きました。エイコさんの甘えと怒りと悲しみが循環して，陰に陽にバリエーションのある言動で表現されました。私のほうも，それまでよりずっとバリエーション豊かな感情と身体感覚を，面接中とその前後に味わっていました。

　とても印象的だったのは，個人開業の場に移ったことで，部屋は組織ではなく私に属するものになり，エイコさんにとってその部屋に出入りすることが，どうも今までと違った体験になっているようだったことでした。足をドンドンと踏み鳴らして入って来て，乱暴に荷物を放り出したり，ソファに寝そべっては起き上がることを繰り返したり，見えないようにソファを掻きむしったり，ボールペンで痕跡をつけたり，私の草木の水やりがうまくないと激しく怒ったり，クッションを涙と鼻水でぐしゃぐしゃに濡らしたりといったようなことが起こり，私は適応を軸にして紡いできた無料の心理療法期間の大事なツケを，個人開業臨床で少しずつ返しているような感覚で，エイコさんにお会いしていました。そのようなことはエイコさんだけではなく，飲み物をほしいと求めるようになった方，セーターなどの毛糸の玉を毎回置いて行かれる方，玄関の表の壁を少しずつ削っていく方など，それまでの職場では起こらなかったエナクトメントが生じるようになりました。
　さて，このように生じてくるエナクトメントについて，セラピストはどのように関わって取り組んでいけばよいのでしょうか。ひとつひとつについての取り組みには，むろん決まった方法や正解はありません。ただ，未知の前途にセラピストがある程度落ち着いて，現実を否認しない類の希望を持って，逆転移による報復や迎合をしてしまわないように居ること，そのクライエントとそのセラピストが，そのときに共にいることで生じてくるオリジナルな力動の絡まりを，可能な限りそのまま感じとろうと試みることが，まずは大切であろうと私は思っています。
　本書第2章で横井が引用しているミッチェル（Mitchell, S. A.）の言葉のように，「良い分析技法は，正しい行動（治療作用）にあるのではなく，たえず内省し，再考する過程のなかで，ひたすらに思考することにある」のだと

思います。「私というひとりの人間とあなたというもうひとりの人間が，このような状況のなかにいる。その状況のなかに，あなたの生きていくうえでの困難が立ち上るのならば，そこから抜け出すためには私はどのような行動（治療作用）をとるのがよいのだろうかと，私という人間がひたすらに思考する。そのようなひとりの人間（あるいは二人の人間*2）がひたすらに思考するという活動こそが，対人関係精神分析の技法と言えるのではないでしょうか」。この横井の言葉は，エナクトメントの場で随時生じている，クライエントと自分の要素が混ざり合う力動の波に圧倒されながらも，おぼれてしまわずに，その都度いろいろな景色の岸に一緒にたどり着いては，また漕ぎ出し漂う過程を重ねてゆく，対人関係精神分析の実践の本質なのではないでしょうか。

（3） 経営と生活

　さて，開業臨床で生計を立て，経営の感覚をどのように持つのかは，とても難しいテーマだと今でも思います。心理オフィスを開いて9年目，ようやく開業一本で生活していけそうな状態になりました。けれども最初の1，2年は，ほんの数人のクライエントとお会いしているだけでしたので，実質は開業以外の仕事に生活を支えられていました。そのような経営状態について，私は当時，そもそも「お客様に来ていただきたい」「何度も継続して利用していただきたい」というのは，飲食，販売などの商売においてはしごく妥当な動機であっても，心理療法においては不謹慎な感じがして，「頻度は必要最小限，来談される方のニーズに合わせる」がふさわしいと考えていました。ですので，非常勤の仕事でしっかりと安定を得て，たとえ開業での面接がゼロになっても生活していけるような仕事の組み方をするべきだ，というポリシーさえ持っていました。

　しかし振り返ると，それは防衛的な言い訳，合理化であることがわかります。たとえば開業医院のことを考えてみると，経営第一主義になるのは論外ですが，やはり「病気の人に来てほしいというのは不謹慎」という問題では

---

*2 括弧内は筆者による挿入。

ないことが，イメージできるかと思います。人々が苦しむ病は絶えず，そこ此処に，さまざまにあって，人々が欲しているのは，惰性で通うことではなく，カリスマに依存を求めるのではなく，単に温かいふれあいを求めるのでもなく，技術と知識があり，その更新を怠らず，誠実に，わかりやすく，暖かい人間性と態度で治療に取り組む，生命力とセンス豊かで，かつ人間のどうしようもなさや，孤独や痛みを自分のこととして知っている医師のいる医院でしょう。そのようなところでは専業でもとても手が足りないような状態になるだろうことは，想像に難くないと思います。実際に私が受けた個人分析の先生は，そのような諸要素を備えた方だったと思います。思い浮かぶ尊敬する臨床家も然りです。対人関係精神分析の場合，これらに加えて「オーセンティックな姿勢」が加わるかと思います。

　さて開業には，①副業，②兼業，③専業の3つの形態があります。①の副業は，職場ではケースを持てない，または純粋な心理療法ができないので，「勉強したのだから実践の場を持っていたい」と，どこかにその場を持つ場合，②の兼業は，アイデンティティ，軸としたい仕事は開業臨床にあるが，それだけでは生活していけないので，安定のために非常勤の仕事もする場合，③の専業は，開業での心理療法とそれに付随する講師活動，地域支援を仕事とする場合，という具合です。どの形態であっても，セラピストは経済的，体面的なプレッシャーを感じても，その逆転移に動かされてしまうことなく妥当な頻度の面接を提供し，共謀による心理療法の継続は控えなくてはなりません。このことは，セラピストが単身か共働きか，扶養家族の有無などの生活の事情によっては非常に難しく，倫理的な強さを必要とするところでしょう。

　堀（2009）は，収入が絡んだ状況下で，クライエントに喜ばれることと真に求められる仕事との間で揺らぐ経験が，臨床家を育ててくれる，開業したことで「心理療法の本質」に向かって歩み始めるという体験は，開業臨床家が異口同音に述べることである，と紹介しています。もしかすると，クライエントの防衛をそのままに，つまりセラピストとの関係を荒ぶらせる転移関係や，エナクトメントに至る要素が解離状態のままに放置されて，面接が穏やかに継続していってしまうことが，経営の安定に最も寄与してしまうかも

しれません。危険なのは，この状態は双方にとってどうにでも合理化でき，好ましくない状態であると認識しにくいとうことです。

対人関係論精神分析のビューチュラー（Buechler, 2004）は，クライエントと心地良い共謀的関係を継続するリスクと，真に求められる仕事の間にゆらぎながら，如才なさと真実味のどちらも犠牲にすることなく，バランスのとれた介入をする臨床家の態度を，「勇気」という概念で重視しています。勇気は，セラピストとクライエントのどちらからも思慮されることのない反復的なエナクトメントと，辛らつで無遠慮なセラピストの直面化の中道を見つけることです。その際，セラピストの行う直面化によって，クライエントに生じるであろう痛みに十分に気がついていることも，ビューチュラーは重要であるとしています。

つまり勇気とは，セラピストの独りよがりな正義感で，クライエントの傷つきを軽視して先を急ぐことも，ゆるい，双方に利益のある（実は上回る不利益を伴うが）共謀関係にとどまることも避けて，間をぬって，共感的，かつ率直に話す方法を見出す，ということです。このような勇気が実現されていくためには，クライエントを傷つけるリスク，セラピストが激しく攻撃されるリスクを負ってでも，時間と人生を無駄に過ごすのは回避すべきだというセラピストの確信を必要とします。

このようなオーセンティックな姿勢を，対人関係精神分析では重視しています。オーセンティックな姿勢は，「変化を棚上げすることは，人生を乗り切るためのシゾイド的戦略の一部」（Buechler, 2004）であり，「分析家に要求される勇気は，それよりも「『より豊かな人生』を得るための闘志である」（Buechler, 2004）という，哲学的な価値観に裏づけられていながら，頑固に固まった価値観や強引な方向づけに基づく姿勢ではなく，柔らかい多様性に開かれてもいる，セラピストのあり方が根底にあるのです。

個人開業臨床の場では，特に他の人の目がないため，クライエントの防衛を守って共に生きていく関係を正当化することが，容易かもしれません。しかし，その判断が共謀の利益とともにあったかどうかは，何年か後の個人開業臨床家の人相とたたずまいに，まぎれもなく現れているだろうと私は思います。個人開業臨床家がクライエントの依存心，変化したくない心を，受容

の名のもとに利用しないという倫理観と，かえって場が荒れるであろうこれからの面接に踏み出していく勇気に目を開き，そこに心と身体が伴っていくためには，精神分析の理論や技法の習得に興味を傾けるのみにとどまらないで，自分がどのような価値観を持って心理療法を実践しているか，ということに関心を向けていくことが大切なのだと思います。良い価値観を持つように心がけるというよりも，自分がどのような価値観でいるかをありのままに知っていくことが，重要であるように思います。

3. 開業の場の中立性と個人性

　非常勤心理士として雇用される立場での開業臨床から，個人開業臨床へと移行してとても重要だと私が感じることのひとつは，先述のように，心理療法の場がセラピストのプライベートな空間である，とクライエントに感じられていることです。心理療法にとって大切な環境の中立性が減じ，セラピストの意図しない自己開示的要素が多くなるといえるかもしれません。

　個人開業の場合は，椅子ひとつ，時計ひとつとっても，その部屋の開業主が選んだものですので，どんなに中立的にしようとしても，やはりそのセンスがその部屋全体に有機的に現れた環境になっていることを，開業臨床家は自覚している必要があるでしょう。

　中立性とは，精神分析の父フロイト（Freud, S.）が，クライエントの自由連想を聴く分析家の態度を，「平等に漂う注意」として重視した概念で，もともとはいずれにも偏りがなく，方向性を持たない性質や立場のことです。私の仕事場は，目立った特徴のない，できるだけ自然素材を使った柔らかい灯りの明るめの部屋になっていますが，開業の部屋の調えには，全体のトーンを落ち着いた色にするのか明るい色にするのか，どのような絵をかけて，椅子や机をどのように配置するのかなど，ある程度の中立性と同時に，やはりある程度の開業臨床家の個性や価値観が表れます。日本では現代においても，心理療法の部屋はできるだけ特徴なく調えられ，心理臨床家の服装，髪型，雰囲気も，できるだけ変わらないように配慮するのが主流であるようです。

では，対人関係精神分析の発展の地，アメリカでは，心理療法の場の中立性と個人性は，どのように考えられているのでしょうか。

　対人関係精神分析の研究所は，かつて野口英世も活躍した医学都市，ニューヨークのマンハッタンにあります。ニューヨークは世界最大のユダヤ人コミュニティであり，「道を歩くユダヤ人は，エコノミストか弁護士，精神分析家のいずれか」（富樫，2009）といわれるほどで，精神分析家や心理療法家がしっかりとした専門訓練を経て，日々研鑽を続けながら臨床実践を行って活躍しています。

　私はこれまでに，対人関係精神分析の研究所であるウィリアム・アランソン・ホワイト研究所（以下，ホワイト研究所）の面接室と，ニューヨークで活躍されている精神分析家の方々の個人開業の部屋の両方を，見せていただく機会がありました。ホワイト研究所の面接室は日本とそれほど変わらず，少しクラシカルな雰囲気であるけれど目立った特徴のない，比較的中立性が保たれた環境になっていました。対照的に，個人開業の精神分析家の部屋はとても個性的で，薄緑とピンクが基調のラブリーな花柄の壁紙に覆われた部屋や，日本画や日本の彫刻が配された和洋折衷の部屋，分析家本人作のアートが飾られた部屋など，その分析家によって，広さも調えも本当にさまざまでした。複数のセラピストが利用する研究所の部屋と，個人開業の部屋は造りがまるで違っていたのが，日本と印象の異なるところでした。

　その背景には，セラピストがクライエントの前で，ブランクスクリーンとして存在しようとするか，それとも，心理療法にふさわしい環境を考えて調える個人として存在しようとするか，といった中立性と個人性をめぐるテーマがあるように感じます。クライエントにとって，あるいは子どもが育つ環境として，ブランクスクリーンのような触媒性は，確かにある創造性を活性化させるために必要な要素のひとつですが，同時に，その人がどのような人であるかという血の通った個人性もまた，発達促進的に重要な要素のひとつであると思います。一者心理学的創造性と二者心理学的創造性という言葉で表現できるかもしれません。

　ホフマン（Hoffman, 1998）は，現代的な精神分析において，治療者を治療構造に基づいた関わりを提供するだけの存在としてとらえず，その背後にあ

る人間性や自発性を併せ持つ存在としてとらえています。その際，その治療者の体験の弁証法を自覚して，適切に保つバランス感覚が大事であり，そのような治療者はクライエントから見て，ただのブランクスクリーンではなく，さまざまな反応性を秘めた一個の生きた人間である，と岡野ら（2011）はホフマンの理論と技法を紹介して述べています。

　私は，開業臨床家がクライエントにとって，セラピストとしての自分をどのような存在として自覚するかということが，開業の部屋をどのように調えるかということにも，深く関連しているように思います。ただのブランクスクリーンではなく，ただ自由に自発性を発揮する個人でもない，その両要素のバランスを，クライエントにとって治療的かつ創造・発達促進的な環境を設えるべく調節していくことが，開業臨床家のはじめの仕事なのかもしれません。

4. 開業臨床の特徴

（1）　開業臨床ならではの逆転移

　遠藤（1997）は，心理療法に生じる逆転移のひとつとして，間接的逆転移を説明しています。これは，面接室の外に存在する人物の影響を受けて引き起こされる逆転移のことで，たとえば組織に働く心理士が，上司や同僚に力があると認められたいという気持ちにとらわれて，治療効果を出そうと，クライエントの症状の軽減や適応の改善を急いでしまうというような事態を表します。

　鈴木（2012）は，独りで精神療法を開業する意義を著した論文で，精神分析には他者に介入される恐れのない安全な守られた空間が必要であり，それには「他者による管理と情報の共有を前提にした」場ではなく，独りでの開業空間でなくてはならないと述べています。確かに，医療・教育・産業などの組織の一員として働くときのように，権威的，政治的，経済的に生じる社会的力動に直接左右されずに，独立・安定した空間を保持することが，開業臨床では可能になりやすいといえるでしょう。

では，開業臨床においては，面接室外の影響を受ける間接的逆転移は起こらないのでしょうか。いいえ，決してそうではないでしょう。開業臨床では，紹介によるケースが他の職場よりも多く，実際，私のオフィスにおいても8割から9割が，同業者やお世話になっている医師や教員の方，セミナー受講者や，終結したクライエントの方から紹介していただいたケースです。そのような場合，紹介者とクライエント，および紹介者とセラピストが知り合いであることも少なくありません。開業臨床では紹介してくださる方の評価が，その後の仕事につながる性質があるため，「紹介者に認められたい」という間接的逆転移がセラピストに生じやすいことを，自覚しておく必要があると思います。

（2）対人関係精神分析的な開業臨床の意義

　開業以外の心理臨床の場はたいていの場合，クライエントとセラピストの意思と契約のみで成り立つことはありません。教育の領域であれば校長の指揮のもと，相談者の健康と適応が重視されるでしょうし，医療領域であれば，医師の指示のもと，症状の軽減や生活の自律が優先的に求められます。開業以外の場では，ある方針と目的を持った組織の一機関として機能することが求められ，組織の責任者が指示を出して取りまとめる場であることがほとんどです。

　対人関係精神分析の取り組みでは，心理療法の場にクライエントの関係性の問題がわざわざ生じてくるように，セラピストは心理療法の場を準備し，保とうとします。そして，その関係性を共に体験しながら，そこから抜け出せるようにと心を砕きつつも，その関係から脱却せずとどまります。その取り組みの過程は，防衛によって過剰に良い子を保ってきたクライエントを知る人にとっては特に，一時期，適応や症状といった点から見ると，まるでひどく悪化しているようにとらえられてしまうこともあるでしょう。

　対人関係精神分析の性質は，開業以外の場で行う心理療法の目的に本質的には沿っているものの，表面的にはわかりやすく映らないので，ときには他職種の方々とその過程を共有しにくいことがあるかもしれません。2人の人間がそこにいて，片方の人間の苦しみの軽減やより豊かに生きる方向を模索

しながら，面接の場に生じてくる事象（エナクトメント）を体験的に知り，その有様が有機的に更新，統合され続けていく対人関係精神分析の臨床実践が，誤解と介入を受けずに必要な頻度と時間を確保して安全に継続していくためには，開業臨床の場はふさわしい形態のひとつであるといえるでしょう。

　そしてもうひとつ，心理療法を終結した後，クライエントが自らの課題に取り組みつつ，離れたところで変わらず生きているセラピストの存在を，潜在的に感じることができるということにも，開業臨床の意義があるように思います。私たちはともすれば，クライエントとの出会いを，セラピーの間だけの切り取られたものとして体験することがあります。その姿勢は，半ば現実に存在しないかのごとく，「役割を終えたら忘れられる存在でいい」と，相手にとって大事な存在でありたいというセラピストに生じがちな自己愛を警戒するかのような，控えめな思いに裏付けられているのかもしれません。

　しかし実際には，その臨床家の存在とともに，その臨床家がどのように仕事をし，どのように生きているかという想像と現実は，その個人の人生の底のほうで動的な支えになるように感じます。つまり，心理療法の過程，クライエントとセラピストの関係性は，終結後も有機的に続いていくものだと思います。その人のタイミングで，また次なる主訴に取り組むこともあるでしょう。雇用の年限やセラピスト都合によるクライエントにとって不本意な中断は，人生にはつきものなのかもしれませんが，そのような「いたし方ない別れ」ではなく，クライエントが自由に別れたり忘れたり再会したりできる関係を，セラピストが健康と命ある限り暗に保証すること。パラドキシカルですが，真に終結していくには，この環境が必要であるように感じています。

5. おわりに

　開業臨床について，今の私が大切に思うところをいくつかお話しさせていただいて，本章を終わりたいと思います。

　まず，そのようなことはないと思いますが，もし組織の人間関係から逃れたくて個人開業をしたいと思うセラピストがおられたら，それはとても危険な動機です。なぜなら，開業臨床の場が社会の網目のひとつとして機能して

いないと，流れの滞った世界にクライエントを孤立させてしまうことになるからです。年々つくづく思うことは，自由に意見を交わし合える精神分析の仲間，得意分野の違う開業臨床の仲間，尊敬しその姿勢に共鳴できる医師，身体からのアプローチを実践する専門家や，症状管理や社会復帰のためのグループを継続している機関との互恵的なつながりを持っていることは，開業臨床家にこそ必要であるということです。そのような実際の連携のみならず，クライエントが潜在的にセラピストを通じて，社会とつながる感覚を得ていかれる可能性があることも，心に留めておく必要があると思います。

　次に，開業臨床では，それまで組織に守られていた自分が，クライエントを，自分を，場を守っていく責任を負います。対人関係精神分析の訓練中，ある先生から，開業にあたっては生じている力動を理解して言語化し，心理療法に寄与するように扱う力が必要であり，そのためには綿密なアセスメントの力が必要だと，口を酸っぱくして言っていただいてきました。当時の私は，非言語的な要素を抱えることから生まれてくる直感的理解のほうに，心理療法の大きな魅力を感じていたのですが，実際に開業臨床の年数を重ねるにつれ，お会いする方の問題の深さと性質がある程度つかめていることで，遠回りしたり，クライエントを危険にさらしたりする可能性を，かなりの程度減じることができることを痛感しています。

　また，私が開業臨床をしていると言うと，「いいですね，私も開業したいんです」と言う方によく出会います。自戒を含めて少し注意が必要なのは，開業について，その方がどのようなことの実現をイメージしているかということです。渡辺ら（2012）は，開業臨床における専門性について，「クライエントとセラピストの関係を，セラピスト自身のことも常に含み込んで，その相互関係の中で理解し，激しい長期の価値下げや罵倒にあっても，セラピストに必然的に生じてくる深い無力感，激しい怒り，投げ出したいほどの惨めさをクライエント側の問題に押しつけず，また自らの人間性や愛情に頼るのではなく，心理臨床家としての専門的職業性をもって愚直なまでに対処できること」として挙げています。私たちが個人開業を考える際に，自分の動機と準備性を今一度問うことのできる，大切な内容であると思います。

　私自身，「どうにも行き詰まるところから精神分析は始まる」という，あ

る精神分析家の先生の言葉にずっと勇気づけられてきました。唯一無二の生育歴を負った，その人ならではの特性を帯びた関係性が，クライエントとセラピストの2人の間に生成されていくこと。そのような過程は，その人自身にも，日常生活で出会う他者にもわかり得ない，扱い得ないものであったからこそ，心理療法の場で体験的に取り組んでいく意義があるのでしょう。開業臨床は，そのような対人関係精神分析的な心理療法の醍醐味を知り，深めていける仕事であると思います。

【文献】

Buechler, S.（2004）. *Clinical values: Emotions that guide psychoanalytic treatment*. Hillsdale: Analytic Press.（川畑直人・鈴木健一（監訳），椙山彩子・ガヴィニオ重利子（訳）（2009）．精神分析臨床を生きる――対人関係学派からみた価値の問題．創元社）

遠藤裕乃（1997）．心理療法における治療者の陰性感情の克服と活用に関する研究．心理臨床学研究，**15**(4)，428-436.

Hoffman, I. Z.（1998）. *Ritual and spontaneity in the psychoanalytic process: A dialectical-constructivist view*. Hillsdale: Analytic Press.（岡野憲一郎・小林陵（訳）(2017)．精神分析過程における儀式と自発性――弁証法的―構成主義の観点．金剛出版）

掘恵子（2009）．街のちいさな相談室――私設心理相談室ならではの仕事．現代のエスプリ，**498**，125-234.

栗原和彦（2011）．心理臨床家の個人開業．遠見書房．

岡野憲一郎・吾妻壮・富樫公一・横井公一（2011）．関係精神分析入門――治療体験のリアリティを求めて．岩崎学術出版社．

岡野憲一郎・吾妻壮・富樫公一・横井公一（2016）．臨床場面での自己開示と倫理――関係精神分析の展開．岩崎学術出版社．

鈴木龍（2012）．教育講演　独りで精神療法を開業する――その意義と限界．精神分析的精神医学，**5**，58-64.

富樫公一（2009）．ニューヨークの精神分析家たち――資格とアイデンティティ．現代のエスプリ，**498**，153-162.

渡辺雄三・亀井敏彦・小泉規実男（編）．(2012)．開業臨床心理士の仕事場．金剛出版．

第12章 産業臨床と組織心理コンサルテーション

【松本寿弥】

1. はじめに

　本章では産業・組織臨床について，特に組織心理コンサルテーションと呼んでいる営みについて説明します。他章で触れられている心理力動的，対人関係論的・対人関係精神分析的な臨床のノウハウは，産業・組織の領域でも役に立ちます。それは，産業現場における人々のメンタルヘルスに直接役立つと同時に，組織をより良いものにする「組織開発（organization development）」の活動に役に立つのです。また，良い組織は働く人を生き生きとさせてくれると同時に，生き生きとした働き手によって組織が良くなるという相互促進的な関係にあるといえます。

2. 組織心理コンサルテーションとは

　組織心理コンサルテーション（川畑，2014；松本ら，2015；Matsumoto et al., 2016；松本・川畑，2017）とは，組織のなかで生じている問題に対して，組織成員（メンバー）の無意識を含む心の動き（心理力動）と，組織のダイナミクス（システムの力動）を考慮に入れて，組織の改善や有効性を高めることに向けた取り組みをサポートすることです。

　組織が抱える問題とは，次のようなことが考えられます。たとえば，事業を継承した二代目経営者と従業員の関係がうまくいかない，合併した会社のなかで複数の企業風土が融合しない，あるいは市場の変化に対応しようと変

革を模索するが，抵抗勢力によって前に進まない，さらに，専門職間の相互理解がなくチームワークが取れない，などが考えられます。学生でも，たとえばサークルなどの集団活動がうまくいかない，あるいは院生集団の研究室運営がうまくいかないなど，身近な問題として組織課題に直面することがあると思います。

　さまざまな組織の問題に対して，心理力動とシステムの力動双方を見立てながら改善に取り組む手法を，私たちは「組織心理コンサルテーション」と呼んでいます。セラピストのクライエントが主に個人であるのに対して，組織心理コンサルタントのクライエントは，組織そのものになります。

（1）「心理」をどう扱うか

　組織心理コンサルテーションでは組織の問題における「心」の部分を，どのようにとらえられるのでしょうか。たとえば，集団活動では難しい感情が表面化せず，水面下に追いやられることがしばしばあります。また働く人は，職場で担っている役割と一個人としての自分を切り分けて考えることが，難しい場合もあります。それは，人が自分の志向性についてすべて意識することができていないこととも関係しています。また，人は自己愛脆弱性，つまりプライドや傷つきやすさの問題を抱えることがあり，それは職場や組織におけるパフォーマンスに影響を及ぼすことがあります。さらに，組織において併存する人間関係，たとえば家族関係，旧組織の人間関係，出身校，専門家としてのつながりなどが，組織にときとしてマイナスの影響を及ぼします。

　組織心理コンサルテーションにおいては，このような目に見えない心理力動をとらえ理解することを活動の中心に据えて，組織やその成員，特にリーダーたちがそれらの影響について自覚的に取り組むことが組織の改善につながると理解して，介入を援助します。

（2）「組織」をどう扱うか

　では，組織心理コンサルテーションは「組織」をどのようにとらえるのでしょうか。組織心理コンサルテーションの大きな目標は，組織というものをとらえるものの見方を育てることです。つまり「バルコニーに立つ，ダンス

フロアとバルコニーを行き来する」ことで，フロア目線からはうかがい知ることのできない，集団全体のダンスのパターンを把握する視点をもつことです（Heifetz, 1994）。

　組織の特徴を直接目で見ることは困難です。ですから，組織を理解する概念ツールの習熟と，感覚・感情情報の活用が必要となります。自分自身を音叉に喩えると，周囲で起きていること（音）に自ら反応（共鳴）し，それをモニターすることを通して，周囲で起きていることを感じ取ることができます。自分が感じることは，他の人も感じている可能性が高く，それはつまり，組織全体で起きていることの表れだと推察できます。

　これらは，セラピストが活用する肌感覚・アンテナ感覚，そして俯瞰する観察自我と共通します。ですから，セラピストしての訓練は，組織心理コンサルテーションにも役立つのです。組織心理コンサルタントには，組織と心理の両方を統合的に取り扱うマインドセット（心的姿勢・思考様式）が必要となります（Matsumoto et al., 2016）。

3. 組織心理コンサルテーションの歴史

　組織心理コンサルテーション（組織開発）は，特定の理論家によって体系化されたディシプリン（学問体系）ではなく，緩やか・複雑に集合を成し，構成されている営みといえます。その歴史を遡ると，米国マサチューセッツ工科大学グループ・ダイナミックス研究所のレヴィン（Lewin, 1951）と，英国タヴィストック・クリニックおよび人間関係研究所のビオン（Bion, 1961）の双方に，源流を見出すことができます。いずれの地域においても，第二次世界大戦が終結した翌年の 1946 年頃から，本格的な探求が始まりました。レヴィンの影響は現代の組織開発の営みへと発展し，ビオンの影響はより強くグループ・リレーションズ（GR：Group Relations）・カンファレンスや，集団力動体験を解釈する営みへと発展していったと理解されます。強調点が異なるものの，それぞれが人材開発やリーダーシップの醸成，組織変革に活用されるようになり，今日に至ります[*1]。

　力動的な組織コンサルテーションの体系を本格的に日本に導入したのが，

川畑直人です。彼は阪神大震災でのボランティアや，ニューヨークの 9.11 テロ後の現地企業の援助を経験するなかで，組織への援助を実施するための枠組みや知恵が必要だと痛感し，このような知識体系を系統的に学び日本に導入する機会をうかがい，2010 年から京都文教大学産業メンタルヘルス研究所の事業として 5 年間，アメリカのウィリアム・アランソン・ホワイト研究所（以下，ホワイト研究所）の旧組織プログラム所長だったバーナード・ガートラー氏らを招いて，セミナー・ワークショップをシリーズで開催しました。筆者はここに，通訳として参加していました。このなかで，心理的な要素が強い内容の理解と普及を図るために川畑は，組織コンサルテーションを「組織心理コンサルテーション」と名づけました（川畑，2014）。

4. 組織心理コンサルテーションの理論と実践：システム心理力動

　組織心理コンサルテーションは組織と心理の両方を扱う営みです。組織と心理の両方を扱うことのできる理論的基盤が，システム心理力動（systems psychodynamics）（Miller & Rice, 1967）です。組織心理コンサルタントは，容易には目に見えない個人や集団の無意識の作用である心理力動を理解し，同時に集団組織や外部環境との相互作用といった，より大規模なシステム現象を理解することが求められます。

（1） 心理力動論

　組織の問題を特定し，アセスメント，診断（見立て）をしていくうえで，

---

*1　サリヴァン（Sullivan, H. S.）の理論はこれまで組織開発に導入されてきませんでしたが，いうまでもなくサリヴァン自身は，Sheppard and Enoch Pratt Hospital での集団療法，そして軍のコンサルテーションやユネスコ（国際連合教育科学文化機関）での国際紛争解決の取り組みに参加するなど，社会的・組織的関心が高い人でした。またレヴィンと面識があり，フィールド（場）理論に関して影響し合っていたといわれています。対人関係論・対人関係精神分析に依拠する者にとって，その理論を組織心理コンサルテーションに統合することが，今後の課題といえます。

力動理論の概念が有用です。特に，組織のなかで起こっている水面下，つまり目に見えず，通常意識され言語化されていない動きを理解することが必要となります。また，組織の改革のプロセスで生じるさまざまな事象を理解し，マネージするうえでも役に立ちます。

　組織の管理・運営，開発には，意識するしないにかかわらず，集団や個人の力動的理解が必要不可欠です。ですから，良き組織リーダーは，良きセラピストの感性を身に備えているはずだと考えられます。組織心理コンサルテーションの目的として，組織リーダーのこのような感性を引き出し，能力を発揮できるように援助することも含まれます。また，組織の上層部だけでなく，組織の個々の成員も，自らの状況と組織全体を理解し，課題に取り組むための能力が身につくことを目指すのです（個人の心理力動については他章に譲ります）。

(2) システム論

　組織を理解する重要な概念体系が，システム論（von Bertalanffy, 1968）およびシステム思考です。太陽系や生態系に代表されるようなシステムとは，部分の集合体がひとつの全体として成立し，持続する仕組みのことを指します。システムとは必ず下位システムに支えられて存在し，また上位システムの一部となって存在します。

　システムには3つのレベルの働きがあります（図12-1）。まず，システムはシステム全体の目的のために働きます。また，システムに属し，システム

図12-1　システムのレベル

を構成する部分のために働きます。さらに，システムは属する上位システム（たとえば外部環境）のために働きます。人間の組織（たとえば会社）も，生物など自然界のシステムと同様に，外部環境（たとえば市場）に開かれ，有機的に相互作用するオープンシステムなのです（Miller & Rice, 1967）。

オープンシステムである組織とその成員を取り扱うには，そこに存在するプロセスの次の5つの水準，つまり①個人の内的水準，②対人関係の水準，③集団の水準，④集団間の水準，⑤組織間の水準（Wells, 1995）を，念頭に置く必要があります。介入するためには，事象がどの水準で生じているものなのかを理解する必要がありますし，ある水準で見られる問題は他の水準と有機的に連動していて，そこにはその問題事象を生起させるシステム（仕組み・カラクリ・流れ）が存在すると考えられます。

組織を変えることは，そのシステムに働きかけ，それを変えることであり，そのためには，システムを理解するシステム思考（Senge, 2006）が必要になります。システムは複雑で力動的です。システムに働きかけてそれを変革するためには，単に起きている問題を記述し，その事象パターンを説明するだけでなく，システムの構造と問題がどのように作り出されるのかを説明し，それを変えるための取り組みが必要です。システムをより深く理解することを通して，組織の変革を促すより適切な行動を取ることができるようになります。

5. 組織心理コンサルテーションの概念ツール

組織心理コンサルテーションを実施していくうえで役に立つのが，数々の概念ツールです。これらを有効に組み合わせて，組織を見立て，適切なコンサルテーション（介入施策）を実施していきます。以下で主要な概念ツールを概観します。

(1) BART

BART（Boundary, Authority, Role, Task）概念は，組織と個人のシステム心理力動を理解する概念ツールとして非常に有効です。この略語は，タヴィス

トック人間関係研究所で伝統的に受け継がれてきたものです（Green & Molenkamp, 2005）。

① Boundary（境界）

Boundary とは，たとえばグループを包む容器であり，仕事を包む容器です。時間（始まりと終わり），場所（領地，領域），資源・責任などの領域を分割します。ART それぞれに，boundary が存在します。組織においてどの程度明瞭に特定されているか，合意されているか，そして守られているのかは，境界のあり方を理解するヒントとなります。境界は絶対的な仕切りとしてではなく，物事が移り変わる移行の空間としてとらえることもできます。たとえば，時間は，その前にしていたことこれからすることの間をつなぐものであり，玄関は家の外と家の中をつなぐ移行空間として機能します。

② Authority（権威・権限）

Authority とは，ある仕事をする権利であり，その仕事を遂行するため付与された権力です（Heifetz, 1994）。公式の（委任された）権限とは，理事会，上司，監督者から与えられ，委譲されたものです。職場組織で権限が係る事項としては，決定，評価，採用，解雇などが考えられます。権限について考えるヒントとしては，どの程度明瞭に特定されているか，どの程度与えられた権限が過剰・過少でなく，そのとおりに使われているか，そしてどの程度行使に必要な資源・道具が与えられているか，などが挙げられます。

人はその人なりのやり方で，権限や権威を行使します。たとえば，外向的な人であれば部下の皆にオープンに諮りますが，内向的な人は自らそうせずに，補佐に代わりに諮ってもらうかもしれません。リーダーは権威・権限の行使に自分なりの態度をとりますが，それには無自覚である場合があります。

③ Role（役割）

Role とは，仕事の目標を達成するためにその内容がいくつかの種類に分けられ，個人に割り当てられるものです。その役割は遂行する義務を伴い，業務の成果に直結します。役割は上司から割り振られ，その遂行は監視され，評価の対象となり得ます。権威・権限との違いは，権力とは直接には関連しない点です。もちろん，役割によっては権力を伴うものもあります。

公式の役割（formal role）とは，職場であれば職務内容記述書（job

description）に代表される，仕事における義務，成果，評価方法などが明示された役割を指します。つまり，後述するタスクに照らして，権限や責任の境界が明確な，組織が発行した役割です。それに対して非公式の役割(informal role) とは，無自覚のままに引き受けやすい役割です。たとえば，人は世話役，調整役，敵対役，静かな聞き役，助言役，感情表現役など，引き受けがちな役割（誘発性：valence）(Lewin, 1951) を持っていることがあります（「メンバーシップの役割」を参照のこと）。

④ Task（タスク：課題・職務・達成目標）

Task とは，仕事が目指している到達目標であり，達成しようとしている仕事の内容です。BAR はいずれも，タスクに基づいて規定されます。組織のプライマリー（主たる・最重要の）タスク（primary task）とは，組織が基本的に提供しなければならないものであり，組織のミッション（理念）に対応するものです（functional task, work task とも呼ばれます）。

通常，組織においては，さまざまなタスクが優先順位を争っています。どれが最優先かを決める人が，その組織の権威者です。つまり，権威・権限の境界はタスクの境界と連動しています。権威・権限の境界が不明確な組織は，混乱に陥り，存続が危ぶまれます。また，組織の再生にとっては古い組織体制の解消が望まれますが，変化に伴う不安によって，組織が最重要タスクを見失って，存続タスク（survival task）に終始することがあります（「集団レベルの防衛」を参照のこと）。

(2) 人-役割-システム

この概念ツールも，タヴィストック人間関係研究所とホワイト研究所で受け継がれてきたものです（Gertler, 2010 私信）。組織成員は，組織で特定の役割を担っていると同時に，独自のパーソナリティを持つひとりの人です。組織で担う役割とその人のパーソナリティの内容は，重なるところも重ならないところも出てきます。また，職場において，それらが葛藤する場合があります。それらの要素をシステムのなかでとらえて，マネージすることが求められます（図12-2）。組織心理コンサルタントは，役割コーチング（role coaching）を通して，この葛藤を援助することができます。

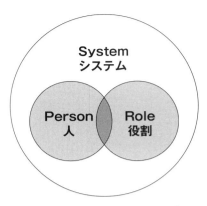

図 12-2　人-役割-システムモデル

　さらに，組織において成員が担う役割は，公式のものだけとは限りません。前述のように，人にはそれぞれ非公式・無自覚に引き受けやすい役割があります。それは人が体験する役割の歴史，たとえば生まれ育った家族や，集団で担ってきた役割の影響が考えられます。また，本人が担った役割とどのような距離を取っていたのかが問題になることがあります。たとえば，どこでもキャプテンや長男のように振る舞う人は役割に関わりすぎていることが考えられますし，同じ長男がリーダーシップを発揮する役割を常に期待され，そこから離脱することも考えられます。

(3)　役割と防衛機制
　ある状況で個人は，周りからある種の役割を期待されます。そのときに生じるのが投影です。ときとして個人や集団が，自分自身のものとは感じたくない怒り，攻撃性，競争心といった感情を，他者に帰属させることが生じます。投影されたもの（感情や役割）が付着し，そういう気持ちが自分のものであるかのように感じる（同一化する）ことが，投影同一化です。また，投影されたものを（無意識的に）丸呑みしたように取り込んで振る舞うことが，取り入れです。さらに，人や物事を，善悪や価値のあるなしなど二分してとらえることが分裂です。これらの防衛は，集団組織の機能不全の機序となり得るのです。

（4） マジックテープとフッ素樹脂

　人は常に投影をしています。ある集団に対する固定観念であるステレオタイプは，投影の代表的な例です。投影される側にとっては，投影されたもののうち，同一化や取り入れしやすいもの（誘発性）があります。それを，投影を付着させやすいマジックテープがある状態とイメージできます。集団のなかで特定の投影が付着すると，その役割が固定化するリスクが生じます。たとえば，先生になるのが好きな（マジックテープを持つ）人は，正式な職務としてその役割を担う必要がないときでも社員指導の役割を取ってしまう傾向があり，周りもそう期待していることなどが考えられます。

　それに対してフッ素樹脂加工されていれば，投影はくっつかずに弾かれます。つまり，ある役割を期待されたとしても，それを引き受けないで済みます。たとえば，窓口担当として顧客の苦情を受けたとしても，その怒りを受け流して傷つかずに済むことが考えられます。

（5） 集団レベルの防衛

　防衛機制は集団・組織のレベルでも生じます。不安や葛藤状況が頻発する職場においては，それを感じなくて済むような仕組みや働き方が制度化されるといった，社会的防衛（social defense）（Menzies, 1960）が生じ得ます。組織心理コンサルテーションでは個人に加えて集団・組織レベルでの防衛を理解し，そこから抜け出す視点を持つことが重要です。

　ビオン（Bion, 1961）は，仕事を共にする集団が，実は2つの集団によって構成されていると考えました。ワークグループは仕事そのものをタスクとして，意識上で合理的な集団成果を目指します。一方，基底的想定グループ（basic-assumption group）は，無意識で非合理的なものに基づいて振る舞う集団です。基底的想定とは，集団がたどると思われる，避けられない帰結です。

　ビオンは，3つの基底的想定グループを提案しました。依存グループ（dependent group）（リーダーの庇護を求める），闘争－逃避グループ（fight/flight group）（集団の生き残りのために反応する），そしてペアリンググループ（pairing group）（カップルによる救世主の誕生を願う）です。集団はその

状態によって，ワークグループとして生産的に機能しているときもあれば，基底的想定グループとして振る舞ってしまう場合もあると考えられます。後に4つ目の基底的想定グループとして，一体グループ（oneness group）（他者や全能者との融合に救いを求める）（Turquet, 1974）や，5つ目として私（非）グループ（me（non）group）（集団を求めず引きこもる）（Lawrence et al., 1996）が提案されています。

（6） リーダーシップ

　良好な組織では，組織内で健全なボトムアップ機能が発揮され，権威のない末端の成員からも，組織の意思決定に貢献する重要な情報が得られます。また，組織成員間で活発なコミュニケーションがなされていて，心が感情に開かれています。さらに組織間で協働や情報共有があり，組織外（環境）から学び，変化に適応することができます。このような組織のあり方を促進する機能が，リーダーシップです。組織の変革を目指す組織心理コンサルテーションおいて，リーダーシップの醸成は中核的なタスクです。

　リーダーシップの理論・研究は，たとえば課題達成と人間関係維持の2次元理論（三隅, 1984）や，状況適合型のリーダーシップスタイル（Fiedler, 1967；Goleman, et al., 2002）など，多岐にわたります。本章では組織変革と介入を念頭に置く，バーク゠リトウィン・モデルを紹介します。

　バーク゠リトウィン・モデルは組織の診断と変革に必要な見取り図を網羅的に提供してくれるものです（Burke & Litwin, 1992）（図12-3）。組織を外部環境のなかにあるオープンシステムととらえ，組織の構成要素を図式化しています。特に，組織の変革に関わる要素と，組織の運営や維持に関わる実務的な要素が，区別されています。そして変革型と実務型（交流型・管理型）に区別されるリーダーシップ（Burns, 1978；Bass, 1985）は，それぞれ組織の変革に関わる要素と，組織の運営や維持にかかわる実務的な要素に対応します。

　組織が存続や適応を図らなければならない外的環境，組織の存在理念であるミッションと戦略（政策・施策），組織のあるべき姿への方向性とビジョンを提供するリーダーシップ，そして組織の歴史を通して培われてきた暗在

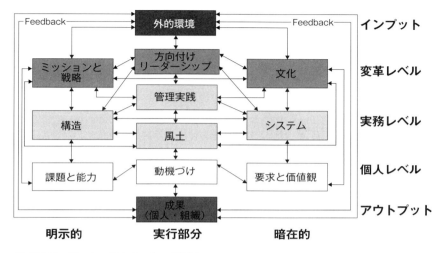

図 12-3　バーク＝リトウィン・モデル
　（Burke & Litwin, 1992. 横軸と縦軸のラベルは松本・川畑，2017 を著者一部改変）

的な価値観や行動様式である組織文化が，変革レベルの要素です。つまり，組織を抜本的に変革・改革するには，それらの要素に必要とされる変化を同定し，組織を鼓舞し導くビジョンを創造し，集団成員のコミットメントのもとで変化を実現する，変革型リーダーシップが求められます。

　命令系統を示す組織図などの構造，業務が執り行われる方法を司るシステム，規則と手続き，管理職の働き方や部下の扱い方などに関する慣習である経営管理業務が，組織の運営管理維持に関わる実務レベルの要素です。これらの要素に介入するのが，組織成員に対して明確な目的とゴールを設定し，賞罰を用いてゴールに向けて人々を追従させるようなスタイルである実務型（交流型・管理型）リーダーシップです。

　また組織成員個人のレベルにおいては，仕事が個人に求める職務要件と個人のスキル・能力，個人の欲求と価値観，そして前述した変革レベルと実務レベルの諸要素に影響される個人の動機づけがアウトプットにつながります。個人は両方のリーダーシップの影響を受けると考えられます。

　ビジョンを重視する変革型リーダーシップと実行を重視する実務型リーダーシップを組み合わせることで発揮される，戦略型リーダーシップという

ものも考えられます (Rowe, 2001)。組織心理コンサルテーションでは，さまざまなリーダーシップの理論をもちいて組織のニーズに沿ったリーダーシップ機能の醸成や強化を援助します。

(7) チーム

現代の組織においては，仕事を一人で完結することは考えがたく，何らかのチームユニットで仕事を担うことがほとんどです。組織心理コンサルテーションのタスクには，チームの機能を高める介入が含まれます。

① チームとは

チーム，グループ，集団は似た言葉ですが，実は区別されます。仕事をする集団には，3つのレベルが考えられます。①依存的なレベルのグループは，上司に命令されたことをする，指示待ちの集団です。②独立的なレベルのグループでは，上司の命令は最小限で，各自が独立的に仕事をします。③相互依存的なレベルのグループでは，集団が独自に目標設定をしつつ，相互に助け合いながら共通目標の達成を目指します。これがチームに相当します。「チームとは，共通の目的，達成目標，アプローチに専念しつつ，それらについての相互説明責任を自らに課す，相互補完的な技術を持った少数の人々」(Katzenbach & Smith, 1993, p. 41) と定義されます。

② チームのメンバーシップ

地位や立場に関係なく，人は組織成員としての時間のほとんどを，チームメンバーとしての役割を演じるのに費やしています。有能なチームメンバーは次のように，有能なリーダーの持つ特徴の多くを共有しています。

　　(1)　自律的に考え自己決定する。
　　(2)　目標に焦点を当てる。
　　(3)　チームを支える。
　　(4)　個人的な体験や感情を活用する。
　　(5)　事業全体の文脈のなかで，役割と果たす機能が見える。
　　(6)　自分の成長を振り返り，内省する。

表12-1　メンバーシップの役割

タスク役割 (Task roles)	関係性役割 (Relationship roles)	その他の役割 (Other roles we take)
率先して動く人 （Initiator）	励ます人 （Encourager）	攻撃者 （Aggressor）
情報を探す人・提供者 （Information seeker/giver）	門番 （Gatekeeper）	頑固な抵抗者 （Stubborn resister）
意見を求める人・提供者 （Opinion seeker/giver）	妥協者 （Compromiser）	承認を求める人 （Recognition seeker）
コーディネーター （Coordinator）	旗持ち・旗手 （Standard bearer）	支配する人 （Dominator）
評価・批判する人 （Evaluator/critic）	グループ・コメンテーター （Group commentator）	遊び人 （Player）
記録者 （Recorder）		

(Benne & Sheats, 1948)

　人がときとして無自覚に引き受けるメンバーシップの役割、つまりチームで果たす機能に関する役割（Benne & Sheats, 1948）が、分類されています（表12-1）。タスク役割は、チームのタスク達成の機能に関わる役割です。関係性役割は、チームメンバーの人間関係の維持機能に関わる役割です。そして、いずれにも当てはまらないやっかいな役割があり、これらはチームの生産性を阻害することや、破壊的に作用する可能性があります。

　これらの役割は、人の持つ無意識の姿勢や態度、欲求を反映していると同時に、人はいずれかの投影に対して、潜在的にマジックテープを持っていると考えられます。チームに負荷がかかり不安が高まると、非生産的な役割が取られやすくなると考えられます。チームがうまく機能するためには、このような役割が引き受けられている可能性に対して、マインドフル（気を配る）であることが求められます。また、広くチームの位置づけを理解するにあたっては、チームが組織やその部局の一部であり、ひいては市場や政治文化のなかにあって、それらの影響を受けていることも念頭に置く必要があります。

③ チームの機能不全

　レンシオーニ（Lencioni, 2002）はチームが生産的な結果を生むようになる

図 12-4　チームに関する 5 つの機能不全

には，いくつもの機能に関するハードルを超えなくてはならず，それができないときに陥る 5 つの機能不全の階層を図式化しています（図 12-4）。

　チームの機能不全①は，信用の欠如です。メンバーは互いを信用できず，グループ内において攻撃を受けることを避けようとして弱みを見せられず，完全無欠に振る舞おうとします。良好に機能しているチームでは，チームメンバーが互いに信用し合い，失敗を認め，助けを求め，責任の範囲について指摘や質問を受け入れ，リスクがあってもフィードバックや援助を求め，重要なタスクにエネルギーを集中し，チーム内の政治的動きや主導権争いには関心を払いません。謝罪を申し出ることも，受け入れることもためらわず，一緒に働くのを楽しみにします。

　チームの機能不全②は，衝突への恐怖です。信用の欠如しているなかでは傷つきを避けるために，表面的な調和にとどまります。良好に機能しているチームでは，メンバーは葛藤のなかでも関わり続けます。会議を活発で面白いものにして，チームメンバーからアイデアを得ようとしますし，現実に起こっている問題を素早く解決するために，重要な話題を積極的に議論します。

　チームの機能不全③は，責任感の不足です。衝突への恐怖から健全な対立がなく，チームメンバーが互いの視点を共有し比較検討しなければ，無責任

であいまいな態度しか取れなくなります。良好に機能しているチームでは，チームメンバーがチームとその課題に対してコミットし，態度に責任を持ちます。方向性と優先順位を明快にすることができ，共通の目標に向かって団結することができます。失敗から学ぶ能力が育ち，競争相手より先手を取るために，両価的にならずに前に進めると同時に，結果が得られない場合は罪悪感や躊躇なく方向を変えられます。

　チームの機能不全④は，説明責任の回避です。責任感の不足によって，チームメンバーが自分の考え，意思決定や行動についての説明責任を避けるようになります。良好に機能しているチームでは，チームメンバーが互いに対して説明責任を持ちます。互いの生産性を上げるように強く求め，ためらうことなくお互いのやり方について疑問を投げかけることで，潜在的な問題を素早く明らかにすることができます。互いが同じように高い基準を尊重し，保持し，生産性のマネジメントと修正作業を，互いに直接行います。

　チームの機能不全⑤は，結果への無関心です。互いへの説明責任を回避すると，結果に対して無関心になってしまいます。良好に機能しているチームでは，チームメンバーが全体の結果，つまりタスクの達成に関心を持ち，達成志向的なメンバーを重用します。チーム内での個人行動は最小限になり，メンバー全員が成功も失敗も分かち合うようになります。チームの目標を優先するメンバーによってチームは助けられ，タスクから逸れないための努力が継続されます。

　チームとは，種々の利害を抱えるステークホルダーらの織りなす，複雑な構成物です。そこでタスクを達成するには，チームの責任者とメンバーがタスク志向的であると同時に，関係志向的であることが求められます。チームの取る行動は，タスクの達成を促進することも阻害することもあります。チームの行動は，明示的で自覚的な側面も，暗在的で無自覚・無意識的な側面もあります。双方を理解し働きかける介入が，組織心理コンサルテーションには求められます。

6. 組織心理コンサルテーションの介入方法

(1) 契約とコンサルテーション・サイクル

　組織心理コンサルテーションの具体的介入方法は，とても臨床的だといえます。大まかな導入の流れは次のとおりです。

　まず，組織の主訴として持ち込まれる問題を踏まえ，それに応じた当面の見立てと進め方についてのフィードバック，そして問い合わせに対する説明（つまり，①営業活動）を行います。この段階では，まずコンサルタントができることと，クライエントの強み（strength）や弱み（weakness），機会（opportunity）や脅威（threat）を分析すること（SWOT分析）が，重要になります。営業段階における話し合いのなかで，クライエント組織との②契約が合意される（つまり，組織心理コンサルティングの実施をオーソライズしてもらう）と，合意に基づいた③データ収集と分析（聞き取り面接や調査）を行い，それに基づいた仮説（見立て）と，④データのフィードバックと行動計画（報告書とプレゼンテーション）をクライエントに提示し，変革を目指した介入方法についての選択肢を話し合います。そこで取るべき行動計画について合意（つまり，契約の確認または更新）が得られれば，クライエント組織が⑤計画の実行と変革へのプロセスに着手し，コンサルタントはその実行を援助します。クライエントとコンサルタントは実践の効果を共に⑥評価し，そして次のステップを考え，必要なら一連の流れを繰り返します。

　つまり，コンサルタントはクライエントと協働で，アクションリサーチを実施しているのです。この一連の段階を，コンサルテーション・サイクル（Block, 2011を一部改変）と呼んでおり，それに沿ってコンサルテーションを実施します。

　組織心理コンサルタントが実践する具体的な介入手法としては，指導的および体験的な要素を兼ね備えた研修，そして個人やグループへのコーチングがあります。具体的な手法は，個々のクライエントのニーズに沿って，個別に作成されます。

（2） 研修

　組織心理コンサルタントは，見立てやクライエントの要請に応じて，さまざまなセッティングでさまざまなテーマの研修を行います。たとえば，組織の執行部への組織開発研修，管理職レベルのマネジメント研修，部局のコミュニケーション研修などです。クライエントのニーズや希望と擦り合わせながら，コンサルタントは戦略的に研修を行います。研修の実施にあたっては，前述の概念ツールを積極的に教え，グループワークを通じてその活用方法を実感してもらう，という心理教育的で体験学習的なものを心がけています。

　たとえば，BART 概念を学習し，自分と職場の絵を描く「職場絵図」と呼んでいるワークを行うことで，研修参加者が職場組織と自身のあり方を客観視し，理解する手助けになります。また，擬似的なチーム課題（創作ゲーム）を行い，ディスカッションを通してメンバーの取っていた役割を振り返り，チームのあり方の理解を深めるワークなどがあります。

　心理職はしばしば，職場におけるメンタルヘルスの研修を依頼されることがあります。それがきっかけで，たとえばメンタル不調が実は組織的な課題によって生じていることに気づき，その見立てを組織へフィードバックすることによって，組織心理コンサルテーションに発展していくこともあります（Matsumoto et al., 2016）。

（3） コーチング

　コーチングにはさまざまな流派がありますが，組織心理コンサルタントが依拠するのは，システム心理力動的コーチング（Brunning, 2006; Hay, 2007）です。コーチングとは，具体的な目標（パフォーマンススキルであることが多い）に向かって，コーチとコーチー（coachee）が協働します（図 12-5 の「発達的コーチング・メンタリング」）。メンタリングも，パフォーマンススキルに注目する点では似ていますが，同門の先輩（メンター：mentor）が手本となり，後輩（メンティー：mentee）を導くという関係性が特徴です（図 12-5 の「伝統的コーチング・メンタリング」）。カウンセリングや心理療法は目標が，ウェルビーイング（図 12-5 の「カウンセリング」）やパーソナリ

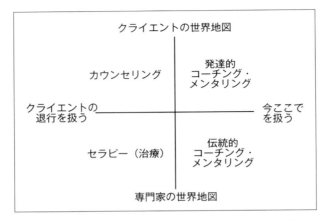

図 12-5　臨床：コーチングの四象限（Hay, 2007, p.9）

ティの変化（図12-5の「セラピー（治療）」）に置かれることや，より過去に焦点づけられることなどが主な違いとなります。これらははっきりと区別されるものではなく，連続体として考えます。

　コーチングのセッティングはセラピーとは異なり，時間や頻度が固定されないことが多いです。それは，就業時間内に職場で行われることが多く，業務が優先されるからです。概して組織開発の一環として，コーチングは組織が契約者として料金を支払います。

　組織心理コンサルテーションでは，個人（たとえば組織のリーダー）を援助するときには，あくまでもその組織の一員であるという文脈で実施しますので，コーチングのスタンス（エグゼクティブ・コーチング）が必要になります。しかし，上述の役割コーチング場面でコーチーのパーソナリティが問題になることがあれば，それを扱う必要があり，より力動的心理療法のスタンスがコーチに必要となります。組織心理コンサルタントのコーチングでは，クライエント・コーチーのさまざまな側面に対して，組織開発という目標を目指すなかで，必要に応じて介入をすることが求められます（図12-6）。

　心理職にとって，もはや面接室での個人心理療法だけが，心理臨床家の仕事のイメージとはいえません。今後，公認心理師の仕事が世の中で定着していくと，ますます関係者との連携，チームの協働，コンサルテーション，予

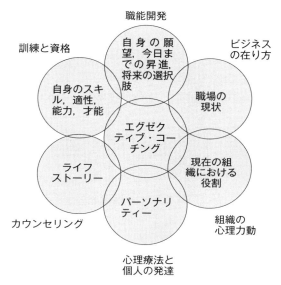

図 12-6　システム心理力動的コーチングの 6 領域モデル
(Brunning, 2006, p.133. 図は Kristof Bien 作)

防や地域連携活動が求められます。そのような活動の多くが，組織心理コンサルタントの仕事と重なります。

　心理臨床家はトレーニングを積むことによって，組織を相手に，組織心理コンサルタントとして仕事をすることができます。あるいは心理職として，組織心理コンサルテーションを活用することができます。産業領域はもちろんのこと，教育，福祉，司法，そして医療のすべての領域で，組織を見る視点を持つことが必ず役に立ちます。

7. まとめ

　組織心理コンサルテーションが依拠し活用する知識は，心理力動論，システム論，組織論，コンサルテーションの実践スキルなど，幅広いものです。そのなかにあって，組織を理解することに精神分析・心理力動の概念を用いていることが，最大の特徴だといえます。それは組織の持つ合理性と非合理

性，つまり水面上と水面下のプロセスの両方を理解し，介入の対象としているからです。組織心理コンサルテーションが特に効果を期待されるのは，改革を迫られる組織の成員が抱える不安に手を差し伸べ，問題に直面することへの支援です。そして組織心理コンサルタントは，組織がまだ直面していないが将来直面しうる問題を理解し，組織が自ら対応していく能力とスキルを養うための支援を行うのです。

　組織心理コンサルテーションが持つ，組織のメンバー自身が問題の解決法を生み出すのに必要な知識を持っているという強い信念は，人間主義的伝統を継承しているからです。これはセラピーが目指す主体性の育みと一致しています。したがって，直接影響を受ける組織成員が意思決定や実働を行い，コンサルタントが改革の代行を請け負うことはありません。このような姿勢は，対人関係・関係精神分析とも一致するものです。

　組織改革については，経営コンサルタントも専門としているところです。経営コンサルタントは，組織改革に必要な知識や計画立案については，組織心理コンサルタント以上に造詣が深いといえます。しかし，経営コンサルタントが関わるのは計画の策定までで，変化のプロセスそのものを援助することは専門としていません。本章で説明したように，人は観念的に変わろうと決めても，容易に変われるものではありません。そこで，経営コンサルタントのアフターマーケットとして，組織心理コンサルテーションの出番が訪れるのです。つまり，実際の変革の実行プロセスが進行するための援助を行うことが，期待されるのです。ですから，人の変化に寄り添うセラピストにとっては，まさに腕の見せどころなのです。

　人がいるところには，必ず集団や組織が存在します。心理職として効果的に働いていくうえで，組織を無視できません。有能な心理職にとって組織心理コンサルテーションスキルは必要不可欠なものであり，今後すべての心理臨床家にとっての基本スキルのひとつとみなされるに違いありません。日本における組織心理コンサルテーションの実践と研究開発は始まったばかりで，今後の発展が期待されます。

【文献】

Bass, B. M. (1985). *Leadership and performance beyond expectation*. New York: Free Press.

Benne, K. D. & Sheats, P. (1948). Functional roles of group members. *Journal of Social Issues*, 4(2), 41-49.

Bion, W. R. (1961). *Experiences in groups*. New York: Basic Books.

Block, P. (2011). *Flawless consulting: A guide to getting your expertise used*, third. edition. San Francisco: Pfeiffer.

Brunning, H. (2006). Six domains of executive coaching. In H. Brunning (Ed.), *Executive coaching: Systems-psychodynamic perspective*. London: Karnac, pp. 131-152.

Burns, J. M. (1978). *Leadership*. New York: Harper and Row.

Burke, W. W. & Litwin, G. H. (1992). A causal model of organizational performance and change. *Journal of Management*, 18(3), 523-545.

Fiedler, F. E. (1967). *A theory of leadership effectiveness*. New York: McGraw-Hill.

Gertler, B. (2010). 私信.

Goleman, D., Boyatzis, R. E., & McKee, A. (2002). *Primal leadership: Realizing the power of emotional intelligence*. Boston: Harvard Business School Press.（土屋京子（訳）(2002). EQリーダーシップ——成功する人の「こころの知能指数」の活かし方. 日本経済新聞社）

Green, Z. G. & Molenkamp, R. J. (2005). The BART system of group and organizational analysis: Boundary, authority, role, and task. Unpublished manuscript.［www.academy.umd.edu/tle/BART］(2015年5月1日取得)

Hay, J. (2007). *Reflective practice and supervision for coaches*. Berkshire: Open University Press.

Heifetz, R. (1994). *Leadership without easy answers*. Cambridge: Belknap Press.（幸田シャーミン（訳）(1996). リーダーシップとは何か！ 産能大学出版部）

Hirschhorn, L. (1991). *Managing in the new team environment: Skills, tools, and methods*. Boston: Addison-Wesley.

Janis, I. L. (1972). *Victims of groupthink: A psychological study of foreign-policy decisions and fiascoes*. Oxford: Houghton Mifflin.

Katzenbach, J. R. & Smith, D. K. (1993). *The wisdom of teams: Creating the high-performance organization*. Boston: Harvard Business School Press.

川畑直人 (2014). 組織心理コンサルテーション事始め. 京都文教大学産業メンタルヘルス研究所レポート, 4, 3-8.

Lawrence, W. G., Bain, A., & Gould, L. (1996). The fifth basic assumption. *Free Associations*, 6(1), 28-56.

Lencioni, P. (2002). *The five dysfunctions of a team: A leadership fable*. San Francisco: Jossey-Bass.（伊豆原弓（訳）(2003). あなたのチームは機能してますか？ 翔泳社）

Lewin, K. (1951). *Field theory in social science*. New York: Harper and Row.

松本寿弥・今江秀和・伊藤未青・鈴木健一 (2015). 組織心理コンサルテーションの視点

から学生相談における連携・協働を再考する――学生相談のスリーサークルモデルとBART を通じて. *Psychoanalytic Frontier*（京都精神分析心理療法研究所紀要), **2**, 32-45.
松本寿弥・川畑直人 (2017). 組織心理コンサルテーションの諸理論 I. 京都文教大学産業メンタルヘルス研究所レポート, **5**, 3-22.
Matsumoto, H., Kato, Y., & Gertler, B. (2016). Becoming an organizational psychological consultant. *Psychoanalytic Frontier*（京都精神分析心理療法研究所紀要), **3**, 1-9.
Menzies, I. E. P. (1960). A case-study in the functioning of social systems as a defence against anxiety: A report on a study of the nursing service of a general hospital. *Human Relations*, **13**(2), 95-121.
Miller, E. J. & Rice, A. K. (1967). *Systems of organization: The control of task and sentient boundaries.* London: Tavistock Publications.
三隅二不二 (1995). リーダーシップ行動の科学 改訂版. 有斐閣
Rowe, W. G. (2001). Creating wealth in organizations: The role of strategic leadership. *The Academy of Management Executive*, **15**(1), 81-94.
Senge, P. M. (2006). *The fifth discipline: The art and practice of the learning organization*, revised edition. New York: Doubleday.（枝廣淳子・小田理一郎・中小路佳代子 (訳)(2011). 学習する組織――システム思考で未来を創造する. 英治出版）
Tuckman, B. W. (1965). Developmental sequence in small groups. *Psychological Bulletin*, **63**(6), 384-399.
Tuckman, B. W. & Jensen, M. A. (1977). Stages of small-group development revisited. *Group & Organizational Studies*, **2**(4), 419-427.
Turquet, P. M. (1974). Leadership: The individual in the group. In, G. S. Gibbard, J. J. Hartman, & R. D. Mann (Eds.), *Analysis of groups: Contributions to theory, research and practice.* San Francisco: Jossey-Bass, pp. 349-371.
von Bertalanffy, L. (1968). *General system theory: Foundations, development, applications.* New York: George Braziller.
Wells, L. J. (1995). The group-as-a-whole: A systemic socioanalytic perspective on interpersonal and group relations. In J. Gillette & M. McCollom (Eds.), *Groups in context: A new perspective on group dynamics.* Reading: Addison-Wesley, pp. 50-85.

第13章
非行・犯罪臨床

【辻　啓之】

1. 矯正心理専門職の仕事

　私は法務省矯正局に所属する矯正心理専門職として，非行・犯罪臨床に携わってきました。その仕事の領域は年々広がりを見せており，私が経験したことがない業務もありますが，ここでは私の経験に沿って，拘置所，刑務所，少年鑑別所で経験した業務をご紹介します。

（1）拘置所

　拘置所は主に刑事裁判の被告人を収容する施設で，そこでの心理職としての主な業務は，裁判で懲役や禁錮といった判決を受け，その刑が確定し，刑務所等でその刑の執行を受けることが決まった受刑者たちの調査を行うことでした。自分が調査を担当することになった受刑者の裁判結果が記載された判決書や，過去に矯正施設（刑務所，拘置所，少年院，少年鑑別所等）に収容された際に残された記録を読み，本人から事件のことや生活歴を聞き取り，心理検査を実施し，それらのデータを総合して，調査結果をまとめた書類を作成します。まだ二十代だった私が拘置所で働いていたときの経験で，人に話すとよく驚かれたことは，受刑者と面接室で対面したときに怖いと感じることはまれで，会話を楽しめることもよくあったということです。また，彼らの多くが不遇な生育体験をしてきていながら，そのことを辛かったこととして情感を込めて語ることがほとんどない，ということも不思議に感じられることでした。

（2）　刑務所

　私が最も長く勤務してきた刑務所は，懲役刑や禁錮刑に服すことになった人が収容される施設で，そこで私が心理職として担当してきた業務は，主に三種類ありました。

　1つ目は，その刑務所で受刑するために移送されてきた人たちについての調査です。調査のポイントは，施設内適応に関することと，出所後の再犯防止に関することに大別できます。受刑者にとって刑務所は，たくさんの規則に従って集団生活を送る場です。そのような生活に順応できるかどうか，できそうな場合はどのように順応しそうか，どのような作業に従事させることが適応状態をよくするか，集団生活に順応できない人はどのように処遇すればいいか，そういったことを理解しようとするのが前者の調査です。

　それに対して，彼らが出所後に再犯に及ばないためにどのような教育を実施することが適当か，出所後の生活の安定のためには職業訓練を受けさせることが有効だろうか，それとも治療機関や生活の場を確保するための医療的・福祉的支援だろうか，そういったことについての調査が後者に当たります。

　刑務所で心理職として担当した2つ目の業務は，刑務所での集団生活に適応できない人たちへの適応支援でした。その方法は，当人へのカウンセリング，グループワーク，彼らに関わる職員たちとのコンサルテーションでした。この業務のなかで，私にとって忘れられない経験は，ある受刑者と長期間カウンセリングを続けていたところ，その人が何気なく，過去に残虐な事件を犯したと口にしたことです。耳を疑うような思いで，その事件について尋ねると，耳をふさぎたくなるような恐ろしい話が平然と語られ，私は大きな衝撃を受けました。私がカウンセリングのなかで築いてきたと思っていたこの人との相互理解や信頼関係は思い込みに過ぎず，私はこの人のことを何もわかっていなかったのだと，感じずにおれませんでした。

　この人もそうでしたが，長期にわたって刑務所での生活に適応できずにいる人の多くは，解離やパニックによって行動統制ができなくなることがしばしばあったり，反社会性や自己愛性のパーソナリティ障害を有していたり，幻覚妄想に脅かされていたりといった難治性の精神障害を背景に持っている

ため，不適応状態が劇的に改善されることはなかなかありません。しかし，カウンセリングやグループワークによって彼らの心情を把握しつつ，関心の範囲が広がるように支援し，その情報を関係者で共有していくことは彼らの助けになり，適応状態が改善していく手掛かりとなります。

　3つ目は，受刑者の再犯を防ぐための治療教育でした。私は性犯罪に及んできた人と，薬物犯罪に及んできた人を対象とする，二種類の再犯防止指導に携わってきました。いずれも犯罪の種類別に10名程度のグループを作って，十数回から数十回の集団精神療法を行います。それらの指導には通じることが多いので，かつて性犯罪者再犯防止指導への取り組みについて書いたことを引用します。

　　性犯罪者処遇プログラムに従事する我々に与えられた課題は，犯罪という社会的問題行動の反復を当人への働きかけによって抑止することであり，その方法は受刑者への教育的処遇として行政的に定められている。しかし，実際に性犯罪者処遇プログラムに従事すると，「定められた通りに教えようとしてもうまくいかない」「自分がしている教育に自信が持てない」「自分がしている教育に手応えや効果が感じられない」といった厄介な事態に直面させられる。(略) 数多ある治療理論のなかから有効なものを取り入れつつ，病院臨床とは異なる矯正臨床への適用を試行錯誤するなかで，性犯罪者処遇プログラムにおける治療理論の構築が目指される。
　　　　　　　　　　　　　　　　　　　　　　　　(辻，2017, pp. 64-65)

（3）少年鑑別所

　最後に，少年鑑別所で心理職として経験した業務ですが，大きく二つに分けられます。

　少年鑑別所に収容される人の多くは，家庭裁判所で審判を受ける前の未成年者であり，裁判後に調査を行う拘置所とは違い，審判前に，審判の資料となる調査報告書を家庭裁判所に提出することを目的に，調査が行われます。その内容は，少年鑑別所内での行動観察と，面接による事件，家族，生活歴等についての聞き取りに加え，心理検査を実施し，家庭裁判所調査官や保護

者からも情報を得ながら，精神状況や非行に至る問題点の分析等を報告書としてまとめていきます。

　もうひとつは，家庭裁判所の審判のためではないアセスメントや治療教育です。少年院内での生活や矯正教育にうまく適応できていない少年の事態改善を目標とする調査や，少年院に収容されたことで少年がどのように成長しているかを確認するための調査，また，非行に及んだ少年や，その保護者，学校関係者等から非行や犯罪に関する相談を受け，必要に応じてアセスメントやカウンセリングを行うといったことです。

　少年鑑別所での業務のなかで最も印象に残っているのは，家庭裁判所調査官と連携して，試験観察（家庭裁判所が審判決定をする前に，少年を家庭裁判所調査官の観察に付すこと）中の少年に，少年鑑別所まで通所してカウンセリングを受けるよう促し，数カ月のカウンセリングを行ったことです。可塑性の高い少年と継続的に関わり，その成長を目の当たりにできたことはうれしいことでした。

　本章においては，私がこれらの業務に携わるなかで考えるようになった，非行・犯罪臨床における心理学的理解について書きたいと思います。

2. 嘘

　「嘘つきは泥棒のはじまり」と言いますが，幼い子も嘘をつきますし，嘘をついたことが一度もないという人はいないでしょう。つまり，嘘をつけば泥棒（窃盗犯）になるわけではありませんが，窃盗に限らず，犯罪行為に及んだ人たちに関わっていると，頻繁に嘘に出会います。そして，その嘘は，非行・犯罪臨床に携わる者にとって，厄介なものと感じられることがあります。世の中のルールを破り，被害者を傷つけ，法律を守って暮らしている人たちを脅かしておきながら，嘘やごまかしによって自らの罪や責任を認めようとしない人を前にすれば，強い怒りや無力感を抱き，その人の力になろうとする意欲や情熱を削がれるからです。加えて，その人が実際に再犯に及び，新たな被害者を生み出せば，自分のせいでそうなってしまったのではないかといった罪悪感にもさらされます。それらが，非行・犯罪臨床最大の難関で

あり，臨床家としての情熱を失うことなくその仕事を続けていくためには，彼らの嘘やごまかしを理解しようとする姿勢が不可欠といえます。

　嘘を理解する第一歩は，詳しく尋ねることです。相手が話すことを受け身に聞くのではなく，積極的に質問するのです。たとえば，食べ物を万引きして捕まった人に，「どうしてこんなことをしたのですか？」と尋ねると，「食べたかったから」という答えが返ってきたとします。この答えは嘘ではないかもしれません。しかし，この人は，家族とけんかして家に帰れず，自暴自棄になって酒を飲んだうえで万引きしたのかもしれないし，摂食障害に苦しみながら日常的に万引きを繰り返していたかもしれないし，その店の人に恨みを持っていて，嫌がらせをしたかったのかもしれません。

　自らが犯した事件について人に話すことは，恥の感覚や責められる恐れを喚起しやすいため，彼らは早くその話を終わらせようとして，複雑な事情は口にせず済ませようとしますから，彼らの行動の動機の理解を深めていくためには，その人が日頃からどんな生活を送っていたのか，事件の日は何時に目覚めてどのように過ごしてきたのか，といったことを詳しく尋ねていく必要があります。さらに，その背景を知るためには，より広範囲にわたって，その人の人生体験について具体的に尋ねていくことになります。その人が犯罪に及ぶに至る半生を描くドキュメンタリードラマを作るつもりでインタビューすると言えば，どれほど多くの情報の収集が望まれるか，想像できますでしょうか。

　実際には，限られた時間のなかでできる範囲のインタビューしかできませんが，非行・犯罪臨床ではそのような姿勢がまず求められます。

3. 解離

　前節に述べたように，詳しく尋ねていけば，嘘偽りのない真実へとたどり着くことができるのでしょうか。

　スタイン（Stein, A.）は，犯罪者たちは高い割合で児童虐待の被害者であるのだから，彼らは児童期のトラウマを解離し，その影響下で事件を起こしてきた可能性が高いという仮説を立て，それを支持する多数の犯罪者の言葉

や研究者の論考を示しています（Stein, 2007）。それによると，生育家庭における養育者からの暴力や育児放棄は，その被害を受けた子どもに解離という精神現象を引き起こし，その子どもは解離された部分を，自らの身に起こったこととして認知することも想起することもできなくなります。それは大人になってからも続き，想起できない解離された体験は，時として，その人の認知や感情に大きな影響を与え，本人にも理解できない行動を引き起こします。そのような解離の影響下で犯罪行為が行われた場合，本人には自分がなぜそれをしたのかわからないのです。

　スタインが取り上げている犯罪者の多くは，犯罪史上に名を残すような連続殺人犯たちですので，それが犯罪者全般に当てはまるわけではありません。私が非行・犯罪臨床の現場で出会ってきた人のほとんどは，犯行時の記憶がありますし，自らの犯行の動機を話すことができます。しかし，彼らが話す犯行動機は，それを話す相手や場面によって変わったり，それに伴う感情が語られなかったりすることが多く，自分がなぜそのような事件を起こしたのか，本当のところはわかっていないのではないかと感じることがよくあります。また，それまで語られていなかった被虐待体験の断片が，カウンセリングや集団精神療法のなかで初めて話されるのを何度も見てきた経験から，非行・犯罪臨床における児童虐待と解離は，かなり広範囲に起きていると感じています。

　さらに，解離を生じさせるのは，児童虐待だけではありません。サリヴァン（Sullivan, 1953, 1954）は，人は自分を過度に不安にする事柄に注意を向けないことによって自分を守ろうとし，意識されない領域を生み出すと考えました。ブロンバーグ（Bromberg, 2011）は，サリヴァンが使う「重度の不安」という言葉は，今日の言葉でいえば，不安定をもたらす可能性があまりにも強いために，自動的に解離をもたらしてしまうと思われるような経験である，といっています。そして，性的虐待や暴力等の強烈な外傷を被った人に生じる目に見える劇的な解離とは異なる，もっと微妙な解離があり，それはすべての人にとって，人生早期において避けられない発達的外傷と呼ばれる経験によって生じる，と述べています。岡野（2015）は，「解離とは，キャパシティを超えるような体験をした時に一部の人に生じる現象だ」と定義しています。

たとえば，家族が病気に罹患したり，事故や災害に遭ったり，失業したりすることによって一時的に養育者の養育能力が損なわれたといった出来事も，本人がとても恐ろしいと感じる体験をしながら誰にも話さなかったといった場合も，それらは「トラウマ性のストレス」となって，解離を生じさせることがあるのです。これらを考慮すると，順風満帆とはいえない半生を送ってきた彼らの話には，しばしば抜け落ちている部分があり，いくら詳しく尋ねても明らかにならない何かがあることは，珍しくないといえます。

4. アディクション

詳細な質問をしても真実にたどり着けるわけではないという前提に立って，非行・犯罪のメカニズムを理解する手がかりとしたいのは，アディクションという概念です。

犯罪行為には，社会のルールを破ってまで快楽を貪るような面があるため，犯罪を繰り返す人たちは，そういうことを好きでやっていると思われることがしばしばあります。確かに，暴走行為を楽しむ非行少年や，人からだまし取った金で豪遊する詐欺師のなかには，その行為やそういうことをできる自分が好きだと言う人もいますが，犯罪を繰り返して刑務所や少年院に収容される人の多くは，そういうことをしたいと思っているわけではないのに，やってしまっているのです。

アディクションによる犯罪の典型は，覚醒剤等の物質乱用を繰り返す薬物犯罪者であり，彼らのほとんどは物質依存症の範疇に入れることができます。物質依存症は，物質乱用が嗜癖化することによって生じますが，物質乱用以外のさまざまな行為も嗜癖化し，依存症状態に陥ることがあります。犯罪に該当するものでは，暴力を振るうことで，怒りやいらだちをはじめとする厄介な感情状態を払拭しようとする粗暴犯罪も，有能感や満足感やスリルを求めて，他者から何かを騙し取ったり盗んだりしようとする財産犯罪も，相手の同意なく性的空想や性的衝動を行動化することで大きな興奮を得ようとする性犯罪も，自動車を運転することで得られる爽快感や自己拡大感を求めて無免許運転を繰り返す交通犯罪も，アディクションという視点から，それぞ

れの逸脱行動が繰り返されるメカニズムを考えることができます。

　人は誰しも，孤独，絶望，無力感，欲求不満，怒り，退屈，憂鬱，恥といった厄介な感情状態に陥り，それを持て余すと，その状態から脱しようとします。どのような感情状態をどの程度持て余し，どうやってその状態から脱しようとするかは人それぞれですし，同じ人でも時と場合によって違いがあります。しかし，犯罪という，自分自身にとっても周囲の人にとっても破壊的でデメリットが大きい行為を繰り返させるほど，厄介な感情状態にしばしば陥ってしまう人は，養育者に放置されてきたり，身近な者から暴力を振るわれてきたり，性的な被害を受けてきたりといった，深刻なトラウマ状況のサバイバーであることが多いと感じます。彼らはそのような過酷な生育環境を生き抜くために，一時しのぎであっても事態を打破しうる激しい行動パターンを身に付けていたり，当時受けた傷が癒えることなくうずくことによって，繰り返し対処できない感情状態に陥っていたりします。

　解離やアディクションという視点から犯罪を繰り返す人たちを見ると，傷つけられることと傷つけることの連鎖という，悲しい物語が浮かび上がってくるのです。

5. セルフシステム

　解離にしろ，アディクションにしろ，サリヴァンの視点からはセルフシステム（self-system）が生み出す現象ととらえられます。サリヴァン（Sullivan, 1953, 1954）は了解困難な精神病患者の言動を理解するために，選択的非注意（selective inattention），セルフシステムといった概念を生み出しました。選択的非注意とは，自分の不安を高める刺激から無自覚に目を逸らし，その存在に気づかずにいることです。不安を高める要因として最重視されるのが対人関係であり，不安を高める引き金はその人を取り巻く対人関係状況によって異なるため，人は自分が置かれた状況に応じて，不安を回避するために固有の対処パターンを身につけていき，それがセルフシステムと呼ばれます。

　そのような対人関係状況によって上下する不安と連動する，その人固有の対処パターンや体験様式の明確化を目的とするアプローチを，サリヴァンは

「精神医学的面接」と呼びました。そして，面接者もクライエントの不安を上げ下げする要因となることを重視し，面接者のクライエントへの関与を意識しつつ，そこで起こることを観察する「参与観察（participant observation）」を，精神医学的面接の基本的な方法としています。

精神医学的面接には4つの段階が設けられていますが，その中心に詳細問診段階があります。そこでは，面接の場における相手の不安に細心の注意を払いながら行われる詳細な質問（detailed inquiry）によって，その人固有の選択的非注意やセルフシステムといった対人場面での認知，感情，行動パターンの理解と，その理解を面接者とクライエントが「合意による確認（consensual validation）」をすることが目指されます。

先に述べた，非行・犯罪臨床において求められる詳しく尋ねていく姿勢は，サリヴァンの詳細な質問の流儀に則ることよって，彼らの嘘や解離やアディクションに迫り，セルフシステムを具体的に理解していくことが可能になります。そして，参与観察や合意による確認といった言葉からは，サリヴァンが面接者とクライエントの関係性に注目していたことがよくわかります。面接者とクライエントは互いに影響し合う存在なのです。

6. 親密性

サリヴァンは，非性的な親友関係において体験される親密性（intimacy）には，その両者が多くの時間を共有し，互いの感情や考えを包み隠さず示し合い，分かち合い，相手の幸福のために献身的な努力をし，健全な合意による確認を行うことによって，それぞれがそれまでに身につけてきたセルフシステムに内在する歪みを修正する，治療的作用を及ぼすと述べています。サリヴァンの定義では，親密性は，相手の幸福が自分にとっては自らの幸福と同じくらい大切なものであると個人が感じる状態です（Chapman & Chapman, 1980）。

親密性は，非行・犯罪臨床における鍵概念のひとつです。それは，非行・犯罪という行為が，その行為者を取り巻く対人関係における親密性を破壊しがちだからであり，親密な対人関係の再構築が，彼らの立ち直りに不可欠だ

からです。
　非行・犯罪といった行為は，他者を傷つけたり，苦しめたり，恐怖を抱かせたりします。直接的な被害者がいない薬物乱用や無免許運転をした人のなかには，誰にも迷惑をかけていないと言う人がいますが，覚醒剤乱用者や無免許運転をしている人が近所に住んでいると聞いただけで，多くの人が恐れを感じます。家族や友人が非行や犯罪をやめさせようとすることがよくありますが，その努力が報われず，約束が破られたり，トラブルに巻き込まれたりといったことが繰り返されると，友だちは離れていき，家族にも見放されるということが起きます。
　非行や犯罪を繰り返すことは，その人から身近な人を遠ざけるという結果を生みがちです。犯罪を繰り返す人同士が結びつきを強めていくということはありますが，多くの場合，彼らは相手を利用しようとするため，互いの感情や考えを包み隠さず示し合い，分かち合い，相手の幸福のために献身的な努力をするようなことはなく，親密性は高まらないのです。
　彼らの立ち直りにおける親密性の重要性という観点から非行・犯罪臨床を見たとき，まず注目したいのは，少年院における法務教官と収容されている少年との関係です。少年院は寮単位で，その寮の担当となった法務教官と，その寮で生活するよう決められた少年が，とても長い時間一緒に過ごします。担当教官は寮内に住み込むわけではありませんが，交代で当直勤務をし，自分がいない間に起こったイレギュラーな出来事は，担当教官内で共有することで，寮内の少年たちの生活状況を詳細に把握します。少年たちの生活指導，心情把握，社会復帰に向けた助言等のために面接が繰り返され，担当教官は少年たちの考えや気持ちにもたくさん触れ，少年たちも担当教官の考えや気持ちを身近に感じることになります。
　私自身は少年院での勤務経験がないのですが，少年院で勤務した人たちや，少年院に収容された少年たちの話を聞いてきた経験から，少年院に収容された少年が担当教官に強い愛着を持ち，自らの家族との間で感じるよりも強い親密性を感じ，思考や行動のパターンを変える，すなわち，セルフシステムに内在していた歪みが修正されることがあると感じています。
　また，アディクション臨床における自助グループという取り組みにおいて

も，親密性が重要な役割を果たしていると考えています。自助グループは，同様の困難に直面している人たちがグループを作って，互いに支え合っていこうとする営みであり，自助グループ内に治療者と呼ばれるような立場の人は存在しません。メンバー間の親密性を高めることが自助グループの一義的な目標ではありませんが，継続参加するメンバー間には仲間意識が醸成され，親密性が高まっていくように感じます。そのような仲間との親密な関係を支えとしながら，参加者たちは自身が依存症者であることを受け入れ，依存症者としてより良い人生を送ることを目標として，生き方を変えていこうとします。そこには，誰かに治してもらうという受動的，従属的なあり方から，自分でそのような人生を選択していくという主体的な姿勢への転換があります。

7. 人生の物語

前述のように，親密な他者との関係に影響されて，再犯抑止に向けて効果的な変化が生じるとき，その人の人生の物語が書き直されたように感じます。非行や犯罪を繰り返さずにおれなかった人が，それまでとは違う筋書きを生き始めたように感じるからです。「3.解離」の節で述べたように，彼らの話にはしばしば抜け落ちている部分があります。抜け落ちている部分というのは，当人が感知することができない部分であり，そういう部分が多かったり，感知できない程度が強かったりすると，自分の身に起こっていることや自分自身がしていることを十分に理解できないまま，状況依存的に何かが起きるということが増えていきます。

自分の経験でありながら，何であるかを知らないものを，スターン（Stern, 1997）は「未構成の経験（unformulated experience）」と呼びました。そして，その経験の意味は，詳細に思い浮かべられることによって明確なかたちをとるけれども，それはすでに存在していた真理を発見することであるよりも，創造することである場合のほうが多いと述べています。つまり，自分の身に起きたことや自分自身がしていることを十分に理解できないまま，問題行動を繰り返している人が，それらを理解していくプロセスは，思い出すとか気

づくということにとどまらず，新たに生み出されることなのです。

　スターンは，「立会人がいなければ，トラウマは解離されねばならない。そして，孤立したトラウマ被害者がひとたび立会人を得れば，トラウマ経験について，認識し，感じ，考えることがかなりできるようになる」(Stern, 2009, 邦訳 p.145) とも述べています。スターンがいう立会人は，トラウマとなる出来事を目撃した人を指すのではなく，トラウマ被害者の語りに立ち会う人を指します。スターンは精神分析家として，精神分析治療を受けにきたクライエントとの経験について，時間の経過とともに両者の親密性が発展するにつれて，好奇心を通じて新しい経験を開いていく彼らの能力が深まると言います。

　ここで，新しい物語の導き手であり，創造の原動力ともいえる好奇心に注目しましょう。非行・犯罪臨床においては，さまざまな犯罪について，それがどのような人によって，どのように行われたかが語られます。そう聞けば，その話を聞いてみたいという好奇心を持たれる方は，たくさんいらっしゃるのではないでしょうか。実際，自分が体験したことがない犯罪の話を，その当事者から聞くと興味惹かれることがたくさんあります。一方で，聞き手として了解できない話しか出てこないこともあれば，同じ物語が繰り返し話されるばかりで，関心を向け続けることが難しくなることもありますし，話される内容や話し方に憤りや無力感を覚え，聞いていられないと感じることもあります。

　しかし，非行や犯罪を繰り返してきた人の人生の物語が創造的に変化していくためには，その語り手と聞き手の両者が，好奇心を旺盛に保っていなければなりません。ビューチュラー (Buechler, 2004) は，未知のものに対する反応という軸で見ると，好奇心とパラノイアは対極に位置すると述べています。つまり，好奇心は未知であること，わからないことを受け入れ，さまざまな可能性に対して開かれた探索姿勢を維持するものであり，その対極にあるのが，未知であるはずのものを予見し，自分にはわかっていると確信するパラノイアだというのです。

　非行・犯罪臨床においては，「再犯するか／しないか」「仕事が続くか／続かないか」「不良仲間と距離を置けるか／置けないか」といった二者択一

的な部分に関心が向けられやすいうえ，その選択には望ましいものと望ましくないものという価値判断が伴うため，パラノイア的思考に陥りやすいところがあります．そして，そのような思考が優勢になると，非行や犯罪を繰り返してきた人の空想に耳を傾けることが，再犯を後押ししてしまうのではないかと感じることもあります．しかし，彼らの反社会的な語りに，聞き手が自らの好奇心を保ち続け，語り手のなかにあるパラノイア的思考に挑戦し，語り手の好奇心を高めることができれば，それはその人の人生の物語が書き直される機会となり得ます．

　そうして，私たちは彼らが再犯のない人生の物語を生み出すことを望みますが，そのような結果は，意図的に目指し，導くことができるものではありません．スターン（Stern, 2009）は，ナラティヴ（人生の物語についての語り）を，意識的で目的志向的な構築物と考えず，結果が予測不能で直線的でない自己組織化システムの一種としてとらえ直すべきだとし，古いナラティヴの崩壊と新しいナラティヴの出現は予測できない関係的事象の産物だ，と述べています．そのようなナラティヴの更新が起こるためには，「好奇心あふれる子ども，治療者，患者は，新しいアイディアや結びつき，連想を追い求め，彼らはそれがどこへ向かっているのかわからなくても，見つけ出したいと欲し続ける」（Buechler, 2004，邦訳 p. 38）というような，語り手と聞き手の営みが必要なのです．

8. パートナー

　スターン（Stern, 2009）は，ナラティヴの更新に重要な役割を果たす立会人を，「考えるパートナー」と呼びます．

　非行・犯罪臨床においては，精神分析ほど長期間，高頻度の面接を重ねることは困難です．しかし，少年院における少年と教官の間でも，自助グループにおける仲間関係にあっても，彼らの人生の物語が書き直されることがありますし，より接する時間が短い刑務所や少年鑑別所における被収容者と職員の間においても，そのような関わりを目指すことで，彼らが生き方を変えていく手掛かりを得ることは少なくありません．

川畑（2016）は，少年院や刑務所におけるカウンセリングで見られる，自己高揚（self-inflation）と自己収縮（self-deflation）の交代に注目し，そのような彼らの語りの大幅な揺らぎに振り回されないように，語りのなかの共感できる部分に共感しつつ突飛な部分の探究を控え，その背景となっている事実関係やそのときの彼らの気持ちに焦点を当てて，聞き手が理解，実感できる物語を語り手と共有するようにし，そこにある情緒に触れていくことで，彼らの現実感を高めていくことが大切であると指摘しています。どのような場であっても，彼らの語りに関心を向け，情緒的に応答する人が現れれば，彼らは自らの物語を語りつつ，その自らの語りに耳を傾けることによって，人生の物語が再構築され，主体的に生き方を変えていく可能性があります。

　他方，少年院や刑務所といった施設内では，適応状態が良いにもかかわらず，社会に戻ると非行や犯罪を繰り返す人たちも少なくありません。それだけ，環境の影響は大きいですし，いったん手がかりをつかんだとしても，その新しい物語を聞き，共に考えてくれるパートナーがいなければ，物語の書き換えは継続し難いといえます。

　そのことについて川畑（2016）は，再犯防止や依存症治療はカウンセリングやグループセラピーだけで成し遂げられるものではないとして，問題行動を繰り返させないためには，カウンセリングやグループセラピーのなかで得た情報から，有効と考えられる働きかけを積極的に行っていく必要があるとも指摘しています。積極的に行うべきこととは，家族への働きかけであったり，病院や自助グループ，福祉機関への引き継ぎであったり，就労支援であったりと，個々の事情によって異なります。彼らが自らの人生の物語を紡ぎ直し，新たな筋書きを生きていくためには，彼らの物語に関心を向け，その再構成に立ち会うパートナーが長期にわたって必要だといえます。

9. 物語の作者は誰か

　非行・犯罪臨床において出会う人たちの語りに耳を傾け続けていると，彼らの多くが広い意味での虐待状況のサバイバーとして，何かにおびえ，心の傷のうずきに苦しみ，自らが望んだわけではない人生を歩んでいることに気

づきます。

　ある人は，毎夜，酒に酔って暴力を振るう父親におびえ，疲弊した母親から関心を向けてもらうこともない少年期を過ごし，大人になっても，自分が生きている世界をいつ被害に遭うかわからない危険なところと感じ，自分自身について，恐ろしいことからは目を背け，やり過ごすしかない無力な存在としか見ることができずにいます。またある人は，夜間，男性客と酒を飲む仕事をして浮気を繰り返す母親から食事もまともに与えられず，夫婦げんかが絶えない家にいたがらず，飢えのなかで万引きを繰り返し，年長不良者のなかに居場所を見出し，盗みだけでなく暴力や物質乱用，バイクの無免許運転，異性との乱脈な関係等によって，刹那的な興奮や気晴らしや満足を得ることを学んでいきます。

　彼らは，そうなりたいと願って，そうなっていったわけではありませんし，彼らの親がそうなってほしいと願っていたわけでもありません。また，犯罪を繰り返してきた人たちが人生を物語るとき，彼らに悪事を教える不良者が登場することはよくありますが，特定の人物がその人を導き続けることによって，犯罪を繰り返す人生が成立しているということはあまりありません。

　自分も家族も望んでおらず，犯罪を繰り返すよう導き続ける人がいるわけでもないのに，犯罪を繰り返すという悲しい人生を送る人が後を絶たないのは，私たちが暮らす社会がそういう人たちを生み出し続けているからではないかというのが，私の考えです。

　犯罪に関するニュースは日常的に巷に溢れ，「この世には犯罪を繰り返す悪人がいる」と思っている人が，我々の社会を構成する人の大多数を占めていると感じます。「この世には犯罪を繰り返す悪人」がいるという社会通念のなかで，多くの人は「悪人から被害を受けるかもしれない庶民」という役を演じ，一部の人は「悪人を取り締まる人」という役を演じ，それらの役を演じ続けられない人は「悪人」役を割り当てられると考えた場合，この物語の作者は，この社会通念を維持している社会構成員全員だと感じます。この物語の演者であり，作者である人たちにとっては，どこかに「犯罪を繰り返す悪人」がいるはずであり，それを前提として世の中を見て行動するのですから，「悪人」役を割り当てられた人が，その役にふさわしくない行動を続

けることには，多大なエネルギーを要するでしょう。

　犯罪という反社会的な行動化は，それを行う個人の病理である以上に，そのような行動化をせずにおれない人を生み出し続ける社会の病理なのではないか。そう考えると，私たちは，法を犯す加害者と生活を脅かされる被害者，矯正教育を受けるべき犯罪者と犯罪者の改善を求める市民，そういった対立的に二極化した見方から脱却し，共に新たな物語を生み出そうとする開かれた姿勢を持つ必要があると感じます。

　そして，そのような姿勢が「悪人から被害を受けるかもしれない庶民」という役を演じている多くの人たちに共有され，「犯罪を繰り返す悪人」役を割り振られそうな人たちが，そうではない役をつかみ取れるように手を差し伸べていくことが増えていけば，多くの人の間で親密性が高まり，共に生きるパートナーを得る人が増え，それぞれが主体的に自らの人生の物語を書き進めていける可能性が広がっていくのではないでしょうか。

【文献】

Bromberg, P. M. (2011). *The shadow of the tsunami: And the growth of the relational mind*. New York: Routledge.（吾妻壮・岸本寛史・山愛美（訳）(2014)．関係するこころ――外傷，癒し，成長の交わるところ．誠信書房）

Buechler, S. (2004). *Clinical values: Emotions that guide psychoanalytic treatment*. Hillsdale: Analytic Press.（川畑直人・鈴木健一（監訳），椙山彩子・ガヴィニオ重利子（訳）(2009)．精神分析臨床を生きる――対人関係学派からみた価値の問題．創元社）

Chapman, A. H. & Chapman, M. C. M. S. (1980). *Harry Stack Sullivan's concepts of personality, development and psychiatric illness*. New York: Brunner/Mazel.（山中康裕（監修），武野俊弥・皆藤章（訳）(1994)．サリヴァン入門――その人格発達理論と疾病論．岩崎学術出版社）

川畑直人（2016）．ケースの見立てとケースの介入．平成28年度専門研修課程専攻科第5回（処遇カウンセラー（カウンセリング担当））研修．

岡野憲一郎（2015）．解離新時代――脳科学，愛着，精神分析との融合．岩崎学術出版社．

Stein, A. (2007). *Psychoanalysis in a new key book series, volume 5: Prologue to violence: Child abuse, dissociation, and crime*. New York: Analytic Press/Taylor & Francis Group.（一丸藤太郎・小松貴弘（監訳）(2012)．児童虐待・解離・犯罪――暴力犯罪への精神分析的アプローチ．創元社）

Stern, D. B. (1997). *Unformulated experience: From dissociation to imagination in psychoanalysis*. Hillsdale: Analytic Press.（一丸藤太郎・小松貴弘（監訳）(2003)．精神分析に

おける未構成の経験――解離から想像力へ．誠信書房）
Stern, D. B. (2009). *Partners in thought: Working with unformulated experience, dissociation, and enactment.* New York: Routledge.（一丸藤太郎（監訳），小松貴弘（訳）(2014). 精神分析における解離とエナクトメント――対人関係精神分析の核心．創元社）
Sullivan, H. S. (1953). *The interpersonal theory of psychiatry.* New York: W. W. Norton.（中井久夫・宮崎隆吉・高木敬三・鑪幹八郎（訳）(1990). 精神医学は対人関係論である．みすず書房）
Sullivan, H. S. (1954). *The psychiatric interview.* New York: W. W. Norton.（中井久夫・松川周悟・秋山剛・宮崎隆吉・野口昌也・山口直彦（訳）(1986). 精神医学的面接．みすず書房）
辻啓之（2017）．性犯罪の治療理論1　精神医学的面接・集団精神療法・依存症臨床・対人関係精神分析．門本泉・嶋田洋徳（編著），性犯罪者への治療的・教育的アプローチ．金剛出版，pp. 63-80.

第14章
被災地心理支援

1. はじめに

　地震，水害，土砂災害など，日本列島に住むかぎり，繰り返される自然災害とどう向き合っていくかという課題が常にあります。海・山・川などの地理的条件とその四季が織りなす自然の恵みは，災害という代償を必ず伴っています。私たちを育て，養ってくれる豊かな自然が，時には私たちの生活を過酷に否定するのです。自然というものに本質的なその有様は，私たちが心理専門職であるより前に，この列島に生活する人間としての基盤に存在するように感じられます。

　「KIPP（Kyoto Institute of Psychoanalysis and Psychotherapy）災害支援プロジェクト　花届け人・京都」は，東日本大震災の際に作られた，有志による心理専門職ボランティアグループです（川畑, 2016, 2012; 野原ら, 2016）。メンバーは主に関西地方に住む心理士で構成されています。東日本大震災では，約3年半にわたって継続的に支援を行いました。その主な活動場所は，東北地方のとある仮設住宅団地でした。

　本章では，「花届け人・京都」の活動に参加した3名のメンバーが，それぞれの立場でその被災地心理支援がどのような経験だったのかをまとめ直し，精神分析的心理療法が被災地心理支援にどう役立つかを考えていきます。

2. 災害時の心理支援に心理専門職として参加する

【今井たよか】

（1） 阪神淡路大震災の経験

　私は，阪神淡路大震災と東日本大震災の二度にわたり，ボランティアの心理専門職として支援活動に参加しました。いずれも，精神分析的心理療法のグループの活動への参加を含むものでした。

　トラウマになるような生命や存在に関わる出来事は，それを「誰とどのように」体験したかが，その後の回復に大きい意味を持っているでしょう（Barsness, 2018）。地震の場合は余震が続くこともあり，発災の後に誰とどのように過ごしたか，誰と何を話せたかも，心理的に大切なことです。人が危機のときに，誰か頼りになる人を安全な避難場所として用いることができ，その現実の人あるいは内的な人との関係を安心の基地として，再び世界に向かっていけるかどうかが，生涯にわたって人の心理的適応に重要であることを，近年のアタッチメント理論は示しています（遠藤，2017）。

　阪神淡路大震災が起きた日，私が生活していたあたり（震源地からの距離90km程度）も，それまで経験したことのない強くて長い揺れがありました。夜が明けるにしたがって，崩れたビルや火災の様子をテレビが映し始めました。「たいへんなことが起きた」という不安と緊張が高まりました。

　しばらくして，被災した精神分析・精神分析的心理療法専門のクリニックがボランティアを募集するという話を，先輩心理職から聞きました。私はまだまだ若手でしたが，自分にもできることを探して手伝おうと考え，宿泊当番や避難所の巡回などに参加しました。精神科医，看護師や先輩心理職に随行しつつ，避難所の体育館で自然に遊んでいる子どもたちと関わったりすることができました。倒壊した建物の間を歩き，無力感に申し訳なさを感じながら，これから心理職として経験を積んで，もっと人の役に立ちたいという希望を抱きました。

　この阪神淡路大震災の経験は，日本の心理職にとって大きい転機になりま

した。誕生して数年目の臨床心理士が，厳しい現実を突きつけられたのです。それは，個人・家族・集団に継続して関わる臨床心理学的援助の経験を，コミュニティの時々刻々変わる危機状況のなかでどのように生かすのかという課題でした。

　特に，阪神淡路大震災の経験は，「トラウマ」の治療や支援を，日本の精神医療保健領域および心理支援領域に大規模に導入する，ひとつの契機となりました（こころのケアセンター，1999）。さらに，トラウマへの注目は，児童虐待への関心を高めました。米国で「心的外傷後ストレス障害（PTSD）」という診断カテゴリーがDSM-IVに採用されたことも手伝い，トラウマをめぐって活発な議論が精神医学や臨床心理学のなかで生じました。

　21世紀に入ると，精神医療における認知行動療法やEMDR，学校領域における臨床動作法を応用したストレスマネジメントなど，プログラム化された支援方法も普及しました。阪神淡路大震災で自らもさまざまなかたちで傷つき苦しんだ支援者たちは，トラウマ支援というかたちのなかで一定の落ち着きを取り戻し，その後の災害に向き合っていったのだと思います。

(2)　ふたたび，被災地へ

　2011年3月11日，東日本大震災が発生し，地震と津波による大規模な被害と，それに伴う原子力発電所の事故が起きました。震源地からおよそ千kmも離れたところにいた私たちにも，小さい揺れが不気味に長い時間，感じられました。「たいへんなことが起きた」と，その時点で直観しました。その日の夕刻，高速道路を西に向かって行く用事のあった私は，対向車線を自衛隊の派遣車両が長い隊列をなして東に向かうのに出会い，それを見ただけで，なぜかボロボロと涙が流れたことを覚えています。

　臨床心理士が東日本大震災にあたってどのように災害支援を行ったかは，一般社団法人日本臨床心理士会監修『こころに寄り添う災害支援』(2017)にまとめられています。阪神淡路大震災のときに比べて格段に組織の大きくなった日本臨床心理士会が，全国の臨床心理士を組織化し，東日本にスクールカウンセラーとして派遣しました。また，医療保健チームやボランティア活動でのコミュニティ支援など，さまざまなかたちで臨床心理士や心理専門

職が支援に参加しました。

東日本大震災の心理支援が私たちに与えてくれたものは，組織的に災害支援に取り組む経験です。スクールカウンセラーの派遣にあたっては，都道府県の臨床心理士会が後方支援を行い，常に現地と連絡を取って次に派遣される人につないでいくなど，チームとしての支援方法の工夫があちこちで自然発生しました。KIPP の「花届け人・京都」の試みも，そのひとつでした（野原ら，2016）。川畑（2016）は日本臨床心理士会雑誌の巻頭言において，「個人技に頼るのではなく，組織的な対応として可能にすることが，当会の大きな課題であると感じています」と述べています。

では，そのような組織的活動への志向性のなかで，精神分析的観点は何を伝えてくれるでしょうか。そもそも，阪神淡路大震災を経験した心理職たちが，東日本大震災に際して，なぜ「ふたたび，被災地へ」という強い思いにかられたのでしょうか。

私は，支援者をこのように「駆り立てる」ものについても考察することが，精神分析的心理療法のひとつの課題であると思います。精神分析は逆転移とその治療的活用についての議論を重ねてきたからです。「支援は被災した人々のためにするのだから，支援者の感情はどこかにしまっておくべき」として，支援者を駆り立てる強い思いを支援プロセスの考察から切り離してしまうと，その切り離された感情によって，かえって，支援者の不適切な行動化や，支援者同士の軋轢を生じる可能性もあるでしょう。

（3）　目撃すること，訪れること

私は，東日本大震災の支援には，いくつかの異なる立場で参加しました。「花届け人・京都」の派遣メンバー，某県臨床心理士会におけるスクールカウンセラーの後方支援，NPO 法人でのコミュニティ支援などです。そのいずれにおいても，支援者としてその場に行くことに駆り立てられる思いと，そういう駆り立てられる感情を持つことそのものへの罪悪感や，「行って何ができる？」という不安な気持ちが交錯しました。

そこで私が考えたことは，「まず，ただその場にいてみよう」ということでした。押しつけがましいことをしたり，邪魔になったり，被災地の人々を

傷つけるようなことがあってはならないという緊張感も，強く感じていました。しかし，その場を歩かないと何もわからないとも感じました。

　被災地に行ってみてわかることは，それぞれの人の経験や置かれている状況が，すべて異なっているということです。たとえば，津波がどこまで来たかということに，ここまでとここからという違いがありました。家族や大切な人が亡くなったか亡くなっていないかも，それぞれ違っています。沿岸部と内陸部の物理的・心理的な距離感も，実際は相当のものでした。同じ地域で生活していても，共通して経験できたことと，できていないことがあるのです。

　すなわち，大きい災害があると，何らかの喪失を経験して悲嘆や怒りなどを持つ人と，喪失が相対的に少ないことによって罪悪感を持つ人が生じるし，その立場は複雑に随時入れ替わるということです。そのことが，それぞれの人がコミュニティのなかで，自分の経験や感情について率直に語ることを難しくしてしまう側面があると思います。また，東日本大震災においても，現地で自ら被災しながら同時に支援者でもある人々は，二重の苦難に向き合っていました。

　被災という側面から個々の人をとらえようとしすぎると，お互いの被害や喪失の違いについての気遣いが生じて，かえって体験の共有が難しくなる可能性があるとわかります。これは，ベンジャミン（Benjamin, 2017）が「する人-される人」という相補的関係の行き詰まりとしてとらえていることに通じていると思います。誰が支援する人で誰がされる人かを意識しすぎることで，かえって支援関係が硬直してしまう事態です。

　「花届け人・京都」の支援では，被災地に何度か訪れて「時」と「場所」の連続性を保てるようになると，「今日は京都の人たちが来る日だね」といった認識が，そのコミュニティの人たちに生じました。そして，「遠くから自分たちのところに来てくれる人たちを迎え入れよう」といった，主体的な動きが生じたように思います。支援者を他者として認識し，自発的に関わってみようという動きが，私たち支援者の動きとつながり合い，共に考えたり遊んだりできる交流の余地が，徐々に生まれたといえるでしょう。

（4） 経験の個別性と支援の普遍性

　さて，東日本大震災の支援は，地元の人々と長期に現地に残る支援者たちに引き継がれ，私たちはもとの生活に戻っていきました。しかし，2011年3月11日以降の生活は，東日本以外の場所でも，目に見えない変化がずっと続いているように感じられます。

　私は，自分自身が東日本大震災の支援に駆り立てられたことには，個人的ないくつかの理由があったと感じています。ときどきそのことを思い出して考えるなかで，ひとつ気がついたことがあります。

　私は，自分の親やその親の世代が第二次世界大戦を経験し，その加害と被害の複雑な心情を，聴いたり感じたりして育ちました。特に，空襲によって多くの非戦闘員が亡くなり街が焼失した経験について繰り返し聴きました。それは，他者の語りを通して私の心象風景となっていきました。その恐怖や喪失の悲痛な体験を直接には経験していないことへの罪悪感が，自分にはずっとあったのだろうと思います。そして，そのことが，私を東日本大震災の支援に駆り立てる個人的な動機のひとつだったのではないかと思います。

　支援の仕事を専門にする私たちは，自分自身の心の歴史のなかに，自分自身のトラウマと，他者のトラウマの語りに立ち合い続けることによる，間接的なトラウマ体験を折り重ねて行っていると思います。現代精神分析の観点からは，そのような支援者のトラウマ体験は，専門性の枠の外に置かれるのではなく，相互分析の試みのなかで先駆者フェレンツィ（Ferenzi, S.）が経験した悲劇を防ぎながら，専門性の一部として支援に活かされることになりつつあると思います（Barsness, 2018）。支援者個人の傷つきや，弱さや，無力感を含めた個別の経験から支援の普遍性を汲み出すところに，災害支援に生かす精神分析的観点があるのではないかと考えます。

　中井久夫は，「現代世界にあってトラウマにセンシティヴでありつづけることは，今後も人間が人間らしくありつづけるための不可欠な条件の一つだと私は思います。トラウマに関わっている人たち，トラウマに関心を持っている人たちというのは，実に大きな役割を持っているということです。Sentinel position（見張り役）とでもいうべきでしょうか」と述べました（こ

ころのケアセンター，1999, p.148)。災害支援は，これからもずっとトラウマ支援に関わりつつ，コミュニティのなかでの人々の安定した生活の回復と，個人の心の成長が交錯するところに立ち会い続けることになるでしょう。

3. 災害支援ボランティアにおいて個人と組織に関わること

【野原一徳】

(1) 現地での活動経験から

　私が最初に被災地に向かったのは，2011年の8月でした。ボランティア団体「花届け人」の第三次派遣として，もう一人のメンバーとともに訪問しました。活動の最初期であったため，まだ支援の枠組みは形成されていませんでした。本稿の目的は，このときの経験から震災後の仮設住宅団地における関わりを，個人と，その個人が属する組織という視点から検討することです。

① 組織の水準で関わること：エピソード1

　　ある日の夕方，私たちは別のボランティア団体の人々と出会いました。そこで，翌日も，この団体による子ども向けの学習会が行われることを知りました。私たちは，できたら明日の学習会を見学させてもらいたい，とお願いしました。第一次派遣のときからこのような許可の取り方で，震災に関わっている援助者に話を聞き，見学をさせてもらっていました。このときも，その場にいた団体の人々と仮設住宅団地事務所の人々は，快く受け入れてくれました。ところが，その後携帯電話に，夕方お願いした団体の責任者の方から電話がかかってきました。名刺に電話番号をメモして渡していたので，それをもとにかけてきたのでした。

　　電話の用件は，「見学の意図を知りたい」というものでした。見学の申し出に対して，とても警戒しているようでした。私は「見学させてもらって，自分たちの援助の手がかりをつかみたかったから」という意図を伝えました。すると，「わかりました。私も明日同行させていただきます」と言われて切れました。私は急に気持ちが重くなりました。この

時点で，相手は異なるものの，関係性が反復されていることに気づきました。第三次派遣に先立つ第二次派遣では，保健職による仮設住宅団地への訪問に同行させてもらっていました。この同行は，訪問先の人々にはもちろん，保健職と仮設住宅団地事務所スタッフの了解も得たものでしたが，仮設住宅団地を取りまとめる行政本部を通さない行動であったため，後日に行政本部から注意されていました。

　私たちは自分たちの代表に相談しました。そして翌日，私は他団体の責任者の方に会ったとき，いきなり見学のお願いをしたことについて謝まりました。続けて，「花届け人・京都」の現在の状況を話しました。加えて今後何らかのつながりができるとうれしい，と伝えました。彼は，団体の活動について教えてくれ，「こちらとしても，つながりができたらいいなと思います」と言われました。そして，「次の用事があるから」と帰っていきました。

　エピソード1は，私が「花届け人・京都」というボランティア団体の一員として，他のボランティア団体の人々と関わった経験を描いています。派遣3日目の夜に携帯電話を切った後で私は，起こった事態が二次派遣での出来事の反復であることに気づきました。私は自分が無思慮に思え，恥の感覚を持ちました。私は自分の申し出が相手に与える影響を，よくつかめていませんでした。基本的には，縁もゆかりもない見ず知らずの人間が，仮設住宅団地や学習会という場にやってくるわけですから，受け入れる側である仮設住宅団地やボランティア団体にとって，私は不安を掻き立てる存在でした。これまで関わる当事者の了解を得られなければ見学等は行いませんでしたが，私はこの出来事以後，関わることで引き起こす迷惑について，ずっと考えていました。

　このように，当時の私は，自分たちの関わり方の強引さをずっと考えていました。とはいえ，落ち着いて考えると，この「暴力性」は，私たち（「花届け人・京都」）の実体のわからなさと，被災地支援したいという心理的な欲望だけに帰すべきでもおそらくないと，考えるようになりました。私たちの実体のわからなさや欲望と関連して，「他組織とつながる手続き」の不明

確さが引き起こした側面にも，気づくようになったのです。

　私たちの多くの社会的な関係性においては，さまざまな手続きや段取りが，たとえ明文化されていない慣習的なものであっても構造化されています。出来事の性質によって扱う部署や担当者がおり，組織のなかの決定者が誰で，責任の所在がどこにあるのかが，制度化されています。つまり，出来事に対処する仕組みが概ねできているのであり，そのようにして日常が作られ，守られています。日常は，個人を「図」とすると，組織やコミュニティは「地」にあたるのであり，「地」である組織やコミュニティが構造化されていることで，「図」である個人が守られています。

　その点において，震災によって被害を受けた第三次派遣の仮設住宅団地は，非日常的でした。行政や現地で活動するさまざまな組織は，連携することが必要だと感じているものの，組織的につながる手続きの仕組みが作られる途上にありました。同様に「花届け人・京都」自体も，つながりを申し出る手続きが不明確で，作られる途上にありました。他組織とつながる手続きには，組織同士がつながる手続きと，各組織内で他組織とつながるための準備をする手続きの両方が考えられるでしょうが，それらが思考されないまま，どちらも動いていました。

　私たちは，見学をさせてくれた人たちによる，「なるべく細く長い支援をしてほしい」という寄り添いを求める声を，何度も聴いていました。また，支援する側の人々と，「一緒に支援できたらいいですね」と話してきました。けれども，被災地でボランティアが（から），「見学したい」や「生活場面でのお手伝いしたい」などを直接申し出る（申し出られる）という，あまり慣れていない出来事に遭遇したとき，その現場にいる人々には，自分が決定していいのか，どのように了解を得ればいいのか，といった手続き上の不安が展開されたと理解されます。手続きの不明確さは守りのなさであるため，迫害的な関係が想起されやすくなりました。

　そのような場では，エピソード1で私たちが代表に相談したように，他団体や仮設住宅団地の人々もまた，上位の責任主体に確認がなされました。現場にいる人間がどの程度まで決定できるかが，不明確であったからです。私は他団体の責任者との面会を終えた後に，何らかの行動を起こす場合は，と

りあえずより上位の責任者を通そうとすることが安全であると感じました。最初の接点は現場であっても，その上位の責任者の了解を得ることができれば，お互いにある程度落ち着いて付き合うことができます。

　ただ，それは，上位の責任者のどこまでたどればいいのかわかりませんし，私たちは現場に触れることなしには，組織やコミュニティの構成や機能を含め，相手を知ることもできませんでした。被災地支援においては，この対人関係の場における手続きのわからなさが，大きな問題になると考えられます。

② 個人の水準で関わること：エピソード２

　　第三次派遣の最終日は，午前中に他団体の責任者との面会を終えて，私は昼前に仮設住宅団地事務所へ戻りました。すると，事務所スタッフから「やることないならこれやってくれるか」と，チラシ折りの作業に誘ってもらいました。チラシは仮設住宅団地へ配るもので，雑談をしながら一緒に作業しました。チラシの内容は，近隣の歴史的建造物にお笑い芸人が来訪するという，復興支援イベントを告知するものでした。チラシではお笑い芸人が，とぼけたポーズをとっていました。スタッフの一人がそれを眺めながら，「由緒正しいあそこでこれすんだかんなー」と言って，事務所にいる皆で笑いました。

　仮設住宅団地において人々と話すなかでは，笑いが生まれる瞬間も多くありました。それは，被災地の人々においても，辛く悲しいという感情のみで生活はしていないという，ごく当たり前の事実に気づく機会でした。エピソード２に挙げた場面はそのひとつです。

　このユーモアのおかしさには，「由緒正しい建物」と，やって来る「とぼけた芸人」というイメージの対比があります。そこには一瞬面食らうような，「真面目さ」と「滑稽さ」という対照的な組み合わせがあります。対照性は他にもあります。「被災地」と「被災地以外」，時間の「連続性」と「非連続性」，「受動」と「能動」，「静けさ」と「騒がしさ」や，「堅牢さ」と「脆弱さ」などです。

　静かな土地にお笑い芸人がやってくるというこの動きには，地震や津波もまた連想させるものです。スタッフは，静かで由緒正しい建物に，騒がしく

てとぼけた芸人がやってくることに，呆れる身振りでした。スタッフの位置取りは時間的，空間的な連続性が分断され，理不尽な出来事に受け身的にならざるをえない，被災体験の残響があるように感じられます。

　笑っていた当時の私は，若干のひっかかりしか感じていませんでしたが，あらためて考えれば，あのお笑い芸人は私でもあったのかもしれません。どちらも被災地支援という名のもとに，歴史とは関係なくやってきて，（笑わせて？）帰っていく存在でした。このユーモアは，私がいることによって誘発された側面もあったでしょう。

　ただし，スタッフの発言自体には，強い怒りや悲しみは感じられませんでした。その話しぶりは，ぼやくといったニュアンスに近いものでした。そのうえ明らかに，周りにいる私たちの笑いを誘っていました。そこには，お笑い芸人が復興イベントに来る話題で，まさに被災者であるスタッフが笑いを生み出している力強さがあります。このようにとらえ直してみると，ユーモアは，スタッフの多重で，単純に言い表せない気持ちの表現だったようにも考えられます。

　私たちはユーモアのおかしみを感じ取り，笑いました。私も，その場のスタッフたちと身体的にも同調させて，笑いました。この瞬間は，張りつめた空気が，多少とも柔らかく感じられました。場を共有する感覚は，被災地におけるつながりの端緒になるように感じられました。

（2） まとめ

　第三次派遣での，二日間での出来事を記述しました。エピソード1が，コミュニティにおいて活動するために，組織間および組織内で個人が揺れ動く過程だとすれば，エピソード2は，組織やコミュニティを背後に持つ個人同士が出会い，情緒を共有する過程であるといえます。

　大震災に遭うということは，私にとっては「図」としての個人と，「地」としての組織やコミュニティとの両方が，揺さぶられる事態であるととらえられました。そのため，被災地域で活動するにあたっては，人々を支えている組織やコミュニティの水準と，目の前にいる個人の水準と，さらに両者の影響関係に目を向けていく必要があります。このように整理してみると，支

援に際して考える文脈は多重であり，情報量は膨大であることがわかります。被災地での事態の複雑さを考える作業は，誰にとっても大きな負担がかかります。

　この多重で膨大な文脈と情報のなかで，どのように動いたらいいのか，試みにまとめます。

　まず，被災地で支援を目指すにあたっては，ボランティア団体としての活動の許可をもらった後で，組織やコミュニティのメンバーでありかつ個人としての相手と自分とが，実際に知り合うことから始まります。その際，相手に調律するなかで自分に喚起された感情や考えを，なるべく自らのうちにとどめておくことが，意味があると考えられます。被災地における情動とそれに伴う思考は，多義的であるだけでなく，しばしば未構成のままにとどまっています（Stern, 1997; 野原ら 2016）。これらをなるべくつかもうとする，ということです。

　次に，目の前の相手や出来事を考えつつ，個人とその背後にある組織やコミュニティとの関係，および組織やコミュニティ間の関係を理解し，位置づけようと努めます。さらに，可能ならば，組織が出会いさまざまな取り組みや働きかけを行うこと自体が，わずかであっても組織やコミュニティの内外での手続きを作り上げる作業にもなり，組織やコミュニティの安全や安心につながるようにします。

　なお，全体を通じて，関わらないという決定も含め，支援を受ける側になる被災者の人々の意思を尊重することは，言うまでもありません。

　個人と組織への関わりは，錯綜しつつも循環的な関係にあると考えられます。震災ボランティアにおいて目指されることのひとつは，対人関係の場自体への視野を持った関わりです。

4. 精神分析の知見を用いた被災地心理支援活動

【辻　啓之】

（1）私の被災地支援体験の断片

　大規模災害から数ヵ月経ち，避難所から仮設住宅への入居が進んでいた時期，私は被災した方々の心理支援を目指すボランティアチームの結成に参加しました。そして，そのチームの活動開始後間もなく，私は単身，現地ボランティア活動に臨みました。現地では，私たちの支援の申し入れを受け入れてくださった自治体の仮設住宅を訪れ，その住宅の管理業務にあたっているAさんの手伝いをする計画でした。しかし，Aさんは非常に忙しく仕事に追われるなかで，見ず知らずの人間である私が手伝いたいと申し出ることに困っている様子で，私は自分がAさんの負担になっているようで，申し訳なく感じていました。

　そんな数日が過ぎた現地活動最終日，私は，他の自治体から仮設住宅住民の訪問健康相談をするために派遣されてきた保健師と会いました。心理士としての支援を望んできた私は，訪問相談に同行させてもらうことができるか相談し，その保健師とAさんの了承を得て，訪問相談に同行しました。そこでは，仮設住宅住人が困っていることや心配していることを直接聞き，心理士として相談に乗り，助言することができ，有意義な活動ができたと感じることができました。

　ところが，現地活動を終えて日常生活に戻った私にAさんから電話があり，私が保健師による訪問健康相談に同行したことについて，「本部の許可を取らずにしたのはまずかった」と伝えられ，動揺しました。私は，Aさんの困り果てたような口ぶりから，Aさんが本部の人から激しく叱責されたと感じ，申し訳ない気持ちになると同時に，私自身も見えない誰かの怒りに間接的にさらされ，おびえました。何がどうまずかったのか，誰がそう言っているのかといったことがわからず，事情説明や謝罪をすることもできず，めまいに襲われました。

（2） 心理臨床家として考えたこと

　めまいや強い不安といったパニック症状は間もなく治まり，目の前の仕事はこなせるようになりましたが，このことについて自分なりの理解を得るまでには，時間がかかりました。あのとき何が起こったのか考え続けるうちに，当時の私が心細さや無力感から逃れようとして，慎重さを欠いた行動をとったことで，誰かの怒りをかったのだと思い至りました。よく知らない人のテリトリーに入っていく以上，慎重のうえにも慎重であるべきだったということがひとつの答えでした。加えて，被災時ボランティア経験を多く積んでいる人たちによると，ボランティア従事者が間違ったことをしていなくても，現地の人が怒り出すことはしばしばあるということを知りました。そして，私は被災した人とその人たちの力になりたいと思っている人の間で，どうしてそのようなことが起こるのか考えました。

　当時，私が訪れた仮設住宅を管理する自治体の方々は，被災によって自分の家をはじめ多くのものを奪われ，不自由な生活を強いられながら休む間もなく働き続けるという過酷な状況が何カ月も続き，収束の目途も立たないなかで，「どうして自分がこんな目に遭わないといけないんだ」と感じて，やり場のない怒りを募らせずにおれない状況だったと思います。また，仮設住宅で避難生活を送る人の間では，どこかの親が子どもに対して虐待じゃないかと感じるような激しい叱り方をし，それが伝染するように，あっちで怒鳴り声が聞こえれば，こっちでも別の人が怒鳴りだすというようなことがあり，その怒鳴り声を聞かされる近隣の人たちも嫌な思いをしているということが，問題のひとつになっていました。

　被災と避難による喪失やストレスから生じ，うっ積していく怒りのはけ口が，子どものような弱者に向かうという状況を変えようとすることは，心理支援のひとつのポイントだと考えられます。そうすると，被災した人たちのテリトリーに入り込む「よそ者」として，被災した人たちが怒るきっかけを生じさせやすいボランティア従事者が，被災した人から怒りを向けられながらも反撃することなく，その状況を生き抜き，支援活動を続けることができれば，被災した人たちのアンガーマネジメントを助け，高めていける可能性

があると考え至りました。

（3）　新しいナラティヴと聞き手との対話

　前節の仮説構築は，私が被災地支援活動を続けるために生み出した，物語といえます。そのような物語を持たず，誰かの怒りに対する恐れが強いままであったり，自分の失敗を取り返しがつかないものととらえて，無力感や罪悪感に支配されていたりすれば，私は支援活動を続けることができませんでした。一方，生み出した仮説を一般化して，被災地とはそういうものという先入観を持って支援活動に臨むと，他の面を見落とし，次なる過ちが生じやすくなります。実際，継続的に被災地を訪れていると，アンガーマネジメントの困難がいつも問題になっているということはありませんでした。

　仮説は，同じ事態についていくつも立てることが可能ですし，時間，場面，状況の変化に応じて更新されていく柔軟な姿勢が望まれます。しかし，前節に示した仮説を持った際の私の体験は，柔軟に考えれば思いつくような身近にあったものというより，踏み入ったことがない森の中をさまよった末にたどり着いたようなものでした。

　支援を志して被災地に赴くということは，慣れ親しんだ日常から飛び出すことであり，自分の想像を超えた事態に遭遇することは少なくありません。そのとき，支援者は思いがけない体験によって引き起こされる感情に圧倒されることなく，何が起こっているのか考えながら支援活動を継続し，新た物語が生まれるのを待つことになります。

　その難易度は，引き起こされる感情の質や程度によって変わりますが，一人では持ちこたえ難いこともしばしばあります。前述の体験をした際の私は，とうてい一人で持ちこたえることができず，同じチームで活動する仲間や信頼できる友人たちに話し，親身になって聞いてくれる彼らとの対話を通して，その後の活動を支えていけるような新たな物語と出会うことができました。そうしてたどり着いた物語は，仮説と呼ぶより，「考えるパートナー」を得てこそ生み出されるナラティヴ（Stern, 2009）と呼ぶのがふさわしいと感じます。

（4） チームで支援活動をするということ

　親身になって話を聞いてくれる人との対話の大切さは，これ以後の活動において一層明確になりました。仲間と二人で被災地に赴くことの心強さ。活動の合間に仲間と話し合うことで，自分が思っていたのと違う意見を聞いたり，笑い合ったりするうちに，視野が広がり，気持ちに余裕ができ，柔軟に対応できるようになること。現地には行かないバックアップメンバーに活動報告をして，ねぎらいや提案を受けて，気持ちが楽になったり，活動の展望がひらけたりすることなど，チームの支えなくして支援活動を継続することはできませんでした。

　川畑は，被災地の支援活動は単独ではできず，活動を支え合う仲間をチームにしなくてはならないとして，そのチームの活動のひとつについて，以下のように述べています。

　　現地への訪問と同じくらい重要なのは，支援者側の地元で行う，活動についてのカンファランスである。（略）それは派遣者が暮らしている地元に，被災地の空間を現出させることでもある。（略）私は，遠隔地からの継続的支援活動は，「半魚人」になることであると感じている。体の半分は魚（居住地の人），半分は人（被災地の人）になる。居住地に戻ったとき，そこに被災地の空気があることで，人になりかけた部分を殺さずに，むしろ人化を加速することができる。この人化が程よく進むことで，被災地での共感能力，活動能力は格段に向上する。
　　　　　　　　　　　　　　　　　　　　　　　　（川畑，2016，p. 281）

　「半魚人」になるという比喩からは，川畑が支援に赴いた被災地に，どれほど強くコミットするかをうかがい知ることができます。被災地に支援しに来た「よそ者」という立場にとどまらず，被災地で暮らす人たちから「内輪」として受け入れられる関係を築き，「外からの視点で考える人ではなく，内側から考えられる人となる」（川畑，2016）ことを目指すのです。

　支援チームのメンバーと地元で話し合うことは，被災地の人となった部分

と，地元の人である部分が解離してしまうことを防ぎ，被災地でも地元でも機能し続けられる状態を作り出す助けとなります。そのためには，被災地に赴かないチームメンバーも，被災地の人の視点で考えようとし，外からはわかりにくいことをわかろうとし，メンバー間で「合意による確認（consensual validation）」(Sullivan, 1954) を繰り返す必要があります。そのようなチームを作り，機能を高めていくことが，被災地支援活動の重要な仕事のひとつであり，その役割は被災地に赴かない人が担うこともできます。

（5） 私たちが目指したことと現地活動概要

前節まで，継続的な被災地支援活動を維持するために私にとって重要であったことを，精神分析や臨床心理学の視点から整理してきました。最後に，精神分析の知見を用いた私たちの被災地心理支援活動が，どのようなことを目指し，実際にどのような現地活動をしたのか，その概要を書いておきたいと思います。

私たちが目指したことについては，チームリーダーであった川畑の言葉を引用します。

> 災害時に生じる心理的な困難は，システム崩壊によって発生する複合的なストレスと，個人の性格的，対人環境的な文脈が相互に作用することによって生じると考えられます。したがって，それに対する支援はシステムの回復に向けられるべきです。
>
> (川畑，2012，p.59)

現地活動概要は，以下のとおりです。

大規模災害によって避難指示を受けた自治体の住民が避難した仮設住宅に赴き，現地の支援職が行う会議に参加し，住民の心理的サポートという観点から助言提案を行いました。震災後，仮設住宅に移ってから歩けなくなってしまった高齢者のような，生活一変による体調悪化の事例や，震災前から抱えていた精神面・家庭面の問題が，仮設住宅に移ったことをきっかけに顕在化している事例など，生じている事態やその背景が複雑で，本人にも支援者にも理解し難いケースにおいては，現地支援員と一緒に戸別訪問し，直接話

を聞きつつ，現地支援員に話の聞き方や対応の仕方を実際に示しました．

　仮設住宅でひとり暮らしをする男性が孤立するのを防ぐため，現地の支援職と協力して，男性向けの料理教室を開催し，ひとり暮らしの男性の家を訪問して参加を誘い，参加者と一緒に料理をしながら，和やかにコミュニケーションができる場を提供しました．仮設住宅で暮らす子どもたちに向けては，家族や友だちとの別れを経験してきた子どもたちの寂しい気持ちを共有しながら，子どもたちが生き生きと遊んだり，くつろいだりできる場を提供しました．

　また，現地自治体職員を対象として，ストレスマネジメント研修や，個別面談によるストレス状態のアセスメントや助言を行いました．

【文献】

Barsness, R. E.（Ed.）(2018). *Core competencies of relational psychoanalysis: A guide to practice, study, and research*. London & New York: Routledge.

Benjamin, J. (2017). *Beyond doer and done to: Recognition theory, intersubjectivity and the third*. London: Routledge.

遠藤利彦（2017）．生涯にわたるアタッチメント．北川恵・工藤晋平（編）．アタッチメントに基づく評価と支援．誠信書房．

一般社団法人日本臨床心理士会（監修），奥村茉莉子（編）(2017)．こころに寄り添う災害支援．金剛出版．

川畑直人（2012）．システム・心理力動モデルによる被災地支援——福島県における「花届け人・京都」の取り組み．チャイルドヘルス，**15**(6), 58-60.

川畑直人（2016）．巻頭言　災害時の支援における臨床心理士会の役割．一般社団法人日本臨床心理士会雑誌，**25**(1), 1.

こころのケアセンター（編）(1999)．災害とトラウマ．みすず書房．

野原一徳・川畑直人・辻啓之・今井たよか（2016）．被災地コミュニティに継続的な支援をするための関係の構築．心理臨床学研究，**34**(5), 510-520.

奥村茉莉子（2017）．災害時における心理支援システムの構築に向けて．一般社団法人日本臨床心理士会雑誌，**25**(2), 28-29.

Stern, D. B. (1997). *Unformulated experience: From dissociation to imagination in psychoanalysis*. Hillsdale: Analytic Press.（一丸藤太郎・小松貴弘（監訳）(2003)．精神分析における未構成の経験——解離から想像力へ．誠信書房）

Stern, D. B. (2009). *Partners in thought: Working with unformulated experience, dissociation, and enactment*. New York: Routledge.（一丸藤太郎（監訳），小松貴弘（訳）(2014)．精神分析における解離とエナクトメント——対人関係精神分析の核心．創元社）

Sullivan, H. S. (1954). *The psychiatric interview*. New York: W. W. Norton.（中井久夫・松川周悟・秋山剛・宮崎隆吉・野口昌也・山口直彦（訳）(1986)．精神医学的面接．みすず書房）

第Ⅲ部 訓練

第15章　訓練体験

第15章
訓練体験

【伊藤未青】

1. はじめに

　小学生の頃に読んだ『ドラえもん』の一場面の，時間の流れの速さを絵で表現したシーンに，非常に衝撃を覚えました。ドラえもんが「タイムライト」という道具を照らすと，時の流れがゴウゴウと流れていくのが見えます。そしてドラえもんは，「昼寝をしているのび太くんの時間は二度と戻ってこない」と，切迫感を持って言うのです。それは，私にとっても時間の早さを実感した瞬間であったと同時に，見えないモノに目を向けるということを，はっきり意識した体験であったのだろうと振り返ります。その後，私の時間は，永遠に続くと感じられた児童期をあっという間に駆け抜け，無意識に翻弄され，数々の失敗を重ねた思春期，青年期を経て，気づいた頃には当時の親の年齢を超えていました。臨床家になってから，精神分析という営みでもって，ようやく目に見えないモノに目を向ける手段を得ました。それもまた衝撃でした。きっとこの久しぶりの衝撃が，私を精神分析という，困難だけれども奥の深い作業に取り組み続けさせる原動力になっているのだろうと思います。

　無意識の世界から遠く離れたところで生きていた私が，京都精神分析心理療法研究所（KIPP）の精神分析的心理療法家養成プログラムの訓練を受け，5年をかけて修了しました。今回，KIPPでの学びを訓練体験としてまとめるにあたり，私にとってのその中核はいったい何だったのであろうかと考えていました。

私の体験を自分の言葉で表現しようとすると,「オーセンティシティ（authenticity：真正さ）」という言葉が浮かんできます。信頼がおける，真正性という意味ですが，KIPPでは，フロム（Fromm, E.）が大切にした態度としてよく用いられる言葉です。私は自分の訓練体験をこの言葉を軸に振り返ってみたいのですが，その訳語としてあえて,「極力矛盾がない」という日本語を当てはめてみたいと思います。心のなかには矛盾するものがたくさんあり，精神分析的な営みでは，それらが作り出す葛藤を抱えることが大切にされます。しかし，オーセンティックというと，姿勢や態度が一貫していて矛盾がないものである，というイメージがあります。そうだとすると，オーセンティシティとは，精神分析のなかで何を意味するのでしょう。
　まず，セラピスト自身がオーセンティックであることと，セラピストのクライエントに対する態度，あり方がオーセンティックであるという2つのあり方があるように思います。なかでも，前者の，セラピスト自身がオーセンティックであるとはどういうことか，その問いに私は強くひかれました。そこにこだわるということは，私自身が矛盾に満ちた存在だったからにほかならないのですが，一方で矛盾に気づかないことも多々ありました。自覚している矛盾もあるけれど，矛盾に気づかないで，あるいは気づけないで，時に気づかないふりをしていることが日常的に起こっており，そこには無意識も大いに関係していると知りました。それを知ると，これまでの疑問が解けていくような，時に衝撃的にはじけ飛ぶような感覚がありました。矛盾を感じなければ葛藤に至らないので，まずは矛盾を矛盾として感じることが大事なこととわかりました。
　矛盾を感じる自己の状態が生まれ，自分のなかに生じる数々の矛盾をひとつひとつ確認し，明らかにし，理解していくこと。そして，葛藤を抱えていくこと。それが訓練の営みだったと言えるような気がします。とりわけ矛盾と感じる自己状態を作ることが非常に難しく，訓練の多くの時間を使った印象があります。つまり，葛藤以前の問題が大きいといえました。そして，まだまだ葛藤を抱えるという大きなテーマが，立ちふさがっている印象があります。この点を，もう少しわかりやすく言うと,「本当の自分とは一体何であるのか？」をつきつめることです。

『自由からの逃走』の著者であるフロムは，歯に衣着せぬ率直さ，正面から直面化を迫る臨床姿勢で，それは，嘘偽りのない治療者の姿勢を重視する対人関係学派の一つの特徴として，現代に受け継がれています（川畑, 2010）。KIPP でのオーセンティシティについて考えてみると，最初に思い出すのは，訓練前に参加をしていたとあるセミナーでのことです。私は講師として登壇していた川畑直人先生とは面識がなかったのですが，フロアからの質問に，「この点についてはこうだと思いますけど，こっちの点については自分でもまだわかりません」というような返事をされていました。その姿に衝撃を受けたことです。残念ながら内容はまるっきり覚えていないのですが，川畑先生の飾らないそのあり様に，とても率直だという印象を受けました。私の周りにはいないタイプの先生だったのではないかと振り返ります。つまり，KIPP 全体に流れるオーセンティックな姿勢に触れた，最初の瞬間だったと思います。今でもそれは，この組織の良さであると思っている点です。そしてこの体験も，後に訓練を受けることにつながっていきました。

2. 精神分析への関心

不思議なことに，私は大学在学中に，正式に精神分析を学んだことがありませんでした。不思議と感じるくらいなので，それほどに意識に上っていなかったのです。それは，私の無意識の選択的非注意によるものと思い，最近になり，当時のシラバスを確認しました。すると，精神分析学，深層心理学といった科目名の授業が一切なかったことがわかりました。当然，背景にそれらへの理解が深い先生もいらしたと思いますが，当時の私にはそこまでの理解は及びませんでした。このカリキュラム編成は学生にとって葛藤に至りにくいものであったといえるのかもしれません。当時は，乳幼児の主体性についての実験研究が盛んな時期であり，発達行動学ゼミに所属し，乳幼児を少し遠くから眺めることから始めました。ボウルビィ（Bowlby, J.）やウィニコット（Winnicott, D. W.）という偉大な精神分析家たちの愛着理論や，間主観的交流という人間理解に大きな関心を抱いていたにもかかわらず，その本質をつかみきれませんでした。当時はまだ，自分自身や他者のこころに触れ

る準備が，できていなかったのだと思います。

　人間理解の方法に，「無意識を理解する視点」をほとんど身につけていなかった私が，ようやく精神分析との接点を持つことができたのは，大学院修了後でした。それは職場の先輩が，KIPP での訓練をまさに開始しようとしていた時期でした。そこから精神分析への道が開かれ，徐々に精神分析を身近に感じるようになり，そして，いつしか訓練に関心を持つようになりました。訓練に関心が向く頃，一番知りたかったのは，「訓練を受けることでどのような自分になれるのか」という点だったと思います。

　川畑先生や訓練生のあり様が，訓練を受けようと考えた無意識的なきっかけのひとつであるとすると，直接的なきっかけは臨床上の躓きでした。心理臨床の仕事を続けていくのであれば，今のままの自分では不可能であろうと痛感した時点でした。振り返ると，当時は自分のわからなさをわかっていない時期で，それはつまり葛藤に至っていない状態でした。

　藁にもすがる思いで，2年に一度の訓練生募集期間の締切り直前に，滑り込むようにして申し込みをした記憶があります。KIPP 対人関係精神分析セミナーや，その他の精神分析セミナーに参加し始めて 2 〜 3 年目くらいの頃だったと思います。最終的に，行き詰まりという外的な要因によって，ようやく KIPP の門を叩いたのでした。

3. 訓練の構造とそこからの学び

　訓練に関心を持つ多くの人にとって，興味はあるけれど，どのような体験となるかが実感として理解しにくいのが，個人分析ではないでしょうか。個人分析家を選ぶ際に，論文を読んだだけでは，そのセラピストがどのような訓練を受けてきたのかは，少なくとも私にはわかりませんでした。個人分析はパーソナルセラピーというだけあって，非常にパーソナルな問題なので，その体験を開示する機会は基本的にはないのだろうと思います。

　実は，これも矛盾をはらんでいると常々思っている点です。これから訓練を志そうとする心理臨床家にとって，その中核である個人分析とはどのような体験で，誰に，どのように，どれほどの頻度で受けていくかという点は，

臨床家としての中核となる部分ですので，人生において非常に大きな影響のある決断であると感じています。そして，現実的な仕事面，生活面，経済面の調整も必要となります。

　訓練システムについて，明確な基準をホームページ上に掲げていたのが，KIPP でした。在籍するすべての個人分析家は，ニューヨークのウィリアム・アランソン・ホワイト研究所（以下，ホワイト研究所）において3本柱の訓練（個人分析，スーパーヴィジョン，コースワーク）を経験しているという点は信頼がおけ，矛盾がないという印象がありました。ホワイト研究所の訓練の詳細や実感は，本書の各章や，川畑（2012），吾妻（2016）に書かれています。セラピストの専門性や訓練経験のわかりやすさも，ヴァイジーがヴァイザーを，個人分析を受けたいと希望する人（被分析家）が自分に合う分析家を選ぶ際に，重要であると思いますし，相手のことを知りたいと思うことは，とても自然なことと思います。

　訓練の内容や，訓練開始後の仕事と日常生活のバランスのとり方，経済面，といった外的な構造のおおよそのイメージがつかみやすいことで，余計な心配事に時間を割かれることが少なくなります。コースワークの4年間のスケジュールも HP 上に公開されているので，わかりやすいというのが当初の感想でした。わかりやすさは相手への配慮のひとつとして，また，受け手側も主体的な選択をしやすくなるという点で，重要な要素であると思います。

　些細なことではありますが，意外とそのようなところにも，臨床家である前に人として普通の感覚を大事にするという，KIPP に流れる雰囲気が漂っているように思います。「どの人もすべて，何よりもまず端的に人間である」というサリヴァン（Sullivan, H. S.）や，「being human」というフロムの姿勢が貫かれているのかもしれません。

　さて，次に KIPP の訓練の3本柱について述べたいと思います。上述のとおり訓練は，①個人分析（パーソナルセラピー），②スーパーヴィジョン，③講義・文献演習とケースセミナーを中心としたコースワークの，3本柱で成り立っています。訓練の中核となるのは，個人分析であるのは間違いありません。現実的なケースの助けとなるのはスーパーヴィジョンです。

（1） コースワークと同期の存在

　KIPPの訓練生それぞれが，個人分析，スーパーヴィジョンを進めつつ，同じ仲間で4年間コースワークを共にする体験の意義は大きいものでした。コースワークは年30回，1回が1時間半の講義・文献演習と，1時間半のケースセミナーの，合計3時間で構成されています。大まかに計算すると，2週に1度のペースでのコースワークでした。私の同期は4名だったので，毎月1回は事例か文献の要約を発表する機会があり，毎週のスーパーヴィジョンの資料に加え，職場やその他の場での事例発表を含め，多いときで月に4，5回程のペースで事例と文献の資料を作っていた記憶があります。開始当初は緊張もありましたが，気心の知れた仲間と頻繁にディスカッションを重ねることで，次第に防衛的であり続ける必要も暇もなくなっていきました。

　この体験も，とても学びが大きいものと感じます。また，1時間半という短時間での発表の際は，見立てを明確にし，学びたいポイントを絞る必要がありました。自分自身が何を学びたかという目的に沿って発表の仕方を選ぶことも，訓練をしてくことで身に着けることが可能になると学びました。訓練が進み，資料なしで事例を発表するという，新しい体験もしました。準備の手間が省けると思いきや，自分のなかでその事例を理解し，自分が何を検討したいかをかなりしっかりと意識していないと，できないということもわかりました。そして，同時に，同期生のケースを頻繁に聞く機会に恵まれたことで，仲間とそのクライエントとの関係の変化を，間近で体験させてもらうような気持ちを味わうことがたびたびありました。

　コースワークの際に，非常に印象に残っている体験がいくつかあります。初回を終えた直後の夢に，「仲間と先生と思しき4人が登場し，私の過去の重要な体験のシーン」が再体験され，非常に驚きました。今でもその夢は非常に鮮明に思い出され，訓練の初回からかなり刺激の強いスタートといえました。それまで，まったく夢の臨床的な可能性に触れたことがなかった私にとって，夢の持つ威力をまざまざと感じた出来事となりました。

　このような体系で訓練が行われていたのは，当時日本では唯一ではなかったかと思います。そのあり方はまさに対人関係的です。親密な関係のなかだ

から安心して表現することができる一方で，エナクトされてしまうものもあります。つまり，転移・逆転移や投影の問題，同胞葛藤など，さまざまな感情の絡み合いが生まれます。こういった体験そのものが，社会のなかで生きるという人間の営みの延長線上に，自然とあるもののように感じています。こうした体験を生き延び，苦楽を共にした仲間と深いつながりを持つことができたことも，KIPPでの訓練の成果のひとつであると思います。

（2） 訓練からの学びと臨床観の変化
① 見立てと発達史，詳細な質問

日々の臨床で，クライエントを理解する際の生育史に基づく精度の高い見立ては，重要な課題といえます。余計なことを言ってはいけないと考え，傾聴一辺倒だった駆け出しの頃の私の臨床スタイルから見ると，対人関係学派の「詳細な質問（detailed inquiry）」は聞き過ぎているようにも思えました。見立てのうえに自分の方向性を持って臨床に臨むことは，ためらいがありました。振り返ると，あいまいにしかとらえていなかったことで見立が不十分であったがゆえに，方向性を提示できなかっただけであったのだと思います。

訓練が進み，クライエントを「病理の水準」「発達の水準」「対象関係の水準」「社会・対人関係の水準」といった複数の次元でとらえたときに，どのあたりに位置するかという理解は，見立てを考える際に非常に有効であることがわかってきました。また，面接室にいる2人が，言葉を使ってやりとりをしながらお互いを理解していくという「合意による確認（consensual validation）」（Sullivan, 1954）の必要性は，訓練期間中にわたり再三強調されてきました。目の前のクライエントを理解するためには，詳細に尋ね，明確化をしないとわからないことがあります。自分自身と似たようなタイプや生い立ちの人だと，セラピストはわかった気になってしまい，後々聞いたら，まったく違う理解をしていたということもありました。さらに，発達障害傾向や，大なり小なりの解離が常態化している場合はなどの話のつながりの持てなさは，クライエントを理解するうえでとても困難を伴いました。その場にいる2人の思考にどれだけの違いがあるかということ，「合意による確認」の必要性を実感することが多かったといえます。

このような勘違い，思い違いは双方の寄与分ともいえますし，時に避け難いものでもあるのですが，見立てる上での重要なポイントとなるところを間違うと，その後のセラピーが道に迷うこと，行き詰まりにつながることとなります。

② **心を使うことと，転移・逆転移，エナクトメントの理解**
　精神分析は無意識を扱うので，個人分析はある程度の時間をかけてゆっくり展開していくものだと思います。特に週１回のセラピーであれば，現実の問題を扱うことが多くなることは自然なことです。週に２～４回の自分自身の個人分析の体験と，臨床実践の体験から，頻度の増加に伴い転移関係を扱いやすくなるという実感があります。個人分析を受けて自分自身を観察し，クライエントと出会い，スーパーヴィジョンやコースワークでケースを検討し，文献を読み，自分の心のなか，相手の心のなか，そして２人の間に起こっていることを詳細に検討します。それには，セラピストの逆転移や，クライエントから発せられる非言語的な表現，エナクトされてしまったことへの気づきや，両者の夢を手掛かりにしていくことが役に立ちました。こういったことを延々と繰り返すことが，訓練という営みだったと思います。

　この体験によって，自分の思考のパターンや歪みを理解し，自分自身の心のなかに浮かぶ気持ち，違和感，矛盾や葛藤に気づく精度が上がっていくということを実感しました。私自身は，面接中に違和感があると，ときおり左手にびりびり，むずむずとした感覚が起こることに気づいたことも発見でした。身体全体が受容器として働いているという感覚が理解できました。そうして，自分の思考に浮かび上がる疑問に開かれる，自分の感覚を使うということを理解し，実感として身につけてきたように思います。そしてそれは，クライエントをさまざまな次元から多面的に理解すること，セラピストのなかで一貫性が持てるように考え，疑問があれば立ち止まり，時にきちんと尋ね，時にわからないままにし，目の前の相手をできる限り丁寧に理解しようとすることへとつながりました。

　臨床で起こるこういったさまざまなことから，本を読んだだけでは実感として理解することが難しかったエナクトメント（再演）の概念が体験的に理解できました。特にエナクトメントは，セラピスト自身の成育史や無意識，

行動パターンといったものと深く関係していることから，スーパーヴィジョンだけではその理解は不十分であり，個人分析を通してでしか，実感として理解できないことであろうと思います。

③ 自分を理解することの困難さ

また，コースワークでの体験が積み上がっていくと，いろいろなものが見えてくるようになります。たとえば，発表者がうまくいかないケースを発表しているときは，発表者自身，驚くほど逆転移に目が向いていないということに気がつくようになります。経験の豊かなセラピストであっても，事例発表中によくわからなくなるということは，よく見かけます。それは，その人にとって当然すぎてわからない，しかし，他者から見たらとてもよく見えていると感じた瞬間でした。もしかしたら，気づけない逆転移の部分は，「自分でない自分（not-me）」（Sullivan, 1953）であるかもしれません。本人にとってはあまりにも当たり前すぎて，気がつかないということかもしれません。ある種の解離ということもできるでしょう。それほどに，自分が自分を理解するということは困難な仕事であるということに印象づけられた瞬間です。この点は，冒頭において述べた「矛盾を矛盾として感じることの難しさ」に通じる部分です。

発表者が作る資料の一文字目からも，発表者の無意識の世界が広がっている。そこに目を向け，感じることに開かれたことは，自分自身の変化として大きい出来事でした。そしてこの変化も，自分自身が受ける個人分析が関係しているように思います。

本項では，訓練からの学びと，臨床観の変化について触れてきました。こうした学びと実感を，最終的に修了論文としてまとめていきました。

（3） 訓練以外のさまざまな機会
① KIPP 対人関係精神分析セミナーなど

KIPPでは，通年のテーマを決めて年に6回，多い年で9回のセミナーを開催しています。また，セミナープラスという小グループでの講義もあります。各セミナーでは，日本の先生だけでなく，NY在住の分析家が講師となることもあり，直接先生方と話をする機会にもなっていました。先生方の持

つ雰囲気や，言葉の端々ににじみ出る人柄などに直接触れることで得られるものの大きさは，なかなか言葉では表現できないものです。

　また，各講師の話のわかりやすさもさることながら，事例検討時の意見の活発さのなかに，オーセンティック，詳細な質問，明確化，直面化，自己開示，転移・逆転移，エナクトメント，対人関係のパターンといった言葉が，わかりやすく表現されていると思います。フロアの人々が各自の心に湧くイメージを，「私はこう思いましたがどうでしょうか」と言語化したり，わからない点をもう少し明確にしようと率直に尋ねたりしていくことで，講師と発表者，参加者も一緒になって，活発に事例の探索をしていく時間になります。

　また，セミナー後の懇親会も勉強の続きといわれるほど，感想や意見，疑問を率直に言い合いました。率直に話すことに慣れていなかった訓練開始当初は，その場が苦痛で仕方がなく，早く帰りたいと思っていたのですが，数年かかって徐々に楽しくなっていきました。おそらくそれは，私の変化とパラレルだと思いますが，今では自由に伝えて反応が返ってくるKIPPらしさが溢れる場として感じられています。

　エピソードとして思い出されるのは，発表者の資料を見て，「漢字が多い」とやんわりと訓練生の防衛的な側面を伝えていた修了生のあり様。また，セミナー発表時の姿と懇親会での姿にある共通する面が見られたときには，「今○○モードになっているね。発表時のあの時も，そういう感じがあったな」と指摘されて納得したりしました。懇親会というリラックスしている場での自由な発言やコメントは，私に向けられているいないにかかわらず，意外と記憶に残っているもので，その後も考え続けるきっかけになることが多いものでした。それは，安心できる仲間と安全な環境があってのことともと思いますし，お互いが自分自身の微妙な感覚をつかみ，伝え，反応をもらうことができる貴重な場であると認識しているがゆえのことと思います。

　そう考えると，大きな家族という印象がわきます。通常の勉強会や懇親会では，「こんなこと言ったらダメだろうな」「変に思われるだろうか」と様子をみたり，発言を扱えたりすることが少なくありません。しかしKIPPでは，互いに意見を言い合うことは否定されるという体験にはなりにくいことか

ら，他者からの評価をあまり気にせず自由に発言して良い場と感じられ，それは率直にやりとりをする時間となります。この体験は私にとって刺激が多く，非常に学びの多いものでした。

② ホワイト研究所 NY 研修

　KIPP では約 5 年に一度，NY のホワイト研究所に，1 週間のセミナーを受けに行く機会があります。私は訓練が 2 年半を経過した頃に，ホワイト研究所を初めて訪れました。当時，齢 90 を超えたレーヴェンソン先生（Levenson, E.）に事例のコメントをもらう機会に恵まれたことは，非常に刺激的な体験で，今でも忘れられない出来事です。そのときの体験を KIPP のニュースレターに，以下のように記しました。

　　レーヴェンソン先生から最初に指摘されたことは，最近のセッションで，夢にクライエントの変化への抵抗が表れていることから，精神分析の目的は，「dissociate（解離），repressed（抑圧），mystify（神秘化）されたもの，confuse（混乱）しているものが，クリアになることへの抵抗を扱うこと」「遠ざけられていることが問題であり，それは見ることが非常に危険なもの。なぜ見たくないかを理解すること，そこへの気づきを促すことが大事」ということであった。基本的なことではあるが，「より抽象的なフォーミュレーションは役に立たない」と言われたとおり，何となくわかっているつもりになっていることが多くあることを実感した。そのためには「語られることをもっと詳細に尋ねる必要があること」も何度も念を押された。さらに非常に印象的であったのは，その夢の理解の深さである。提示された夢からの先生のインスピレーションは今まさに役に立つことが多く驚いている。レーヴェンソン先生も「夢は非常に rigid なもの」と強調していたが，改めて夢から理解できることの多さについて考えさせられている。

　　また，「家族心理学者の間ではよく言われることだが」と前置きをして，「すべての家族はゴムの壁に囲まれている。セラピストは家族のこの壁の外にいること，ゴムなのでクライエントが遠くへ行こうとする力が強ければ強いほど，引きもどされる力が強くなることを覚えておかなけれ

ばいけない」と，変化への抵抗と合わせて，家から離れることへの抵抗について，わかりやすいコメントをもらった。精神分析の大きなパラドックスとして"call girl paradox"という表現も初めて聞いたものだった。「普通の生活をしようとコールガールから足を洗うが，そうするとセラピーに来られなくなる」というこのパラドックスを，セラピストがどう理解していくか。親が費用を負担している場合，セラピストがクライエントの自立を阻む動きをしてしまう可能性があることについても，考えておく必要があると感じた。「セッションの最初に出てくることが，そのセッション全体のテーマを示す。それはクライントの無意識から出てきたものだから」…（中略）。

　最後にレーヴェンソン先生は，「1951年からセラピーをしているが，まだわからないよ」と語られ，私は非常に驚いたことを憶えています。ラカン (Lacan, J.) を引用し，「セラピーの最後にクライエントが知ることは，最初からクライエントが知っていたことをセラピストがわかったことを知ることである」という，非常に印象的な言葉で締めくくりました。このときのレーヴェンソン先生からのコメントや，私の体験は今でも生き生きと思い出されます。そして，これらの視点は現在の臨床でも，十分に活用できるものばかりです。そのときは理解が難しかった点も，その後何度も何度も振り返ってみることで理解が深まっていき，徐々に体に染みついていくような感覚を味わいました。つまり，このような学びは，本や文献からの学びとはまた一味違ったインパクトのある体験としてインプットされていったと感じます。
　これらのように，訓練の3本柱以外にも，臨床家として力を養うさまざまな機会に恵まれたことを幸運に思います。

4. おわりに

　私は自分自身のことを語ることがあまり得意ではないのですが，この機会にこの体験をかたちにしてみたいと思いました。5年間の訓練を終え，精神分析的心理療法家の訓練を受けたからこうなる，という理想の姿はないのか

もしれないと思います。私についていえば，まったく畑違いの領域からやってきて，訓練生というだけで経験の豊かな先生にアクセスできる機会をもらい，訓練を通じて精神分析的心理療法家として生きていく決意をしました。訓練委員の先生，外部講師の先生方，修了生の先輩や同期生，訓練生など，多くの人に鍛えてもらったという実感があります。自分自身やクライエントと向き合いながら，ときに逃げ出したくなるような場面を何とか持ちこたえ，向き合おうと思えばそれに応えようとしてくれる先生がいて，支えてくれる環境がありました。それらを提供してもらい，率直に話し合える仲間を得られたことが，最大の収穫だと思います。そうして，自分自身を含む人間理解の方法に精神分析的理解を用いるという臨床の軸を，体験的に作ることができたと思います。それは，人生が大きく変わったと思うほどの体験となりました。そしてその中核は，やはり個人分析です。

　KIPPでは，訓練の正規課程だけでなく，各種セミナーや懇親会，勉強会，NY研修など，上述したさまざまな機会があり，私は多くの機会に貪欲に参加しました。人間はその時点で理解できる範囲のことしか取り入れることができないので，インプットは限られます。よって，体験として身に着けられたことは，少しずつではありますが私のペースで積み上げてきました。これらの機会のなかでは，NYの分析家とのコミュニケーションを通じて，彼らの持つオーセンティックな雰囲気に触れ，自身のケースを発表したことによる学びの多さが，非常に印象に残っています。

　KIPPでも訓練委員以外に，英国，フランス，米国へ留学していた先生方や，その道のスペシャリストの先生方などの講義を受ける機会もありました。学派の違いはあろうとも，臨床家を育てようとする気持ちや，先生方の真摯な臨床実践の姿勢から力をもらいました。その力はそのまま，私たちがクライエントに向かう際のエネルギーになると思っています。

　最後に少しだけ，先生方について触れてみたいと思います。KIPPという組織を作った才能溢れる川畑直人先生は，本質を見抜く目が鋭いです。また，訓練生の意見に耳を傾けてくれる存在です。ときに意見が対立することもありますが，それでも話し合いをすることを試みてくれます。その姿勢から学ぶことが多かったです。1960年代にホワイト研究所へ留学され，帰国後は

日本の心理臨床の素地を作ってこられた鑪幹八郎先生の存在も大きいです。エリクソン（Erikson, E. H.）や夢の研究の第一人者として，また臨床家としても尊敬してやみません。

　他者の心の痛みへの慈しみが深く，また知識の宝庫であり，現在所長として，表でも裏でも多大なる尽力をしてくださっている横井公一先生。また，一丸藤太郎先生とのコースワークを，同期みんなで広島まで行って受けたことが忘れられない体験です。解離を伴う困難な症例を扱った検討会では，たくさんの疑問を投げかけられ，セラピストの頭に浮かぶ疑問をひとつひとつクリアにしていくことで，より正確な見立てにつながることを学びました。吾妻壮先生は，事例検討時のコメントがシャープなあまり，資料の10行ほどしか進まなかったことが印象的でした。発表者の書く1行1行から，これだけの多くのイメージを膨らませることができるのだという，臨床家としての神髄をまざまざと思い知らされるような，驚くような体験をしました。フロイトやフロム，禅に関する知識が豊富で，先生ご自身のNYでのケースを提示してくださり，みんなで検討したことが印象深かったのは，占部優子先生とのコースワークでした。自分自身の感覚をフルに使うことを教えられ，夢の解釈などは到底追いつくことのできないほどの才能に恵まれている鈴木健一先生。多くの先生から，「クライエントから学ぶ」という姿勢の大切さと，精神分析の面白さと奥深さを学びました。

　精神分析は，気の遠くなるような地道な作業の積み重ねということを実感しました。取り組むのが難しい課題も多々ありました。良いときもあれば，うまくいかないときもあり，ここまでくるのにどれだけの失敗を繰り返したことかと振り返りつつ，コツコツ進んでいくことでしか，道はないのだと感じています。

　その過程は，自分のなかにある多くの矛盾に出会う過程であり，しかし，それを通してよりオーセンティックな自分に近づけるのではないだろうかというのが，この経験を通して学んだことのように思います。

【文献】

吾妻壮（2016）．世界の研究所の現状　米国：ホワイト・インスティテュート．精神療法，

42(3), 369-373.
川畑直人 (2010). 私にとってのサリヴァン・パーソニフィケーション. 治療の聲, 11(1), 37-40.
川畑直人 (2012). 精神分析, 対人関係論, そしてサリヴァンの思想. 比治山大学心理相談センター年報, 8, 3-12.
Sullivan, H. S. (1953). *The interpersonal theory of psychiatry*. New York: W. W. Norton. (中井久夫・宮崎隆吉・高木敬三・鑪幹八郎 (訳)(1990). 精神医学は対人関係論である. みすず書房)
Sullivan, H. S. (1954). *The psychiatric interview*. New York: W. W. Norton. (中井久夫・松川周悟・秋山剛・宮崎隆吉・野口昌也・山口直彦 (訳)(1986). 精神医学的面接. みすず書房)

第Ⅳ部

展望

第 16 章　対人関係精神分析の日本における展開

第16章
対人関係精神分析の日本における展開

【川畑直人】

1. 訓練の導入

（1） 日本の心理臨床の課題

　1997～2001年にかけて，ニューヨークのウィリアム・アランソン・ホワイト研究所（以下，ホワイト研究所）で精神分析の訓練を受けるなかで，日本における心理臨床の課題についてずいぶんと考えさせられました。特に考えたのは，なぜ日本では心理療法の「型」ばかりが強調されるのかという点です（川畑, 2008）。ここで「型」といっているのは，面接時間は50分であるとか，決められた曜日と時間に面接を行うとか，クライエントの話を相づちをうちながら聞くとか，そういった形式や決まり，特定の行動様式のことです。特に，精神分析や精神分析的心理療法に関しては，そのような形式の議論が先行する傾向があるように思います。おそらく，カウチの使用，自由連想，そして匿名性，中立性，禁欲原則といった，フロイト（Freud, S.）の提案が影響していると思いますが，日本では特に，フロイディアンに限らず，そうした形式へのこだわりが強いように思います。

　ホワイト研究所の訓練のなかでそうした「型」をめぐる議論は，ほとんど経験しなかったというのが，私の実感です。むしろ焦点が当たるのは，どのようにすればクライエントのコミットメントを引き出すことができるのか，あるいは重要な問題を話し合いの俎上に上げることができるのか，といった実質的な関わりの部分でした。後で述べるように，サリヴァン（Sullivan, H. S.）

の影響で，質問するということが大切にされていましたが，そのやり方は，状況，クライエント，セラピストによってさまざまです。日本では，ただひたすら傾聴するという「型」が教えられるために，質問することはもちろんのこと，助言や援助は禁忌となっています。

　訓練中に担当した事例で経験したことですが，ある女性のクライエントから，関係が悪化した知人に書く手紙の文章を見てほしい，と頼まれたことがありました。私はそれを断ったのですが，あとでスーパーヴァイザーから，なぜ断ったのか尋ねられたことがありました（川畑, 2015）。たしかに，せっかくクライエントがセラピストを頼りにし始めたのですから，その依存心を大事に育てるべきだったと今では思います。しかし，当時の私は，ずいぶんと「型」に縛られていたように思います。

　このように訓練を積むなかで，そしてニューヨークの分析家たちの働き方を間近に見るなかで，日本における「型」の強調は，開業の心理療法が生業として定着していないことと関連があるのではないか，と考えるようになりました。「型」ばかりの教育では役に立つ心理療法は身につかず，料金を払ってそれを求める顧客も生まれないでしょう。顧客がいないのであれば，お金と時間をかけて系統的な訓練を受ける人も出てこないでしょう。要するに，業として存在しない心理療法は，屛風に描かれた唐獅子のようなものです。伝聞に基づいて様式美のみが発達するという具合です。

　また，「型」の強調は，実質的な訓練を受けたことのない指導者にとって，都合がいいでしょう。「型」を振りかざすことで，自分の権威を高めることができます。そうした指導者に教えられた人は，やはり「型」に頼らざるを得ません。通常，そうした「型」は学派の創始者による提唱が形骸化したものであり，創始者の理想化とそれに対する同一化が，「型」への忠誠を強めることになります。そして，「型」から外れることへの恐怖心や罪悪感が，植えつけられていきます。

　こうした状況を変えるために何が必要かと考えたところ，訓練こそが最も大切であろうという考えに至りました。もちろんそれは，心理療法を受けることが要件となっている訓練です。実際に経験をするということは，どのような技術を習得するうえでも重要です。古典的な精神分析では，教育分析を

受けることで逆転移の問題を克服するといった考えがあったようですが，ホワイト研究所では，あくまでも自分が一患者として心理療法を受けるということを大切にしていました。ピアノを教えるためには，まずはピアノを習わなければならないのと同じように，心理療法をするのであれば，まずは心理療法を受けるのがよいという至極明快な論旨です。

「型」の問題にも，実際に心理療法を受ける訓練がないことが関連していると，私は考えています。まず，実際に受けてみることで，分析家の対応は決して型どおりではなく，臨機応変であるということを実感するはずです。さらに，心理療法のプロセスは極めて個人的なもので，「人はどうかわからないが，私の場合はこうだった」という性質のものになります。それはとうてい「型」では言い表せないものです。なかには，自分の受けた心理療法体験が絶対だと思い込む人がいるかもしれませんが，そこには自己愛的な理想化が乗り越えられていないという課題が残るような気がします。その意味でも，同じように心理療法を受けながら訓練に臨む仲間がいるということは，大切なことかもしれません。

こうした思いを胸に秘めて，2002年に，訓練プログラムの受け皿として，有限会社ケーアイピーピーを設立しました。そして2003年に1期生を迎え，訓練をスタートしたのです。

（2） 心理療法家養成プログラムの開始

KIPP精神分析的心理療法家養成プログラムは，訓練生自身が受ける個人分析，訓練生の行ったケースの個人スーパーヴィジョン，そして理論と臨床実践を学ぶコースワークを，4年をかけて修めるものです。発足当時の講師陣は，鑪幹八郎，一丸藤太郎，横井公一と私の4名で，いずれもホワイト研究所で訓練を受けた心理療法家たちです。そこに，精神分析に造詣の深い外部協力者の協力を得て，カリキュラムを構成しました。ただ講師陣の数が少なく，受け入れ可能な訓練生の数は限られていたので，募集は隔年としました。現在は，講師陣に入れ替わりがあり，鑪，横井，私，新たに加わった鈴木健一らを中心に，訓練プログラムの修了生も加わって，プログラムを運営しています。2004～2018年まで14年間に8回の入学募集があり，総勢32

名の入学者を得ており，現役生を除いた26名のうち，19名の修了生を出しています。

現在のコースワークの組み立ては，1年目から2年目にかけて精神分析的心理療法の基本を押さえ，3年目に対人関係論と関係論を学び，最終年はさまざまな精神病理，他学派の理論，そして心理臨床の現場ごとのトピックに触れるという流れになっています。この14年間に何度かカリキュラムの見直しをしてきましたが，大きな流れは，基礎の重視でした。開始当時は3年間のプログラムでしたが，受講生から，3年では一定程度の到達を果たすことが難しいという意見が相次ぎました。たしかに，いきなりフロイトやサリヴァンの著作に触れても，精神分析的アセスメントや介入技法の基礎が備わっていなければ，実践的な理解には結びつかないのはうなずけることです。そこで，精神分析的心理療法の基礎について学ぶ1年間を最初の部分に追加し，4年間のプログラムになりました。しかし，それでも十分とは言えないということで，現在のかたちに組み替えました。

訓練プログラムを続けるなかで私自身が痛感するのは，精神分析的心理療法家を育てるには，かなりの手間ひまがかかるという事実です。転移や逆転移という言葉ひとつをとっても，概念として理解することと，体感として覚え，それをクライエントのために役立てるということとは，かなりの開きがあります。それが可能になるためには，臨床実践に基づきながら，自らの感受性，思考力，行動力を高めていく必要があります。それらが一朝一夕に身につけられるものでないことは，教育や臨床に関わった人であれば，すぐに了解できるはずです。

2008年の段階で，私はこの養成プログラムについて振り返り，精神分析の訓練機関に関する考察を論文にまとめました (Kawabata, 2008)。その論文のタイトルを From seed to transplant としたのですが，それはニューヨークで学んだことをどうやって日本の地に根づかせるか，という問題意識を表しています。論文のなかで取り上げたことは，教育に対する信念，仲間とともに学ぶことの喜び，そして評価とサブグループ間の緊張を適切に扱うことの重要性でした。

最初の二つは，プログラムの発足時に，特に強く印象づけられました。教

える側には，自らが学んだこと，そして臨床のなかで体験したことを後輩に伝える，という喜びがあります。それを支えるのは，教える内容に価値があるという信念と，教えることに対する情熱です。学ぶ側にとっては，それまで伝え聞きのようなかたちでしか学べなかったことを，個人分析とスーパーヴィジョンを受けながら，実体験として学ぶことへの興奮と活気があったように思います。ありがたいことに，現在でも，養成プログラムに入った訓練生たちの間では，少人数のグループで仲間との討論を通して学べるコースワークが，これまで体験したことがない学びの機会として感じられ，高い評価を得ています。

　教える側にも，学ぶ側にも喜びがあるということは，教育機関にとって最も中核にあるべき要素であると思います。もちろん，プログラム開始直後に見られた，発芽を目にするときに似た興奮が，時間の経過とともに色あせることは避けられません。マンネリズムや，後述する評価やグループ間の緊張関係も生じてきます。しかし，発見することに喜びを覚えるという人間の性質こそが，創造的な生の原動力であり，それがなければ，教えることも学ぶこともサド・マゾ的な苦行と化してしまいます。

　さて，先の論文で最後に指摘した側面は，時間の経過とともに，喜んでばかりはいられない，現実の厳しい側面でした。評価とサブグループ間の緊張関係という2つを，そこでは取り上げました。教育をするには到達目標の設定が必要であり，目標を設定する限り評価は不可欠です。そして，評価をするときには，未達成である現実を直視しなければなりません。それは，教える側にも学ぶ側にも，気の進まないことです。

　サブグループ間の緊張関係は，もうひとつの厳しい現実です。大災害時の心理としていわれるハネムーン期（Raphael, 1986）を過ぎると，競争や嫉妬，そして派閥化といった集団力動が動き始めます。プログラムが継続するにつれ，講師陣，訓練生，修了生と関係者の数が増え，そのなかでさまざまなサブグループが形成され，相互にさまざまな関係性が生じます。また，外部のさまざまな団体や個人から，いろいろなイメージが投影され，ライバル視されたり，敬遠されたりということが起こってきます。こうした集団力動は多かれ少なかれ避けがたいことであり，ひとつの現実として受け止めなくては

なりません。そして，それに飲み込まれることなく，本来の目的に向けて冷静な舵取りをしなければなりません。このあたりの感覚は，転移・逆転移状況をくぐり抜ける精神分析と，多くの共通点があるように思います。

さて，先の論文で研究所の設立を植物の移植に喩えたのは，植物は単体として生存できず，適した環境と繁殖に必要な個体数があってはじめて存続するという，システム論的な考え方を意識しています。精神分析という営みが続けられるのは，分析を求める顧客がいて，分析家のなり手がいて，分析家を育てる訓練機関があるからです。しかも，それぞれが単体ではなく，一定以上の個体数が必要です。また，それらが属する社会のなかで一定の役割を引き受け，存在意義を発揮していなくてはなりません。分析に関するすばらしい著作がどれだけ書店に並んでいたとしても，それらの条件が満たされなければ，実践としての精神分析は社会的現実とはならないでしょう。

私たちの訓練プログラムは，何とか15年間続けることができました。しかし，精神分析の営みが，私たちの社会のなかで存続可能な環境を得るためには，いまだ十分な条件が整ったとは言えません。訓練機関はあります。訓練を受けたいという人もいますが，訓練を受けた人が生計を立たるに足る顧客がいる状況ではありません。その原因を，精神分析の価値がわからない顧客のせいにするのは簡単です。しかし，その前に，私たちが提供する精神分析の形態が，顧客のニーズに合致しているのか考える必要があるのではないでしょうか。

本章では，顧客のニーズに対応する精神分析のあり方を提案してみたいと思います。そのあり方を，私は精神分析的コーチングと呼んでいます。そしてその発想は，対人関係精神分析の中心に流れるサリヴァンの考え方をヒントにしています。そこでまず，サリヴァンの思想とそれが示唆するところを整理してみたいと思います。そのうえで，私の考える精神分析的コーチングの考え方を示します。

2. サリヴァンの対人関係論

（1） はじめに

　サリヴァンの対人関係論は，精神分析の一学派とは位置づけがたい面があります。サリヴァンの初期の論文は，フロイト理論の枠組みで書かれていたものの，その後の著作はフロイト理論から離れ，独自の展開をしていきます（Perry, 1982）。一見すると，安全保障操作やパラタクシス的歪みなど，防衛機制や転移といったフロイトの用語の言い換えに見える部分もありますが，その背後には，個体論的なフロイト理論を捨て，すべてを関係性からとらえるという，根本的な視点の転換があります。それは理論の部分的修正，あるいは考え方の分岐というより，発想の逆転，理論の転覆ともいえる革新性を持っています。

　欧州から移住してきた精神分析家たちとの交流を通して，彼の考え方は，文化学派，あるいはネオ・フロイディアンと呼ばれるグループに吸収され，最終的に対人関係精神分析というかたちで現在に引き継がれています。しかし，それはどちらかというと，精神分析療法という細胞体の核に埋め込まれた，別種の遺伝子というイメージがしっくりします。その遺伝子は，認知療法，家族療法など精神分析の枠から飛び出した，さまざまな心理療法の発展にも寄与しています。私としては，日本における精神分析の展開，そしてさまざまなモダリティの心理臨床の発展に，彼の理論は寄与するものと考えています。

　ここでは，私なりに理解した，彼の基本的な人間観，人格理論，精神病理論，治療理論，そして環境療法論について，概略を紹介していきたいと思います。

（2） サリヴァンの基本的人間観

　「どの人もすべて何よりもまず端的に人間である（Anyone is simply more human than otherwise.）」（Sullivan, 1953, 邦訳 p. 39）という一文は，「人類同一

種要請（あるいは仮説）(one-genus postulate (or hypothesis))」と名づけられる，サリヴァンの基本的人間観を示すものとして有名です。彼は，統合失調症者が治療不能な疾患として，健常者から区別されることに反対していました。ただ，これは「人間は皆同じ」といった理念的な呼びかけではなく，生まれてからの対人経験の積み重ねによって人格が形成されるという，発達論を含む人格理論の基本前提でもあります。そして，同じ種として人間は他者との共存が宿命づけられており，基本的な動機として他者との関わりを求めているというのが，同一種要請が示唆することです。

　他者との関わりを描写するために，サリヴァンは「対人の場の統合」という概念を用います。その内実を例示するために，彼は，授乳時の母子の相互作用を微細に描写しています (Sullivan, 1953)。乳児は当然，空腹や睡眠欲など，生物学的な欲求を持っています。しかし，それらを満たすこと以上に重要なのは，空腹による乳児の泣きが，母親の優しさ動機を喚起し，授乳という対人統合が成立し，空腹が満たされるとともに解消されるという一連の過程です。この一連の過程を，サリヴァンは対人の場の統合と呼び，それを求めるのが，人間にとってより本源的な動機であると主張します。対人統合の形式は，成長につれ変わるにせよ，統合に向かおうとする基本的な動機は，生涯を通じて人間の生を特徴づけると，サリヴァンは考えます。もし，サリヴァンの理論に自己実現という言葉を持ち込むのであれば，不安のない調和のとれた対人の場の統合に向かうことができる状態が，それに当たるでしょう。

（3）　サリヴァンの人格理論と精神病理論

　対人の場の統合という基本動機に沿って，彼の人格理論と精神病理論は展開します。対人の場の統合 (integration) に対置されるのが，解体 (disintegration) と破断 (disjunction) です。解体とは，統合状態が不完全なまま崩壊すること，そして破断は，統合のための結びつきが成立しないことを指すと考えられます。対人の場の解体と破断は，本来の動機をつまずかせるという意味で，精神発達にとって負の要素となります。そして，この解体と破断を引き起こす心理状態が，不安ということになります。

　サリヴァンは，乳児期の授乳時の解体や破断は，母親の側の不安によって

もたらされると考えていたようです。やがて子どもが成長し，幼児期に入ると，子どもの側の人格形成が進み，否定的な自己感覚を生み出す対人関係，すなわち養育者からの拒絶，叱責，無視などが，子ども自身の不安を喚起することになります。これらは自尊感情への打撃と言い換えてよいと思いますが，それを避けるために，子どもは安全感を確保し，不安を避けるためのさまざまな対処方法を作り出していきます。安全保障操作（security operation）と彼が名づけたこの対処法は，いわゆる防衛機制と類似していますが，彼の強調点は内界で生じるイドからの突き上げではなく，対人の場で生じる不安であり，その対処様式も，精神内界の操作にとどまらず，対人関係における行動様式を含んでいます。力動態勢（dynamisms）という用語は，そうした安全保障操作のパターンを描写する際に用いられます。

　フロイトが抑圧という過程を防衛機制の基本に置いたのに対し，サリヴァンは選択的非注意（selective inattention）という概念を重視します。これは，不安を引き起こす対人場面の要素を，選択的に意識野から外すというもので，現代の対人関係論者が，サリヴァンの理論が解離モデルに親和的であると考える根拠となっています。

　サリヴァンの理論が解離モデルに親和するのは，別の文脈で彼が述べる，「良い自分（good-me）」「悪い自分（bad-me）」「自分でない自分（not-me）」というセルフ・パーソニフィケーション，つまり自己表象の理論にも関係しています。彼によれば，重要な他者との良好な関係において，他者は良い表象，たとえば良い母親（good-mother）として体験され，同時に自分は良い自分と体験され，それが自己表象として蓄積されていきます。逆に，緊張，葛藤，不快，不満足など不安を伴う関係では，自己は「悪い自分」と体験され，自己表象に蓄積されるでしょう。さらに，サリヴァンは，良いとも悪いとも体験することすら難しい，自己体験から解離される自己領域があると仮定しています。強すぎる不安や恐怖によって，何についての体験かもわからない，統合されにくい体験であり，それをサリヴァンは「自分でない自分」と呼んでいます。

　この「自分でない自分」に関するサリヴァンの考えには，体験が意識化されないというだけでなく，発達の可能性を有しながら顕現しない自己領域と

いうニュアンスもあると，私は考えています。「精神医学と人生における不安の意味（Sullivan, 1964）」という論文で，彼は，統合失調症を発症した青年の他者との交流状況を模式図化していますが，そのなかで，いくつかある自己の領域のうち，不安が大きいために他者との相互作用が遮断され，体験の積み重ねが起こらず，発達が停滞した領域があることを示そうとしました。このような未発達な自己領域という考え方は，臨床上とても役に立つと感じています。

　ひとつの例を挙げてみましょう。成人して間もなく，軽いうつとひきこもりといった症状が出現した女性の例です。彼女は小さい頃から，家族内の調和を気にする役割を背負い続け，特に母親の機嫌を損ねないように，気を働かせてきました。面接を始めると，彼女の関心は常に家族の動向で，父親がどうか，姉や弟がどうか，そして母親がどうかといった家族についての報告と，それにまつわる心配や不満の表明に終始します。経験を積んだセラピストであれば，彼女のなかに，自分独自の生活空間を開拓し，自分の幸せを追求しようとする意志が見られないことが，すぐに気になるはずです。

　彼女は知的にも身体的にも健康であり，そのようなことを実現する能力は十分にあると考えられます。ただ，そのような意志に基づいて，自分の能力を使ったことがないのです。この状態のとき，そのような志向性を持つ自己領域は解離している，あるいは「自分でない自分」のままであると，とらえることができるでしょう。「自分でない自分」なので，葛藤にはなりません。症状の発現は，何かがうまくいっていないという兆候として理解できますが，何がうまくいっていないのか，クライエントは意識することができません。

　プロトタクシス，パラタクシス，シンタクシスという，サリヴァンの体験の様態の考え方は，こうした解離した自己と関係していると思います。プロトタクシスとは，感覚経験がただ押し寄せては消える無構造の体験様式で，新生児の体験がそれに近いものと想像されます。発達が進むにつれて，体験は記憶に保持されるようになり，また体験と体験の間に，時間的継起に基づくつながりができていきます。そして，その時間的継起が，原因と結果といった論理構造を備えるようになります。このような体験様式は，パラタクシスと名づけられましたが，その段階では，体験はあくまでも個人のなかで完結

しており，他者と共有されません。他者との共有作業は言語の発達を前提としており，自分の体験を他者に伝えるというコミュニケーションが必要になります。その水準に達した体験をサリヴァンは，シンタクシスと呼びます。しかし，コミュニケーションに必要な言語能力が発達しても，他者と共有されない体験は，妥当性が確認されないまま，パラタクシス的水準にとどまります。不安を喚起する体験は特に，あいまいかつ無自覚な状態で，パラタクシス的なものとなります。

　先の例でいうと，家族の調和を気にする役割をその女性が引き受けたのは，誰かから頼まれたわけでも，そうする必要があるのか確認したわけでもなく，いつの間にかそのようになっていたという性質のものです。そのようにしなければ危険と感じられるような出来事が，あったのかもしれません。あるいは，家族の他のメンバーの不安から，そのような状況が醸成されてきたのかもしれません。いずれにしても，それらはシンタクシス的なコミュニケーションにはならず，パラタクシス的水準にとどまっているのです。

　安全保障操作という観点からすると，家族の心配ばかりをして自分を主張しないというあり方が，彼女にとっては不安を回避する方策として定着しています。しかし，その安全保障操作は，現時点ではすでに不安回避の意味を持っていません。彼女が自分を主張して，自分の生き方を模索しても，誰もとがめはしないでしょう。つまり，文脈に不相応な安全保障操作にいまだに頼っている，ということが問題なのです。もちろん，彼女の目から見ると，それは危険なことであり，誰かがふと漏らした言葉が，その証左として意味づけられることもあります。周囲の認識からずれた偏りの大きい主観的な体験ですが，心のなかで秘められているので，修正される機会が与えられません。サリヴァンの用語では，パラタクシス的歪み（parataxic distortion）があるということになります。

（4）　サリヴァンの治療論

　サリヴァンの治療論は，当然のことながら，ちょうど人格理論，精神病理論の裏返しのかたちになります。つまり，パラタクシス的歪みを解消し，シンタクシス的体験を増やし，解離し，停滞した自己の再発達を促し，対人の

場の統合の確率を増やすことが，精神的な健康を実現するためのメインストリームということになります。

彼に従えば，「自分の心の中で起こっていることを非常によく把握している人間で重症の生の困難を抱えている人間などはいない」(Sullivan, 1954，邦訳 p.46) のであり，治療的な面接とは，「自分では見当もつかない生の困難 (difficulty in living) を突き止めるため」(Sullivan, 1954，邦訳 p.36) のものであるということになります。生きていくうえでの困難が何によって起こっているのか，その根源にある不安は何かを認識できるように助けるのが，精神科医の務めであり，病者の困難を和らげる手段であると考えたのです。

ここで彼が，治療の対象を疾病とせずに，生きていくうえでの困難であると言い切ったことは，医療とは異なる視点から心理療法や心理臨床に取り組んできた私にとっては，ありがたいことです。生きていくうえでの困難とは，人と関わることの困難と言い換えられるでしょう。彼自身は精神科医であり，対人関係論的精神医学の構築を目指していました。そして，精神病者の苦しみを，健常者のものと区別される特殊なものとはせずに，対人の場という共通の地盤に生起するものと定式化しました。現在の精神医学が彼の目指した方向から離れていくなかで，心理臨床というフィールドは，彼の考えを継承するのに適した立場にあると思います。

このような目標を持って臨む面接の場において重要なことは，参与観察者 (participant observer) としての面接者の存在です。彼によれば，面接者は，「面接の中で起こる事態のすべてに深く巻き込まれ，それから逃れられない」(Sullivan, 1954，邦訳 p.31) と言います。面接状況は面接者とクライエントという二者で構成される場であり，面接者は純粋な観察者の立場は維持できません。面接者もクライエントと同じく，不完全であり，また個性を持ったひとりの人間です。転移や逆転移は，どちらか一方が持ち込むものではなく，二者の関わり合いのなかで醸成される関係の一側面なのです。この点は，面接状況の認識において，古典的な精神分析と最も異なる部分といえます。

治療技法としてサリヴァンが強調するのは，詳細な質問 (detailed inquiry) です (Sullivan, 1954)。これは一見すると，「質問する」「尋ねる」といった言語的介入の形式としてとらえられ，傾聴，明確化，直面化，解釈といった介

入技法の並びに位置づけたくなります。しかし，そうすると，治療過程のほとんどが詳細な質問であるとした，サリヴァンの意図が薄れてしまうようにも思えます。その意味では，質問（inquiry）という語を，通常イメージする「～ですか」といった質問行為と理解しないほうがよいでしょう。

　サリヴァンは詳細な質問では，「患者に主導権を与える」（Sullivan, 1954, 邦訳 pp. 74, 113）とも述べています。最も理想的な詳細な質問は，クライエントが自ら自己の体験に関心を寄せ，追体験をするように語り出す内容に，面接者が注意深く耳を傾けるという状態であると，私は考えます。その意味で，inquiry という語は，探求や探索と訳すべきなのかもしれません。

　たしかに，対人関係精神分析では，現実に何が起こったのかに関心を寄せ，そのことについて詳しく尋ねるということを大切にしています。しかしそれは，クライエントにまつわる事実情報を収集・蓄積することが目的ではありません。対人の場において生じた関係の軌跡を丹念にたどることで，クライエントが「自分でない自分」，パラタクシス的な体験領域に接近できるようにしたいのです。重要なのは，事実を通して見える，その人物と人物の生き方に深い関心を寄せること，そして，その関心がクライエントと共有されることです。

　実際，体験を詳細に吟味するための言葉かけには，無限のヴァリエーションがあります。タイミングも，間髪を入れず，ずばり質問することもあれば，順序立てて慎重に尋ねることもあります。こちら側の連想を，探索の範囲を広げる材料として提供する場合もあります。ただ，こちらの意図が理解されているか，一方的な聴取になっていないかは，気にかける必要があります。サリヴァンは，初期面接段階の締めくくりに要約を伝え返すことが大事だと言っていますが，それは詳細な質問段階にも当てはまると思います。目的がわからずただ一方的に話し続けるのも，質問され続けるのも，精神的にいい影響は与えないでしょう。サリヴァンが言うように，人間関係は暗黙の了解のままで長期間放置すると，病的なものに変質すると思います。

　サリヴァンは，面接では，批判意識を伴う関心（critical interest）を持つべきとしつつ，その一方で，質問は患者の安全保障感に気配りしつつ行うべきだとも言います（Sullivan, 1954）。安全を脅かすような質問の仕方は，当然，

クライエントを身構えさせてしまいます。しかし，適度な緊張や切迫感がなければ，面接は安逸な惰性と化します。自己に対する好奇心を喚起しながら，安全感と緊張感の微妙なバランスを維持するなかで，質問はなされる必要があります。その点で，ユーモアが助けになる場合もあります。

　サリヴァンは独自の発達論のなかで，児童期の終わり，青年期の直前に達成される，同性の仲間との水入らずの関係が，人間の精神発達にとっていかに重要な意味を持つかを強調しています（Sullivan, 1953）。チャムと呼ばれるそのときの関係は，家族関係のなかで作り出されたパラタクシス的歪みが，同時代人との対等で親密なコミュニケーションを通して修正される機会を提供すると，サリヴァンは考えました。

　対人関係論的には，大人にとって心理療法が効果を持つのは，このチャム的要素が昇華されたかたちで作用するからだと考えられます。詳細な質問，つまりクライエントとセラピストの共同探求は，クライエントの関心事が2人にとっての「私たちごと（matter of we）」（Sullivan, 1953）になるプロセスでもあります。発見の喜びも，発見による悲しみも，二人が分かち合うものでなければなりません。それが，パラタクシスをシンタクシスにするということの真の意味であり，共同感応的に体験を理解し合うこと，すなわち合意による確認（consensual validation）（Sullivan, 1953）の，本質的な要素であると考えられます。

（5）　サリヴァンの環境療法論

　対人関係論を幅広い心理臨床現場で生かす方策を述べる前に，サリヴァンの環境療法的な接近に対する考え方を，紹介しておきましょう。彼が30代前半に手がけた，シェパード・プラット病院における，統合失調症者の治療ユニットは，心理力動的技法で統合失調症者の治療を成功させたとものとして，サリヴァンの名声を高めました（Evans III, 1996）。「社会・精神医学プログラム」と名づけられたその取り組みで，サリヴァンは，患者と職員が混在する集団の場で，患者を孤立から救い，不安から守り，傷ついた自己の回復を促そうとしました（Sullivan, 1962）。そのために彼が心がけたのは，裏表のないコミュニケーションを維持すること，自分の病理が理解されるだけでな

く，他者を援助する側にも立つ普通の人として扱われる環境を提供することでした。その究極の目標は，患者が他者とともに生きる勇気を持てるようにすること，そして，自分が他者にとって魅力のある個人であるという自己価値観の再発達を助けることでした。

　こうした環境を実現するために，関わるスタッフ側の教育訓練が重要であると，彼は考えています。彼によれば，職員は自分自身の人格や，無意識のサディズム，嫉妬，好結果へのこだわり，通俗倫理にしばられることなど，いわゆる逆転移と言われるものに注意を向ける必要があります。そして，患者の思考の乱れを狂気として一蹴せず，何らかの真実妥当性があるものとして尊重すること，ただし，はっきり病的なときはそのことを言葉にして伝えること，何が彼を混乱させているのか発見してもらえるような質問をすること，暴力的な態度に対しては感情的にならずに気勢を削ぐよう努力すること，といった具体的な対応方針を提示しています。

　こうした彼の提言に私が強くひかれるのは，このプログラムが掲げる目標が，特別な技法を強調するのではなく，人間的な環境のなかで，総合的な体験を通して達成されると考えられている点です。その根底には，不安によって妨げられない，対等で開かれた対人関係のなかで自己が成長するという，対人関係論的な人間観や理論が息づいています。

　私はこの十数年，大学院生たちとともに，発達障害児のグループセラピーを行ってきました（川畑，2006）。子どもひとりひとりにサポーターとなる大学院生が付き添い，ファシリテーターの進行のもと，さまざまな遊びを行うというものです。そのなかで常に印象づけられるのは，仲間を求め，仲間と関わることに，参加児童が動機づけられているという点です。それは，プログラムの開始時点では，あまり明瞭ではないかもしれません。障害の特性によるためか，うまく関われない子や，あまり関わろうとしない子もいます。しかし，時間が経つにつれ，徐々につながりが生まれ，関わりそのものがプログラムの推進力となっていきます。それはスキルとして覚えられるものではなく，体験のなかで育つものです。そして，そのような環境を作り上げるうえで，サリヴァンの指針は大いに役に立ちました。

　サリヴァンの社会・精神医学プログラムは，後に環境療法（milieu therapy）

と呼ばれる治療技法の源流と考えられていますが（Cumming & Cumming, 1966），そのように銘打たなくとも，精神科入院病棟やデイケア施設，少年院，児童心理治療施設など，生活を共にする施設やプログラムのなかで生かされてきたと思います。これは個別の精神分析と，どのように区別されるのでしょう。

　この点に関してサリヴァンは，看護スタッフのケアによって患者が回復しているときには，それに任せるのがよいと，はっきり言い切っています。そして，精神的な回復が進み，生きていくうえでの困難への洞察を得たいという欲求が芽生えた段階で，精神分析的手続きに移行すると言うのです。私自身は，この2つのアプローチは共通の人間観や治療観の基盤に立つもので，ただその目的と役割に違いがあり，それらを使い分けるのがよいというのが，サリヴァンの推奨であると理解しています。そして，この2つを結合することで，さまざまな心理臨床場面で対人関係精神分析を生かす可能性が広がると考えています。

3. 展開の可能性

(1) 精神分析の危機と未発達のなかで

　精神分析の危機ということが言われてから，ずいぶんと久しくなります（川畑，2018）。その背景には，週に複数の頻度で行うインテンシブな関わりに，多大なコストがかかるという経済的な理由に加え，精神医学における薬物療法の発展，心理学における多様な治療技法の発展があり，精神分析の相対的な地位が低まったという事情があります。日本においては，訓練機関が普及しないまま現在に至っていますので，危機と言うよりも，定着以前の状態というほうが正しいのかもしれません。その一方で，公認心理師という心理専門職の国家資格も成立し，心理学的なサービスへの期待と需要は，少しずつ大きくなっている面もあります。このような現実のなかで，対人関係精神分析をどのように展開させる道があるのでしょう。

　はじめに述べた心理療法家養成プログラムのように，個人分析を含む訓練

プログラムは，心理療法家の養成にとっては不可欠であり，その充実は欠くことのできない努力目標として残り続けると思います。一方で，訓練を受けた心理療法家が，現実の社会のなかでどのような臨床を展開させるのかという点では，いくつかの工夫が必要ではないでしょうか。

個人開業や私設相談と言われる枠組みのなかで，精神分析的な臨床が提供される文化を育てるという目標は捨てたくありません。しかし，その一方で，訓練を受けた者のほとんどが，病院，学校，福祉施設，ときには司法機関などの現場で，多様な対人援助業務に携わるという現実があります。そこでは，精神分析と対人援助業務を二分法的に対置するのではなく，両者を共通の基盤でとらえ，その目的に応じて関わりの質を調節する，ということが求められていると思います。

（2） 精神分析的コーチング

こうした考えに基づいて，私は，ここ数年来，「精神分析的コーチング」というコンセプトを温めてきました。本章の最後にその骨子を述べ，対人関係精神分析の今後の展開について，ひとつのヴィジョンを示すことにします。

コーチという言葉でまず思い浮かぶのは，スポーツ選手の指導者でしょう。選手のパフォーマンスを向上させるために，個人やチームの技術指導を行うのがコーチです。現在ではビジネス界にも取り入れられ，企業において部下や管理職の職務能力を高めるための指導が，コーチングという名の下に行われています。「精神分析的コーチング」という名称を思いついた背景には，技術指導と精神分析を水と油のように分けるのではなく，状況に応じて配分を調節し，混合させながら実施することが，実際の臨床場面では有用であるという考えがあります。

一方の極には純粋な技術指導を想定し，その対極に，自己洞察を目指す精神分析を位置づけたとしましょう。しかし，実際の臨床場面で求められるのは，その中間のどこかです。たとえば，発達障害を持つ子どもの母親のガイダンス，ということを考えてみましょう。そこには，子どもの発達特性について説明し，関わり方のコツを伝えるという要素が含まれます。しかし，母親の原家族における体験が，子どもとの関係の取り方に影響を及ぼしている

とすると，その問題は技術指導の範囲では解決できません。必要に応じて母親の生育史をたどり，子どもとの関わりで生じる困難の背景を理解し，それを克服する必要が生じてきます。その過程で，面接者に対して，母親がさまざまな感情を向けてくるということも考えられます。体験の吟味と自己の探求，そして転移の扱いは，そうした面接のなかで不可欠の要素となってくるでしょう。

　一般的に，子どもの学習指導や社員の業務指導は，純粋にコーチングであるかのように見えますが，実際は，その子どもや社員の対人関係の持ち方や，課題への取り組み方を理解し，それを踏まえて指導をする必要が生じます。逆に，個人開業のオフィスを訪れるクライエントのことを考えると，そのほとんどは精神分析そのものを求めているわけではなく，進学や就学上の問題，家族関係の問題，職場への適応の問題といった，さまざまな生きていくうえでの困難を解決してほしいのです。なかには精神科領域の症状を有している場合もあります。そして，精神分析ができるのは，疾患そのもの治療というよりは，疾患が生み出す困難，あるいは疾患の背景にある困難を軽減するということです。サリヴァンの対人関係論に基づけば，それらの困難は対人の場で生じる不安に関連しており，セラピストはその不安を減少させる手助けをしなくてはなりません。そこには，コーチングの要素が含まれてもおかしくありません。

　心理療法や心理的対人援助の目標は，面接がどのような現場で行われるかによって変わってきます。病院であれば疾患の治療，学校であれば就学，刑務所であれば受刑を全うさせるという，その現場が属する組織の目標があります。心理療法の目標は，そうした大目標を助ける下位目標として設定されるはずです。目標だけでなく，面接の枠組み，連携すべき職種，情報共有の範囲，諸条件の決定権者が，職場に応じて変わります。そして，心理療法のプロセスでは，それぞれの目標に応じて，クライエントの課題解決を支援する必要が生じるはずです。もし，カウチは使わないまでも，時間を固定した定期的な面接で，傾聴と心理力動の解釈のみ行うのが精神分析，あるいは精神分析的心理療法の絶対条件であるとすると，こうした多様な現場で精神分析を生かす道が閉ざされます。技術指導と精神分析の垣根を取り払うことで，

多様な臨床現場で精神分析を生かす可能性が広がるのです。

　サリヴァンは，精神分析を他の親密な対人関係と比較し，そこで生じる陽性転移，つまり患者が分析家に向ける信頼感や愛着は，他の親密な対人関係とさしたる変わりはないと言います。ただ，ある種の特異性はあるとして，以下のように述べています。

> 　精神分析的転移関係と言っても（中略），対人適応の一特殊例であって，その特異性は主として「生きるスキルが上達するようになる」という目標を相互に承認し，患者が「人間の陥りやすい自己欺瞞を見抜く達人」である啓蒙された医師に随従するというところにある。
> 　　　　　　　　　　　　　　　　　　　　　　　（Sullivan, 1962，邦訳 p. 387）

　こうした彼の見解を読むと，彼の頭のなかには，対人関係のコーチとしての精神分析家像ができていたのではないかと思えてきます。

　クライエントが生きるスキルを上達させるために，精神分析家はクライエントが陥りやすい自己欺瞞を見抜き，そこから抜け出せるように援助しなければなりません。そのために，クライエントの体験を共に吟味し，体験から漏れ落ちたさまざまな要素に目をやり，自己認識の増大を図ります。その過程では，体験の詳細を尋ねるだけでなく，クライエントのとった行動選択，体験理解の仕方，思考のパターンなどと，異なる選択肢を提示することもあるでしょう。現実的な課題については，直接的なアドバイスをすることがあるかもしれません。ときには，歪んだ信念や体験の受け止め方について直面化し，修正を求めるかもしれません。そこには，生きるスキルの技術指導という側面が，自然と含まれているはずです。

　このように，精神分析のなかに技術指導的な要素を含ませると，転移はどうなるのでしょう。対人関係精神分析的に見ると，転移は匿名のブランクスクリーンに対して生じるのではなく，生身の人間との関係のなかで生じると考えられます。セラピストの持っているある要素に反応して，クライエントはさまざまな感情や態度を向けます。その点では，相手が家庭教師であれ，テニスのコーチであれ，医師であれ，教師であれ，そしてセラピストであれ，

変わりはありません。それぞれの職務に応じた技術指導に対して指導を受ける側が向ける反応には，転移的な要素が含まれてきます。コーチングの要素があると転移が起こらないとか，転移に不純物が混じると考える必要はなく，それは転移的反応を引き起こすひとつの要素と見なせばよいのです。

　コーチングという指導関係のなかで起こる転移は，行動次元で表出され，言語的にとらえにくくなるという心配が生じるかもしれません。しかし，転移は，解離された「自分でない自分」の領域から生じてくるという対人関係精神分析的な見方に従うならば，言語的に表現されるよりはむしろ，関係のなかで行動として表出されるはずです。クライエントが何を語るかより，何をするかに注目することで，クライエントという人間をより深く知ることができるのは，そのためです。もちろん，それを対人援助の枠組みで有効に扱うためには，理解したことを共有するコミュニケーションのルートを確保する必要があります。その意味で，コーチングを主目標にする場合でも，自己認識に関わる話し合いが大切になってきます。精神分析的コーチングをうまくやるためには，関係のなかに現れる転移的要素を見きわめる目を養うと同時に，それについて話し合うコミュニケーションのスキルを身につける必要があります。精神分析の訓練は，そのための最も有効な手段のひとつであるというのが，私なりの理解の収束点です。

　本書の各章では，それぞれの執筆者によって，対人関係精神分析についてさまざまな角度から論じられました。この最終章では，対人関係精神分析の訓練の日本への導入と，今後の展開のひとつの可能性について，サリヴァンの考え方を援用しながら論じました。いずれの章も，それぞれの執筆者のパーソナルな関心と経験を反映したものです。そのようなパーソナルな視点が，日本における精神分析的な心理臨床を豊かにすると信じて，本稿を終えることにします。

【文献】

Cumming, J. & Cumming, E. (1966). *Ego and milieu: Theory and practice of environmental therapy*. New York: Atherton Press.

Evans, F. B. (1996). *Harry Stack Sullivan: Interpersonal theory and psychotherapy*. New York: Routledge.

川畑直人（2006）．すきっぷプログラム（SKIPP）の理論的基礎．臨床心理学研究（京都文教大学心理臨床センター），**8**，41-45．

川畑直人（2008）．セラピー力を高めるために――海外で学んだ経験から日本の臨床心理学教育について考える．臨床心理研究（京都文教大学心理臨床センター紀要），**10**，87-92．

Kawabata, N. (2009). From seed to transplant: The foundation of a psychoanalytic institute in Japan. *Contemporary Psychoanalysis*, **45**(3), 406-414.

川畑直人（2015）．心理療法における援助再考．精神療法，**41**(6)，152-153．

川畑直人（2018）．米国での精神分析の現在．精神療法（増刊）**5**，8-13．

Perry, H. S. (1982). *Psychiatrist of America: The life of Harry Stack Sullivan*. Cambridge: Harvard University Press.（中井久夫・今川正樹（訳）(1985/88)．サリヴァンの生涯1・2．みすず書房）

Raphael, B. (1986). *When disaster strikes: How individuals and communities cope with catastrophe*. New York: Basic Books.（石丸正（訳）(1989)．災害の襲うとき――カタストロフィの精神医学．みすず書房）

Sullivan, H. S. (1953). *The interpersonal theory of psychiatry*. New York: W. W. Norton.（中井久夫・宮崎隆吉・高木敬三・鑢幹八郎（訳）(1990)．精神医学は対人関係論である．みすず書房）

Sullivan, H. S. (1954). *The psychiatric interview*. New York: W. W. Norton.（中井久夫・松川周悟・秋山剛・宮崎隆吉・野口昌也・山口直彦（訳）(1986)．精神医学的面接．みすず書房）

Sullivan, H. S. (1962). *Schizophrenia as a human process: With introduction and commentaries*. New York: W. W. Norton.（中井久夫・安克昌・岩井圭司・片岡昌哉・加藤しをり・田中究（訳）(1995)．分裂病は人間的な過程である．みすず書房）

Sullivan, H. S. (1964). The meaning of anxiety in psychiatry and in life. In H. S. Sullivan. (1964). *The fusion of psychiatry and social science*. New York: Norton.

後　記

　本書は，京都精神分析心理療法研究所（KIPP）の代表理事を務める川畑直人の還暦を記念して企画・刊行された，対人関係精神分析の理論と実践についての入門書です。

　京都精神分析心理療法研究所は，有限会社ケーアイピーピーの一部門として，川畑直人の主導のもと，精神分析的心理療法の訓練およびその普及を目的として，2004年に設立されました。当時，京都，大阪，神戸に在住していた，川畑直人をはじめウィリアム・アランソン・ホワイト研究所（WAWI）認定精神分析家の鑪幹八郎，一丸藤太郎および訓練経験者である横井公一の4名が訓練委員となり，鑪幹八郎を所長として発足しました。そして同年，精神分析的心理療法家養成プログラムを立ち上げて，第1期訓練生5名を迎えました。

　その後，2007年に訓練委員と訓練修了生によるKIPP精神分析協会も設立され，さらに2012年に訓練部門が研究所として独立し，一般社団法人として法人格を得て，現在では広く社会に開かれた精神分析的心理療法の研究所として発展を続けています。その間，訓練委員として鈴木健一，吾妻壮，占部優子，山本雅美らのWAWI認定精神分析家を迎えるなどの変遷を経て，現在は第7期，第8期訓練生がこの研究所で学んでいます。

　京都精神分析心理療法研究所は，ウィリアム・アランソン・ホワイト研究所の流れを汲んで，精神分析の諸学派について幅広く学びながらも，対人関係精神分析の理論と実践をその学びの中核に置いてきました。このたび川畑直人の還暦を記念して，京都精神分析心理療法研究所として本書を編集するにあたり，対人関係精神分析の理論やその実践的な応用，そして研究所での訓練などについて，わかりやすく展望できるような書物を企画いたしました。

　本書のなかに登場する対人関係論・対人関係精神分析の概念の用語については，既存の関連図書の用語にできるだけ一致するように心がけました。プロトタクシス・パラタクシス・シンタクシスは，そのままカタカナ表記とし

ました。participating observation は「参与観察」, security operation は「安全保障操作」, detailed inquiry は「詳細な質問」としました。difficulty in living はこれまで「生の困難」と訳されていましたが, よりわかりやすく「生きていくうえでの困難」としました。また not-me については従来「自分でないもの」と訳されていましたが, 近年の関係論における「多重的な自己 (multiple selves)」の議論を踏まえて, not-me もまた自己であるという観点から「自分でない自分」としました。

　本書は, 川畑直人の監修のもと, 今江秀和を中心に鈴木健一, 宮田智基, 横井公一を編集委員として編集されました。各章の著者は京都精神分析研究所の訓練委員および修了生です。また, 本書の序文として, ウィリアム・アランソン・ホワイト研究所の前所長であるパスカル・J・パントーン博士 (Pasqual J. Pantone, Ph.D.) からお祝いの言葉をいただきました。パントーン先生の巻頭言は, 現在ウィリアム・アランソン・ホワイト研究所の精神分析家認証プログラムに在席中の, 辻河昌登氏が訳しました。

　出版に際しては, 誠信書房の中澤美穂氏に大変お世話になりました。厚くお礼申し上げます。

　本書が, 心理臨床および精神分析を学ぼうとする初学者から経験を積んだ臨床家に至るまで, 多くの読者の手に渡り, そして日々の実践の役に立てることを期待しています。

　　2019 年 9 月 11 日

　　　　　　　　　　　　　　　　　　　　　　京都精神分析心理療法研究所
　　　　　　　　　　　　　　　　　　　　　　　　所長　横井 公一

事項索引

ア行

愛……………………………………114-116
愛着……………………………………134
アクションリサーチ……………………210
アセスメント……………………52, 220
遊び……………………………………155
新しい経験……………………4, 5, 14, 228
新しい自己の体験………………………33
新しい体験………………8, 10, 164, 174
アディクション……………………223-225
"あなた" パターン………………………96
アメリカ心理学会（APA）…………10, 11, 24
アメリカ精神分析学会（APsaA）…………76
新たな関係性……………………………175
『あるヒステリー患者の分析の断片』………91
安全……………………………………64
安全感………………………41, 48, 278, 283
――と緊張感の微妙なバランス………283
安全保障感………………………………282
安全保障操作……4, 48, 49, 51, 53, 82, 83, 95, 276, 278, 280
アンテナ感覚……………………………196
怒り…………………………134, 135, 247
生き生きとした関係……………………175
生きていくうえでの困難…4, 6, 34, 35, 111, 112, 167, 184, 281, 285, 287
意識…………………………29, 30, 33, 82
意識化………………………………29, 31, 77
依存グループ……………………………203
依存タスク………………………………201
依存的なレベルのグループ……………206
一個の人格………………………………58, 59
一者関係…………………………………4
一者心理学………………4, 13, 23, 24, 28, 188
一体グループ……………………………204
イド……………………………29, 112, 278

今・ここ…………………4, 43, 45, 46, 100
陰性転移…………………………………100
ウィリアム・アランソン・ホワイト研究所
　→ホワイト研究所
嘘………………………………220, 221, 225
内輪……………………………………249
エグゼクティブ・コーチング…………212
エディプス的………………………………91, 92
エナクトメント……26, 27, 34, 50, 67, 68, 99, 108, 114, 164, 182-186, 191, 261
オーセンティシティ……………………255, 256
オーセンティック………………75, 105, 109, 255
――な姿勢………………………104, 185, 186
Authority（権威・権限）………………200
オープンシステム………………………199
オープンな関係…………………………139
親のサポート……………………………151
音叉……………………………………196

カ行

開業………………179-181, 184, 185, 187, 271
開業臨床…………………177-179, 184, 189-192
下位システム……………………………198
解釈……4, 14, 15, 18, 30, 64, 67, 69, 70, 75, 77, 78, 100, 106, 112
解体…………………………………165, 277
外的現実……………………………84, 85, 87
外的設定……………………………………75, 84
外的対人関係……………………………41, 42
外部環境……………………………197, 199
解離…34, 41, 83, 98, 168-170, 173, 174, 185, 221-225, 227, 228, 264, 279, 280, 289
――された関係性………………………34
――した自己……………………………34
解離モデル………………………………169, 278
カウチ…………………………75, 162, 270, 287

カウンセリング	218, 220
学生生活サイクル	160
学生相談	159-162, 170, 171, 175
隠れ身	50
過去の経験	4, 14
家族療法	52, 54
型	270-272
学校臨床	141, 142
葛藤	34, 42, 77, 170
家庭裁判所	219, 220
家庭裁判所調査官	219, 220
考えるパートナー	35, 229, 248
環境調整	159
環境療法	284
環境療法論	283
関係基本図式	93
関係性	15, 21-23, 25-28, 32, 33, 51, 65, 66, 68, 71, 72, 75, 105, 109, 137, 157, 190, 191, 276
——への転回	23, 26
対称的な——	68
非対称的な——	68, 71
関係精神分析	2, 21, 22, 24, 26, 27, 29, 31, 35, 57, 71, 130
関係性役割	207
関係的な体験	64
関係のマトリックス	4
関係のユニット	40
関係パラダイム	65
観察自我	196
観察の指摘	82
患者-分析者関係	99
間主観性	28, 114
間主観性精神分析	7
間主観性理論	27
間主体性	25, 27
間接的逆転移	189, 190
関与的観察，関与しながらの観察　→参与観察	
記憶なく，願望なく	75
記号論	61, 63
儀式的な振る舞い	28

器質的要因	54
技術指導	286-288
基底的想定グループ	203, 204
逆転移	4, 14, 18, 19, 50, 51, 61, 78, 101, 102, 104-108, 114, 164, 174, 189, 237, 261, 262, 272, 281, 284
——の開示	107
逆転移夢	106
急進的自我心理学	26
教育分析	102, 104, 271
境界横断	113, 122
境界侵犯	107, 113
共感	132-134
矯正教育	220
矯正施設	217
矯正心理専門職	217
競争	145, 148
協働	72, 138, 139, 154, 157, 212
京都精神分析心理療法研究所　→KIPP	
京都文教大学産業メンタルヘルス研究所	197
共謀関係	186
協力	145, 148
局所論	29
寄与分	51, 68, 164
カウンセラーの——	164
クライエント（側）の——	51, 68
セラピスト（側）の——	51, 68
来談学生の——	164
禁欲	112, 113
禁欲原則	75, 270
空想	68, 69
クライエント-セラピスト関係	43, 45
グループ・リレーションズ・カンファレンス	196
グループワーク	211, 218
訓練	254, 257, 260, 261, 270-272, 275
訓練システム	258
訓練プログラム	272, 273, 275, 285
KIPP	87, 122, 254-256, 258
経営	184

事項索引　295

経営コンサルタント ……………………… 214
経験の個別性 ……………………………… 239
刑務所 …………………………………217, 218
ケースフォーミュレーション …………39, 54
結果への無関心 …………………………… 209
現実 …………………………… 68, 69, 165, 166
　　──の関係 …………………………………4
　　──の対象 …………………………………87
　　──のとらえ方 …………………………68
　　──の問題 ………………………………166
現実検討力 ………………………………… 53
現実世界 …………………………………… 165
現実適応 …………………………………161, 162
現実的な問題 …………………………… 165
『現代精神医学の概念』 ………………… 58
行為 ………………………………………61-63
　　──の言語 ………………………………63
行為水準 ………………………………… 61, 72
合意による確認 ……48, 94, 96, 130, 131, 225, 250, 260, 283
好奇心 ……………79, 89, 137, 167, 228, 229, 283
構造 ……………………………………160, 161
拘置所 …………………………………… 217
行動 ………………………………………… 52
行動観察 ………………………………… 219
行動主体 ………………………………… 33
行動の変化 …………………………… 4, 5, 14
国際関係精神分析・精神療法学会(IARPP) …22, 27
国際精神分析協会（IPA）………………… 76
こころの社会化 …………………………… 24
心の生成論 ……………………………… 32, 33
個人 ……………………………………244, 245
　　──の水準 …………………………… 243
　　──の内的水準 …………………………199
個人開業 ……………………180, 181, 183, 186-188
個人性 …………………………………187, 188
個人分析 ……………258, 261, 262, 272, 274, 285
コースワーク ………258, 259, 261, 262, 272, 273
コーチング …………………………211, 212, 287
古典的（な）精神分析 ……2-7, 13, 21, 23, 29, 30, 32, 35, 75, 141, 271
孤独 ……………………………………… 147
言葉 ……………………………………… 61
コミュニケーション研修 ………………… 211
コミュニケーションの階層 ……………… 63
コミュニティ …………………………242-245
コンサルテーション …………119, 212, 218
コンサルテーション・サイクル ………… 210
Contemporary Psychoanalysis ……………… 11
混乱 ……………………………………… 264

サ　行

災害支援 ……………………………237, 239, 240
Psychoanalytic Psychology ……………………… 12
Psychoanalytic Dialogues …………………… 11, 27
再構成的解釈 …………………………… 77
サド・マゾ的な苦業 ……………………… 274
サブグループ間の緊張関係 ……………… 274
産業臨床 ………………………………… 194
参与観察 …… 2, 3, 50, 56, 57, 60-62, 70-72, 94, 103, 128, 146, 154, 163, 225
参与観察者 ……………………… 14, 50, 163, 281
シェパード・プラット病院 …………… 283
支援活動 ……………………………… 249
支援の普遍性 ………………………… 239
自我 ……………………… 7, 29, 31, 32, 93, 112, 130
自我機能 ………………………………… 6
自我欠陥 ……………………………… 136
自我構造 ………………………………… 6
自我心理学 ……………………………6, 21, 134
自我発達 ………………………………… 4
試験観察 ……………………………… 220
自己 …… 7, 33, 41, 83, 113, 168-170, 173, 175, 279, 280, 283
　　──のあり方 ………………… 165, 168, 175
　　──の組織化 ……………………… 25, 117
　　──の多重性 ………………… 27, 33, 168, 168
　　──の探究 ………………………… 287
　　──の統合性 ………………………170, 174
多重な── ……………………………153, 170

単一な―― ……………………………… 33	終結 ………………………………… 135
単一の―― …………………………168, 170	――または中断 ……………………… 83
統合的な―― ………………………… 170	集団間の水準 ………………………… 199
複数の―― …………………………168, 170	集団の水準 …………………………… 199
自己愛的な理想化 …………………… 172	重度の不安 …………………………… 222
自己イメージ ………………… 41, 42, 46	柔軟性 ………………………………… 75
自己開示 ……………… 26, 107, 109, 187	自由連想 …… 15, 30, 33, 75, 78, 83, 89, 103, 112,
自己間の疎通性 ……………………… 170	113, 162, 187, 270
自己欺瞞 ……………………………… 288	主体性 ……………………… 79, 137, 138
自己高揚 ……………………………… 230	循環的心理力動アプローチ ………… 53
自己システム ……………………… 82, 83	上位システム ……………………198, 199
自己収縮 ……………………………… 230	詳細な質問 …… 16, 17, 75, 76, 79-89, 94, 162, 166,
自己心理学 ……………… 7, 21, 25, 27	167, 175, 225, 260, 281, 282
自己組織 ………………… 4, 7, 48, 167	詳細問診段階 ……………………83, 225
自己対象 ……………………………… 25	詳述の奨励 …………………………… 82
自己洞察 ……………………………… 286	症状 ………………………… 30, 39, 40, 45
自己認識 ………………………… 288, 289	情緒 …………………………………42, 81
自己表象 ……………………………… 278	衝突への恐怖 ………………………… 208
自己理解 ……………………………… 159	小児期 ………………………………… 144
支持的質問 ………………………… 79, 82	少年院 …………………………… 217, 220
自助グループ …………………… 226, 227	少年鑑別所 ……………………217, 219, 220
システム思考 ………………………… 199	情報提供 ………………………… 159, 161
システム心理力動 …………………… 197	初期面接段階 ………………………… 282
システム心理力動的コーチング …… 211, 213	職場絵図 ……………………………… 211
システムの力動 …………… 171, 194, 195	人格 …………………………………… 143
システム論 ………………………198, 275	人格形成 ………………… 144, 146, 149
シゾイド的戦略 ……………………… 186	人格発達理論 ………………………… 143
実務型（交流型・管理型）リーダーシップ	人格理論 ………………………… 277, 280
………………………………… 204, 205	新奇性 ………………………………… 174
児童期 …………………………… 144, 145	新奇の関係性 ………………………… 174
自発性 ………………………………… 189	真正さ ………………………………… 255
自発的な動き ………………………… 28	人生の物語 …………… 227, 229, 230, 232
自分でない自分（not-me）… 32, 34, 40, 41, 169,	身体感覚 ……………………………… 54
262, 278, 279, 282, 289	シンタクシス …… 84, 85, 93, 94, 96, 279, 280, 283
社会構築主義 ………………………… 28	シンタクシス的体験様式 ……47, 48, 280
社会・精神医学プログラム ……283, 284	シンタクシス的様態 ………………… 16
社会的自己調整の体験 ……………… 145	心的エネルギー ……………………… 4
社会的服従の体験 …………………… 145	心的外傷後ストレス障害（PTSD）… 236
社会的防衛 …………………………… 203	審判 …………………………………… 219
自由 ……………………………… 113, 114	神秘化 ………………………………… 264

親密性 ·· 225-228, 232
信用の欠如 ···208
心理検査 ···219
心理力動 ·· 194, 195
心理力動論 ···197
人類同一種要請 ····················· 122, 123, 154, 276
水面下 ·· 171, 195, 214
水面上 ··214
SWOT 分析 ··210
スクールカウンセラー（SC） ······ 142, 146, 150,
 152, 153-157
ストレス要因 ······································· 39, 40
スーパーヴィジョン ····· 87, 88, 258, 261, 272, 274
する人-される人 ······································ 238
正式接遇段階 ···83
青春期後期 ·· 144, 145
『精神医学的面接』 ······················· 15, 16, 18, 83
精神科臨床 ·························· 126-129, 131, 134, 136, 137
成人期 ··144
精神病理論 ·· 277, 280
精神分析 ··· 286-288
精神分析的コーチング ················· 275, 286, 289
精神分析的心理療法家養成プログラム（養成
 プログラム） ····················· 142, 254, 272-274
精神分析的設定 ···161
精神分析部会 ·································· 10-12, 24
『精神分析理論の展開』 ·································26
生の困難 ··281
制約 ·· 113, 114
責任感の不足 ··208
積極的な中立性 ································ 117, 122
説明責任の回避 ···209
セルフシステム ······························· 48, 224-226
セルフ・パーソニフィケーション ·················278
then and there ······························ 4, 10, 16, 18
前意識 ··· 29, 82
前青春期 ·· 144, 145
選択的非注意 ··················· 48, 49, 83, 168, 224, 278
Sentinel position（見張り役） ·······················239
専門性 ···138

戦略型リーダーシップ ································205
相互依存なレベルのグループ ···············206
相互影響 ·· 14
相互関係 ·· 8, 106
相互交流 ······ 25, 27, 28, 64, 68, 71, 75, 79, 87, 113,
 118, 128, 130, 169
相互作用 ······························ 72, 144, 164, 165, 174
相互性 ·· 3, 5, 71, 118
操作主義 ··56
喪失 ···238
創造性 ···188
相補的関係 ···238
組織 ········· 71, 72, 170, 171, 194-196, 240, 242-245
 ——の水準 ··240
組織開発 ······································· 194, 196, 212
組織開発研修 ··211
組織間の水準 ··199
組織心理コンサルテーション ····· 170, 171, 194-
 197, 199, 203, 206, 210-214
組織成員 ···194
組織文化 ···205

タ　行

体験の吟味 ···287
体験様式 ···84
第 39 分科会 ··· 11
対象 ·· 33, 113
対象関係 ··························· 33, 77, 130, 134
対象関係論 ·························· 18, 19, 21, 25, 33
対人関係学派 ··································· 10, 26, 27
対人関係精神分析 ····· 2-4, 6, 7, 9, 10, 12, 13, 18,
 19, 21, 24, 31, 52, 53, 56-59, 71, 75, 76, 190
対人関係の水準 ···199
対人関係の相互作用モデル ·············· 49, 51-54
対人関係の場 ····· 10, 13, 14, 15, 31, 32, 34, 62, 63,
 82, 83, 166, 245
対人関係のパターン ···· 49, 50-54, 61, 64, 65, 79,
 81-84, 88, 102, 163-165, 167, 169, 174
対人関係の歴史 ··································· 62, 65
対人関係複合体 ··································· 58, 59

対人関係論 ················· 31, 32, 275, 287
対人関係論的関係精神分析 ················· 34
対処行動 ····················· 48, 49, 53
対人操作 ····················· 48, 49, 53
対人的な場 ······················ 111, 112
対人の場 ················· 278, 281, 287
── の統合 ······················ 164, 277
対話 ·································· 248
タヴィストック・クリニック ················· 196
タヴィストック人間関係研究所 ···· 196, 199, 201
妥協 ··························· 145, 148
多元的見方 ···························· 130
他者イメージ ················ 41, 42, 46, 47
多重的な布置 ·························· 169
Task（課題・職務・達成目標） ············· 201
タスク役割 ···························· 207
他組織とつながる手続き ················· 241
短期療法 ···························· 52, 54
探索的質問 ························ 79, 82
力 ···································· 115
チーム ···················· 206-209, 249, 250
── の機能不全 ····················· 207, 208
チーム学校 ····························· 156
チャム ···················· 145, 155, 283
治癒 ····································· 99
中核葛藤テーマ ······ 42, 43, 45, 46, 49-51, 53, 88
中核的（な）葛藤 ····················· 81, 86
中断 ··························· 135, 136
中立性 ········ 50, 64, 75, 86, 112, 113, 187, 188, 270
調査 ··························· 217, 219
調査報告書 ····························· 219
超自我 ····················· 29, 32, 112
直面化 ················ 75, 76, 78, 81, 88, 186
治療関係 ············ 3, 5, 15, 18, 86, 111, 118
治療教育 ···························· 219, 220
治療作用 ··························· 35, 183
治療的エナクトメント ···················· 174
治療論 ································ 280
抵抗 ························· 30, 33, 264
── の分析 ····························· 6

抵抗解釈 ······························· 77
偵察段階 ······························· 83
転移 ····· 4, 18, 28, 30, 47, 50, 51, 68, 69, 70, 77, 81,
   91-93, 95, 97, 98, 100, 108, 114, 164, 276, 281,
   287, 288
転移外解釈 ···························· 78
転移解釈 ····················· 46, 67, 77, 78
転移関係 ············ 15, 80, 99, 100, 185, 261
転移・逆転移 ···· 3, 14, 16, 51, 54, 91, 260, 261, 275
── のマトリックス ····················· 103
転移の三角形 ······················ 77, 78
転移分析 ······························· 99
統一的な布置 ·························· 169
投影 ························· 202, 203, 260
投影同一化 ····················· 25, 51, 202
同形性 ································ 174
洞察 ········ 4, 5, 14, 64, 99, 109, 112, 164-166, 285
闘争-逃避グループ ···················· 203
陶片追放 ······························ 147
同胞葛藤 ······························ 260
匿名性 ·············· 75, 105, 112, 113, 122, 270
独立的なレベルのグループ ·············· 206
トラウマ ··························· 228, 236, 239
トラウマ性のストレス ···················· 223

ナ　行

内的世界 ····················· 85, 87, 166, 167
内的設定 ······························ 75, 84
内的対象 ······························ 49, 87
内的対象関係 ·············· 6, 25, 41, 42, 54, 81
内的中間領域 ································· 6
内的な動機 ······························ 70
内容解釈 ································ 77
生身の人間 ····························· 288
ナラティブ ························· 229, 248
二者関係 ······················· 4, 5, 104, 134
── の場 ······························· 103
二者心理学 ················ 4, 13, 23, 24, 27, 28, 188
『乳児の対人世界』 ······················ 28
ニューヨーク精神分析研究所 ·············· 10

人間主義的伝統 …………………………… 214
認識論 ……………………………………… 68
認知 ……………………………… 49, 52, 53
認知行動療法 …………………………… 52, 54
ネオ・フロイディアン …………………… 276
ネットワーク ……………… 65, 66, 71, 138, 139
能動性 ……………………………………… 75
《Non vixit の夢》 ………………………… 92

ハ 行

Boundary（境界）………………………… 200
バーク=リトウィン・モデル …………… 204, 205
パーソナリティ … 31, 39, 40, 48, 51, 105, 163, 201
パーソニフィケーション ……… 42, 43, 46, 47, 49
肌感覚 …………………………………… 196
破断 ………………………………… 165, 277
発達障害 …………………… 164, 165, 284, 286
発達促進的な環境 ………………………… 25
発達の外傷 ……………………………… 222
発話の言語 ………………………………… 63
BART …………………………… 171, 199, 211
花届け人・京都 …………… 234, 237, 238, 241, 242
ハネムーン期 …………………………… 274
場の理論 …………………………………… 56
母親のガイダンス ………………………… 286
パラタクシス ……… 85, 93-95, 97, 99, 279, 282, 283
パラタクシス的 ……………………………… 96
────な「場」…………………………… 97
パラタクシス的水準 …………………… 280
パラタクシス的体験様式 ………………… 47, 48
パラタクシス的歪み … 46-49, 51, 83, 84, 96-98, 100, 276, 280, 283
パラタクシス的様態 ………………… 16, 95
パラノイア ……………………………… 228
パラノイア的思考 ……………………… 229
バルコニーに立つ ……………………… 195
阪神淡路大震災 ………………………… 235
here and now ……………………… 4, 10, 16, 18, 33
here and now 解釈 ………………………… 78
美学的なまとまり ……………………… 66

東日本大震災 …………………… 234, 236, 237
非行傾向 ………………………………… 141
非行・犯罪臨床 ………………………… 217
被災地心理支援 …………………… 234, 246
ビジョン ………………………………… 205
非転移 ……………………………………… 69
人と人との間 …………………………… 58, 59
人-役割-システム ………………… 201, 202
批判意識を伴う関心 ……………………… 282
評価 ……………………………………… 274
病態水準 ……………………………… 52, 53, 85
平等に漂う注意 …………… 75, 86, 112, 187
不安 … 40-42, 48, 61, 81-83, 92-94, 96, 105, 169, 224, 225, 277, 278, 280, 283, 287
────の源泉 ………… 42, 43, 45, 49, 53, 84
不安勾配 ………………………………… 83
フェミニズム精神分析 ………………… 25, 27
フェルトセンス ………………………… 54
フォーカシング ………………………… 54
不確定性原理 …………………………… 56
フッ素樹脂 ……………………………… 203
不登校 ……………………………… 151, 154
不満 ………………………………… 134, 135
プライマリータスク …………………… 201
ブランクスクリーン …… 91, 94, 99, 109, 128, 164, 188, 189, 279, 288
ブランクスクリーンモデル … 57, 60, 64, 65, 68, 69, 71
プロトタクシス ………………… 84, 85, 93, 94
プロトタクシス的体験様式 ……………… 47
プロトタクシス的様態 …………………… 16
From seed to transplant ………………… 273
文化 ……………………………………… 95
文化学派 ………………………… 7, 8, 10, 276
分析家と患者のマトリックス …………… 104
分析家の受け身性 ……………………… 75, 86
分析的愛 ………………… 111, 114-118, 122, 123
ペアリンググループ …………………… 203
変革型リーダーシップ ………………… 204, 205
変形 …………………………………… 65-67, 72

変形概念······································65
弁証法······························28, 68, 189
防衛··························4, 82, 93, 185, 186
　集団レベルの——··························203
防衛解釈······································77
防衛機制······················202, 203, 276, 278
法務省矯正局································217
ボストン・変化プロセス・研究グループ·····28
補足型逆転移································50
ホワイト研究所······10, 11, 13, 19, 26, 56, 76, 93,
　　101, 170, 188, 197, 201, 258, 264, 270, 272

マ 行

マインドセット······························196
マインドフル································207
マサチューセッツ工科大学グループ・ダイナ
　ミック研究所······························196
マジックテープ······························203
マネジメント研修····························211
未構成の経験····················16, 108, 157, 169, 227
見立て··························85, 129, 130, 163
ミッションと戦略····························204
3つの対人領域··························43, 45
無意識···29-31, 33, 77, 108, 112, 113, 168-170, 194
明確化···························75, 76, 78, 81, 82, 87
明示的な言明································28
メタコミュニケーション·····················63
面接··219
メンバーシップ························206, 207
黙示的な交流································28
もの想い／夢想······························75
問題行動································39, 40, 45

ヤ 行

役割·····································201, 202
　公式の——·································200
　非公式の——·······························201
役割コーチング······························201
勇気······························109, 186, 187
誘発性····································201, 203

夢·······································30, 106
『夢判断』································91, 92
ユーモア····································283
良い自分（good-me）··················32, 40, 278
幼児期······································144
陽性転移································100, 288
抑圧··························29-31, 33, 264, 278
抑圧モデル······························168, 169
欲動················21, 22, 26, 29, 31, 32, 35, 77, 130, 134
欲動基本図式································93
欲動パラダイム······························65
よそ者··································247, 249
欲求······························42, 81, 144
　安全への——·······························144
　満足の——·································144
予防··212

ラ 行

力動態勢····································278
リーダーシップ························204, 206
リビドー································25, 93
倫理観······································187
レイ・アナリシスの問題·····················12
連携··························72, 152, 170, 171, 192, 212
連携・協働························159, 161, 171
連想··134
Role（役割）·······························200

ワ 行

歪曲······································69, 70
別れ··136
脇データ····································154
ワーキングスルー····················78, 100, 113
枠·································113, 150, 151
ワークグループ························203, 204
"私"パターン······························97
私-あなたパターン··························169
私たちごと··································283
私（非）グループ····························204
悪い自分（bad-me）················32, 40, 41, 278

人名索引

ア　行

吾妻壮 …………………………………… *130, 267*
アッペルバウム（Appelbaum, D.）……… *165, 166*
アリエッティ（Arieti, S.）…………………………… *8*
アレクサンダー（Alexander, F.）……………… *5*
アロン（Aron, L.）…………………………………… *26*
一丸藤太郎 ……………………………………… *267*
ウィッテンバーグ（Witenberg, E.）……………… *8*
ウィニコット（Winnicott, D. W.）…… *6, 25, 33, 54, 86*
ウォルシュタイン（Wolstein, B.）…… *2, 3, 8, 14, 106*
エリクソン（Erikson, E. H.）…………………… *3, 14*
エレンバーグ（Ehrenberg, D.）………………… *9, 11*
遠藤裕乃 ………………………………………… *189*
岡野憲一郎 ……………………………………… *222*
オグデン（Ogden, T. H.）………………………… *28*

カ　行

ガートラー（Gertler, B.）……………………… *197*
ガダマー（Gadamer, H-G.）…………………… *157*
カリガー（Caligor, L.）………………………… *9, 13*
川畑直人 …… *87, 89, 156, 165, 170, 174, 197, 230, 237, 249, 250, 266*
ギャバード（Gabbard, G. O.）……… *82, 113, 122*
ギル（Gill, M.）………………………… *14, 28, 69*
クライン（Klein, M.）……… *6, 18, 25, 33, 54, 112*
クラウリー（Crowley, R.）………………………… *8*
グリーン（Green, M.）………………………… *9, 106*
グリーンバーグ（Greenberg, J. R.）…… *3, 9, 11, 12, 64, 93, 105*
ゲント（Ghent, E.）………………………………… *9*
コーエン（Cohen, M. B.）……………………… *105*
コフート（Kohut, H.）………………… *7, 21, 25, 117*

サ　行

サティ（Suttie, I. D.）…………………… *116, 117*
ザフロプーロス（Zaphiropoulos, M.）………… *8*
サリヴァン（Sullivan, H. S.）…… *3, 6, 7, 15-18, 24, 31, 32, 40, 41, 47, 48, 50, 56-61, 71, 75, 82-84, 89, 92-97, 102, 103, 111, 112, 123, 128, 130, 143-147, 153-156, 163-166, 222, 224, 225, 270, 276, 277, 279, 280, 282-284, 287-289*
ザリタ（Szalita, A.）………………………………… *9*
シェイファー（Shafer, R.）……………………… *14*
ジェームズ（James, W.）………………………… *93*
シェクター（Schecter, E.）……………………… *9*
シメル（Schimel, J.）……………………………… *9*
シャハテル（Schachtel, E.）……………………… *9*
シュナウスキー（Chrzanowski, G.）…………… *8*
シュピーゲル（Spiegel, R.）……………………… *9*
ショウ（Shaw, D.）………………… *115-118, 122*
シンガー（Singer, E.）………………… *8, 106, 107*
鈴木健一 ………………………………………… *267*
鈴木龍 …………………………………………… *189*
スターン（Stern, D. B.）…… *9, 11, 12, 16, 27, 28, 34, 35, 108, 133, 157, 227-229*
スタイン（Stein, A.）…………………… *221, 222*
ストックハマー（Stockhammer, N.）………… *13*
ストロロウ（Stolorow, R.）……………………… *27*

タ　行

タウバー（Tauber, E.）………………… *9, 106, 107*
鑪幹八郎 ………………………………………… *267*
鶴田和美 ………………………………………… *160*
ドイチャー（Deutcher, M.）……………………… *9*
トンプソン（Thompson, C.）…… *7-9, 56, 99, 104, 107*

ナ　行

中井久夫 ………………………………………… *239*

ハ 行

ハーシ（Hirsch, I.） 9
バーネット（Barnett, J.） 8
ハイゼンベルク（Heisenberg, W. K.） 56
パイン（Pine, F.） 136
バリント（Balint, M.） 117
ビービー（Bebe, B.） 28
ビオン（Bion, W.） 17, 19, 25, 86, 196, 203
ビューチュラー（Buechler, S.） 9, 89, 108, 118, 186, 228
ファイナー（Feiner, A.） 8
フィスカリーニ（Fiscalini, J.） 9, 99, 100
フェアバーン（Fairbairn, D.） 25, 33, 117
フェニケル（Fenichel, O.） 102
フェレンツィ（Ferenczi, S.） 5, 6, 106, 117, 239
ブラントン（Blanton, S.） 104
フリース（Fliess, W.） 91, 92, 102
ブリッジマン（Bridgeman, P. W.） 56
ブレッシュナー（Blechner, M.） 107
フロイト（Freud, S.） 5, 6, 12, 50, 57, 59, 91-93, 98, 99, 101, 102, 104, 111, 112, 117, 128, 187, 270, 276, 278
フロム（Fromm, E.） 8, 255
フロム＝ライヒマン（Fromm-Reichmann, F.） 8, 98-100, 105, 107, 143
ブロンバーグ（Bromberg, P. M.） 9, 11, 27, 34, 222
ベイトソン（Bateson, G.） 52
ペリー（Perry, M.） 10
ベンジャミン（Benjamin, J.） 27, 28, 238
ホーナイ（Horney, K.） 8
ボーン（Bone, H.） 9
ボニーム（Bonime, W.） 106
ホフマン（Hoffman, I. Z.） 28, 57, 68, 69, 188
堀恵子 185

マ 行

マックウィリアムズ（McWilliams, N.） 114, 115, 118
マラン（Malan, D. H.） 78
マリノフスキー（Malinowski, B. K.） 56
ミッチェル（Mitchell, S. A.） 3, 9, 11, 12, 23, 24, 26, 27, 33, 35, 84, 93, 108, 169, 183
ミニューチン（Minuchi, S.） 52
モールトン（Moulton, R.） 9

ヤ 行

横井公一 184, 267

ラ 行

ライオネルズ（Lionells, M.） 9
ラッカー（Racker, H.） 50
ルボルスキー（Luborsky, L.） 43
レヴィン（Lewin, K. Z.） 56, 196
レーヴェンソン（Levenson, E. A.） 8, 11, 57, 61-63, 65-67, 69, 71, 106, 107, 264, 265
レニック（Renik, O.） 28
レンシオーニ（Lencioni, P.） 207
ローウォルド（Loewald, H. W.） 117

ワ 行

ワクテル（Wachtel, P. L.） 53
渡辺雄三 192

■監修者・編集委員・著者紹介■

●監修者●
川畑直人（かわばた　なおと）
1959 年生まれ
1987 年　京都大学大学院教育学研究科博士課程中退
現　在　京都文教大学臨床心理学部教授，教育学博士，臨床心理士，公認心理師
主著訳書　『こころに寄り添う災害支援』（共著）金剛出版 2017 年，『心理臨床における法と倫理』（共著）放送大学教育振興会 2017 年，『精神分析臨床を生きる』（共監訳）創元社 2009 年，『臨床心理学』（共著）培風館 2009 年

●編集委員●
横井公一（よこい　こういち）
1957 年生まれ
1982 年　金沢大学医学部卒業
現　在　微風会浜寺病院精神療法部長
主著訳書　『精神分析家の生涯と理論』（共編）岩崎学術出版社 2018 年，『臨床場面での自己開示と倫理』（共著）岩崎学術出版社 2016 年，『関係精神分析入門』（共著）岩崎学術出版社 2011 年，『関係精神分析の視座』（共監訳）ミネルヴァ書房 2008 年，『精神分析という経験』（共監訳）岩崎学術出版社 2004 年，『児童青年精神医学の現在』（共編）ミネルヴァ書房 2003 年，『精神分析理論の展開』（監訳）ミネルヴァ書房 2001 年，『精神分析と関係概念』（訳）ミネルヴァ書房 1998 年

鈴木健一（すずき　けんいち）
1968 年生まれ
1996 年　広島大学大学院教育学研究科教育心理学専攻博士課程単位取得退学
現　在　名古屋大学学生支援センター副センター長・教授，博士（心理学），臨床心理士
主著訳書　『夢のフロンティア』（監訳）ナカニシヤ出版 2018 年，『大学生（心の発達支援シリーズ 6）』（共編著）明石書店 2016 年，『精神分析臨床を生きる』（共監訳）創元社 2009 年

今江秀和（いまえ　ひでかず）
1972 年生まれ
2004 年　甲子園大学大学院人間文化学研究科人間文化学専攻博士課程単位取得退学
現　在　広島市立大学国際学部・保険管理室准教授，臨床心理士，公認心理師

宮田智基（みやた　ともき）
1974 年生まれ
1999 年　　関西大学大学院社会学研究科博士課程前期課程修了
現　　在　　公益財団法人関西カウンセリングセンター専任講師，こころの相談室室長，臨床心理士，公認心理師
主著訳書　　『SNS カウンセリング・ハンドブック』（共編著）誠信書房 2019 年，『SNS カウンセリング入門』（共著）北大路書房 2018 年

●著　　者●（執筆順）

鑪幹八郎（たたら　みきはちろう）　【第 1 章】
1961 年　　京都大学大学院博士課程修了（臨床心理学）
現　　在　　広島大学名誉教授，京都文教大学名誉教授，教育学博士，臨床心理士

横井公一（よこい　こういち）　【第 2 章，後記】
〈編集委員紹介参照〉

宮田智基（みやた　ともき）　【第 3 章】
〈編集委員紹介参照〉

野原一徳（のはら　かずのり）　【第 4 章，第 14 章 3】
2008 年　　甲南大学大学院人文科学研究科博士後期課程単位取得退学
現　　在　　名城大学学生相談室カウンセラー，臨床心理士

馬場天信（ばば　たかのぶ）　【第 5 章】
2004 年　　同志社大学大学院文学研究科博士後期課程心理学専攻中退
現　　在　　追手門学院大学心理学部教授，博士（心理学），臨床心理士，公認心理師

鈴木健一（すずき　けんいち）　【第 6 章】
〈編集委員紹介参照〉

今井たよか（いまい　たよか）　【第 7 章，第 14 章 2】
1992 年　　京都大学教育学部教育心理学科卒業
現　　在　　あるく相談室京都，臨床心理士，公認心理師

榮阪順子（えいさか　じゅんこ）　【第 8 章】
2002 年　　京都文教大学大学院臨床心理学研究科修士課程修了
現　　在　　三原病院心理療法士，臨床心理士，公認心理師

平野かおり（ひらの　かおり）【第9章】
1999年　京都女子大学大学院家政学研究科児童学専攻修士課程修了
現　在　竜安寺カウンセリングルーム，臨床心理士，公認心理師

今江秀和（いまえ　ひでかず）【第10章】
〈編集委員紹介参照〉

長川歩美（おさがわ　あゆみ）【第11章】
2002年　神戸大学大学院総合人間科学研究科博士前期課程修了
現　在　神戸大学大学院総合人間科学研究科博士後期課程，Ａ＆Ｃ中之島心理オフィス主宰，臨床心理士

松本寿弥（まつもと　ひさや）【第12章】
2002年　京都大学大学院人間・環境学研究科人間環境学専攻博士後期課程単位取得退学
2010年　京都文教大学大学院臨床心理学研究科臨床心理学専攻博士前期課程修了
現　在　名古屋大学学生支援センター講師，臨床心理士，公認心理師

辻　啓之（つじ　ひろゆき）【第13章，第14章4】
1992年　甲南大学大学院人文科学研究科修士課程修了
現　在　加古川刑務所調査専門官，臨床心理士

伊藤未青（いとう　みお）【第15章】
2005年　早稲田大学大学院人間科学研究科臨床心理学専攻修士課程修了
現　在　立命館大学学生サポートルームカウンセラー，臨床心理士，公認心理師

川畑直人（かわばた　なおと）【第16章】
〈監修者紹介参照〉

対人関係精神分析の心理臨床
──わが国における訓練と実践の軌跡

2019年9月11日　初　版第1刷発行

監修者　川　畑　直　人
編　者　一般社団法人　京都精神分析心理療法研究所
発行者　柴　田　敏　樹
印刷者　日　岐　浩　和

発行所　株式会社　誠信書房
〒112-0012　東京都文京区大塚 3-20-6
TEL　03 (3946) 5666
http://www.seishinshobo.co.jp/

©KIPP, 2019　Printed in Japan
落丁・乱丁本はお取り替えいたします

印刷／中央印刷　製本／協栄製本
ISBN 978-4-414-41661-9　C3011

JCOPY　<(社)出版者著作権管理機構　委託出版物>
本書の無断複写は著作権法上での例外を除き禁じられています。複写される場合は、そのつど事前に、(社)出版者著作権管理機構（電話 03-5244-5088，FAX 03-5244-5089，e-mail: info@jcopy.or.jp）の許諾を得てください。